Henry Blochmann

The Prosody of the Persians According to Saifi, Jami and Other Writers Henry Blochmann

Henry Blochmann

The Prosody of the Persians According to Saifi, Jami and Other Writers Henry Blochmann

ISBN/EAN: 9783741135767

Manufactured in Europe, USA, Canada, Australia, Japa

Cover: Foto ©Thomas Meinert / pixelio.de

Manufactured and distributed by brebook publishing software (www.brebook.com)

Henry Blochmann

The Prosody of the Persians According to Saifi, Jami and Other Writers Henry Blochmann

PREFACE.

The object of this book is to assist all such as take an interest in Persian Literature, in acquiring a competent knowledge of the Prosody of the Persians. The subject has been treated according to the Oriental fashion, because I believe that a treatise entirely Western in arrangement, even if it could avoid all allusion to the Oriental way of treating prosody, is incomplete, just as a knowledge of the language itself is incomplete without a study of the native grammarians. This has, however, not prevented me from comparing, in several places, the Eastern and Western methods.

The study of Prosody, as taught by natives, is by no means easy. The multiplicity of technical terms and the minuteness of classification, in which oriental writers delight, render the beginning unusually and unnecessarily difficult. Treatises on Prosody are indeed numerous, but few of them are practically arranged and suitable for beginners. Many authors explain in the very outset the technical terms of the science, and thus tax the memory of the student to the utmost; others commence with the circles, and 'derive' one metre from the other, than which a more absurd method can scarcely be imagined. Saifi's treatise, on the other hand, and a few others, commence, as is natural, with the rules of scanning, introduce technical terms gradually, and only such as are absolutely required, and treat the 'circles' as redundant, though perhaps necessary for a systematic work. Hence, for the purpose of teaching, Saifi's work has always been preferred to other treatises, and has for nearly four centuries been studied in the Madrasahs of the East.

The oriental method of treating the rhyme is very peculiar, and inferior to the occidental way; Jámí's treatise, however, is simple, and the difficulties will be lessened by constant comparisons of the Eastern and Western methods of treating this subject.

The work, then, by Saifí on the Persian Metres and the treatise by Jámí on Persian Rhyme, form the basis of this work. The text, which I printed separately in 1867, has again been added to enable the student to follow the translation. The frequent metres have been distinguished as such. At the end of each chapter copious notes are given from other prosodiacal works, as Jámí's 'Arúsz, Shamsuddín's Hadáiq ul balághat, &c. The chapter (p. 86) on the Qaçídah, Ghazal, Masnawí, &c., and other technical terms applied to Persian poems, will be found a useful addition.

In order to make the book as complete as possible, I have added (p. 94) Hints and Exercises; as also (p. 99) the first lines of each poem from the first chapter of Sa'dí's Gulistán, as exercises for the student to find out the metres. Should he fail to do so, the 'solutions' on p. 100 will guide him.

Regarding Saifí we know but little. He completed his work on Prosody, as he himself says (p. 67), in A. H. 896, or 1491, A. D. The only notice which I have seen of him, is to be found in the Memoirs of the Chaghtái Emperor Bábar (Erskine's translation, p. 195),—

"Another [poet] was Saifí of Bukhárí, who was a tolerable Mullá. He used to point to the numerous volumes he had read as a proof of his undoubted claim to the title. He composed a Díwán. There is another Díwán of his, which he composed for the use of tradespeople. He wrote many fables, but left no Masnawí, as may be gathered from the following verses—

Although the Masnawí be deemed the test of a poet's orthodoxy,
I take the Ghazal as my creed.
Five couplets that afford delight
I hold better than many Khamsahs.

"He left a *Persian Prosody*, which is brief in one respect, and prolix in another. It is brief, as it has omitted to treat of several useful and difficult subjects, and prolix, inasmuch as such subjects as are plain and clear, are treated of in their minutest particulars, down to the points and discriminating marks.

"He was addicted to wine and was troublesome in his cups. He was remarkable for the force with which he could inflict a blow with his fist."

Bábar's censure has not prevented the book from being generally accepted as a standard text-book. We know from the Akbarnámah (Lucknow Edition, I, p. 147) that Bábar, too, composed a treatise on Prosody; but MSS. of it do not seem to exist. Of Saifi's work on the contrary, numerous MSS. are found, and there exist two lithographed editions (Cawnpore, 1855; Calcutta, 1865). Jámí's treatise on the Rhyme is also of frequent occurrence. The text which has been printed for the first time, is taken from a MS. in my possession.

In conclusion I have to acknowledge my indebtedness to Maulawí Aghá Ahmad 'Alí, of the Calcutta Madrasah, one of the best Persian scholars living, for the ready assistance he has afforded me in preparing the text for the press. Two printed works have also been of use to me, *viz.* '*Dissertations on the Rhetoric, Prosody, and Rhyme of the Persians*' (printed at Calcutta, and reprinted at London, 1801) by Francis Gladwin, a most thorough English Orientalist, and '*Prosodie des Langues de l'Orient Musulman* (Paris, 1848), by the Nestor of French Oriental scholars, Mons. Garcin de Tassy.

H. BLOCHMANN.

Calcutta, Madrasah, 20th March, 1872.

ERRATA

Page Line

3, 12, from below, read *saud* for *sauds*.

12, 4, read *both* for *either*.

12, 7, 9, 10, from below, dele before *bin*.

13, Add to para. e. "Even Arabic words like ضوء, شيء, &c., become in the Iszáfat *záwí*, *shdyé*, not *zau-é*, *shai-é*."

14, 2, and 4, read لطيفه and لطف, for لطفه and لطف.

20, 6, read بسويم, for بسويم.

27, 2, from below, read مسيح, for مسيح.

27, 3, from below, dele the final in *binshín* and *gulistán*.

44, 5, from below, read *Nos.* 54 *to* 59, for *Nos.* 54 *and* 55.

45, 8, read متصرع, for مصرع.

48, 9, from below, read فاعلاتن, for فالاتن.

58, 7, read نعلتين, for فلاة.

In the Persian Text.

On p. ۹, last line, and p. ۷, l. 6 and 11, the hamzahs of خاجئ, خندق, گريئ and بئى (for بى) are to be omitted. Page ۱۷, l. 8, dele the hamzah in باقئ. A few types have broken during the print—p. ۸, l. 1 in the beginning read برون; p. ۲۲, l. 15, read اصطلاح for صطلاح, and p. ۳۶, l. 10, رخنه, for خنه. The following vowel-signs have either broken off, or are misplaced—p. ۸, l. 6, read واو; p. ۲, l. 3, read أخر; p. ۲۵, l. 13, read مقصود; p. ۲۷, l. 21, read قد; p. ۳۶, l. 4, read اجتماع; p. ۲۶, l. 5, read فاعلاتن for فاعلات.

Note. In this work ق has been transliterated by *q*; ذ by *dz*; ض by *zz*; ح by *ḥ*; خ by *kh*; ع by ـَـ; غ by *gh*; ج by *j*; ث by *s*.
Accented vowels are long vowels.
Numbers in [ ] refer to the paragraphs.

CONTENTS.

	Page
Saifi's Preface,	1
Definition of a poem,	*ib.*
On Prosody,	3
Metrical and non-metrical language,	5
Rules of Scanning,	6-16
Western Division of words into syllables; long and short vowels,	17
The feet of the Metres,	18-22
The number of the Metres,	22
On the Hemistich,	23
On perfect and imperfect feet,	*ib.*
The word 'Bahr,'	24
The Persian Metres,	25-64
I. Hazaj,	pp. 25 to 34
II. Rajaz,	34 to 38
III. Ramal,	38 to 45
IV. Munsarih,	45 to 48
V. Muzári',	48 to 51
VI. Muqtazab,	51 to 53
VII. Mujtass,	53 to 54
VIII. Sarí',	55 to 56
IX. Jadíd,	56
X. Qaríb,	56
XI. Khafíf,	57 to 59
XII. Mushákil,	60
XIII. Mutaqárib,	60 to 62
XIV. Mutadárik,	62 to 64
The Arabic Metres, Tawíl, Madíd, Basít, Wáfir, Kámil,	64-66
The Rubá'í Metres,	66-68
The Metrical Circles, and the Resolution of Metres,	69-72
The twelve modern Metres,	73

Page

On Rhyme, ... 75-80
On the different kinds of poems, ... 80-94
Qaçídah, Ghazal, Qat'ah, Masnawí, Rubá'í, Takhalluç, Jawáb, ... 89-91
On the technical terms applied to poems, ... 91-94
Bahâriyah. Dakhl. Fakhriyah. Firiqiyah. Hajw. Háliyah. Kufriyah. Marsiyah. Mu'ammá. Shahrásbob. Shaṭhiyah. Sitáyish i Sukhun. Táríkh. Wásokht. Wiçáliyah. Musammaṭ. Mustazád. Tarjí'band. Tarkíb-band. Shahbait. Maṭla'. Ghurra. Fard. Díwán. Taskirah.
Hints and Exercises, ... 94-97
Exercises from the Gulistán, ... 97-99
Solutions to the Exercises, ...100-101
On the Study of Persian Words, ... i-xix
Persian text of Saifí's Prosody, ... ۱ to ۵۳
Persian text of Jámí's Qáfiyah, ... ۱ to ۷
Index.

INTRODUCTION.

ON THE STUDY OF PERSIAN WORDS.

I. The object of this chapter is to make the student familiar with certain changes which many words and constructions, both Persian and Arabic, have undergone in the course of time. These changes in general are called by native writers تصرّفات taçarrufát, pl. of taçarruf *an arbitrary act*, whilst the Persian changes of *Arabic* words are denoted by the term استعمالِ فُرس isti'mál i furs *the usage of the Persians*.

II. The subject itself, though it has never as yet been systematically treated, is of the greatest importance, especially for prosody, as, without a knowledge of it, the student will not be able to discover the metre of every verse, whilst an acquaintance with these changes will prevent him from pronouncing the metre of a verse wrong, when in reality it is correct; and from making idle conjectures or alterations *ob metrum*. But the subject is also of the greatest interest, as nearly every change noticed in this chapter has a parallel in the changes which English words have undergone, and which have been so admirably and popularly treated in modern times.

Most of the changes noticed in this chapter belong both to prose and poetry; many, however, to poetry only. The latter are often nothing else but poetical licenses, and have therefore been distinguished as such.

The student will also find that many of the changes are confined to certain periods. The poetry of the pre-classical period is full of ancient words and forms, licenses and irregularities in language, metre and rhyme.

These irregularities disappear with Nizámí at the commencement of the *classical* period. Nizámí is the classical poet of the Persians *par excellence*. He reduced the number of licenses, purified the rhyme, the metre and the language, and expelled ancient words and forms. Even his Masnawís—that form of poetry in which poets are allowed a greater freedom of expression—are eminently pure. He has been correctly called the *Indus* of Persian poetry. The modern period or the *silver age* of Persian Poetry commences from the time after Jámí and ends with

Kalím, the court poet of Sháhjahán. The poets of this period keep metre and rhyme scrupulously free from licenses, old words and forms. Many words and forms that were still in use during the classical period, disappear. The language now becomes *pretty*. There are a few poets who *imitate* the language of the older poets, e. g. Ḥazín; but, notwithstanding their general merits, they have been severely handled by critics. The exactness of the modern poets goes so far, that they do not allow a license on any condition. They say [90] چون ضرورت بود روا باشد بیضرورت چنین خطا باشد "If a poet is *compelled* to say so and so, it is admissible; but if there is no absolute necessity, it is a *fault* to say so."* Thus it is the object of the excellent treatise on Persian changes, entitled ابطال ضرورت, to shew that no such thing as a poetical license exists, but that every peculiar expression is either wrong or rests on sufficient authority.

The following lines are far from being exhaustive; they are a mere outline intended to guide the student and to stimulate him to independent research. To give an example for every change noticed below would have extended this book beyond the limits which I have fixed. A separate and complete treatise on the استعمال فرس, the استعمال هند and Persian orthography with examples, is still a great desideratum.

A. Peculiarities of Arabic words (استعمال فرس)

III. *Elision of vowels* (تسکین). 1. The Arabic form فَعَلان becomes in Persian فَعْلان, the Fatḥ of the 'ain being changed to a سکون. *Examples* یَرْقان jaundice; هذیان foolish talk, حیران astonishment e. g. in حیرانزده, &c, for یَرَقان &c. 2. The Arab. form فَعَلَة becomes in Persian فَعْلَت or فَعْلَه. *Examples* طَبْقَت or طَبْقَه a degree, stage, بَرْکت a blessing, حَرْکت motion; a vowel; خَلْوَت a bridal room, شَفْقت mercy for طَبَقَت &c. 3. The Arab. form فَعَل *fa'al* becomes often in Persian *poetry* فَعْل *fa'l*. *Examples* عَرْق sweat (Salmán of Sáwah), کفْن a shroud (Ṭálib), &c., for عَرَق, کَفَن, &c. 4. The form فَعِل *fa'il* becomes in *poetry* sometimes فَعْل *fa'l*, e. g. صبر *çabr* aloe wood tree (Tughrá), غَرْق *gharq* sunk (Sa'dí) &c. for صَبِر *çabir*, &c. 4. Arabic participles as متفاعل become by license مُتْفاعل, e.g. مُتْواری hidden. 5. The form فَعِیلَه of verbs tert. و and ی take in Persian the form فَعْلَه, e. g. هدیه *hadyah*—a present, قَضْیه a quarrel, قَلْیه a certain dish &c. for هَدِیَّه *hadiyyah* &c. 6. Of other cases we may mention بوقلمون búqalmún — — — for بوقَلَمون a coloured stuff; زمرد zumrud *for* زُمُرّد zumurrud an *emerald*; ارنی arní *for* اَرِنی arini *shew me*, Imp. iv. of رای Qor. II. 262; الست *alast* for اَلَسْتُ *alastu* in روز الست, Qor. vii. 171.

* (Superfluous) آورده اند که شاعری پیش میرزا معزّ فطرت بیتی برخواند که درآن لفظی پُرکن بود ، وجه آن پرسیدند ، گفت ضرورت شعر ، فرمود شعرگفتن چه ضرور ؟

IV. *Vowels are inserted* (تحريك). *Examples* عطشان *'atashán* thirsty for the A. عطشان *'atshán*, نصر *naçar* assistance for the A. نصر, نهج *nahaj* way for نهج *nahj*, رقم *ruqam* a writing for رقم *ruqm*, عفو *'afú** for عفو *afw* which also occurs. عفو *'afú* occurs e. g. in Sa'dí, and in Náçir Khusrau in rhyme with رفو *rafú*. In India *all* words of the same class as عفو, e. g. سهو a mistake, هجو a satire, وحي a revelation, سعي exertion &c. have lost the jazm and are pronounced *'afó*, *hajó* with the واو مجهول and the accent on the penultima, but *sa'í*, *wahí* with the accent on the ultima.

V. *Vowels are changed* (تبديل حركات). *Examples* كافر *káfar* an infidel, باقر n. pr. Báqar, حاتم n. pr. Ḥátam, for كافر *káfir*, باقر *báqir*, حاتم *hátim* &c.; thus also ايمن *íman* secure for آمن *ámin* by Imálah v. [X]; جمهور all, صندوق a box, زنبور a bee, for جمهور, صندوق &c., and reversely دستور the Arabic form of the Persian دستور *dastúr*, منصب *manqab* a high office for A. منصب *mançib*, ليلي in P. ليلي Lailí, اوليستر in P. اوليستر aulítar, حوالي in P. حوالي, دماغ in P. دماغ, زليخا Zulaikhá in P. زليخا Zalíkhá, فلان *fulán* in P. فلان *falán*, حالك *hálak* in Nizámí for حالك *háluk*, e. g. [26] كيف حالك چو بر دريا زند تيغ پلالک بماهي گاو گويد "When the king beats with his sword on the ocean, the cow says to the fish, "How do you feel now?" (in allusion to the position of the earth upon the horns of a cow, the cow in her turn standing upon a fish). Nizámí on being attacked for the wrong vowel in حالك facetiously said, "No wonder, a cow does not learn grammar." Observe also that the Persians prefer وداع widá' *a farewell* to the A. وداع wadá', i. e. they prefer the Infinitives to nouns.

VI. *Arabic words take an increment* (زيادتي). First, an additional ي chiefly in *modern* prose and poetry. *Examples* حيراني perplexity, حرماني disappointment, قرباني an offering, نقصاني (Khaqání) damage, for حيران &c.; شمّاعي a maker of candles, قنادى a sweetmeat man, قلّابي a forger, ضرّابي a maker of false coins, for شمّاع &c., قحطي a famine (Salmán), حالي condition, زيادتي increment, سلامتي safety, حضوري being present (Ḥáfiz), فضولي excess, وصولي collection, اعتقادى faith, انتظارى hope حوري a Houri pl. حوريان, غلطي a mistake (Ḥáfiz), صفائي purity, فلاني for فلان some one, &c. Secondly, an *additional alif* in proper nouns, chiefly in modern Íránian prose and poetry. Examples شفيعا, طالبا, عاكفا, زمانا, مخلصا, عظيما, صالبا &c., and with the Izáfat فائضاى مرحوم the late Fáiz. Thirdly, an *additional* ة. *Examples* غمّازة an informer (Maulawí Ma'nawí), معشوقة the beloved, رقيبة (Khaqání) the watcher, منظرة a tower, فلانة for فلان. This ة must not be mistaken for a feminine ending as is shewn in the following part of a Rubá'í [11, 6] by Salím

مفلس چو شديم رو باو آورديم   معشوقة روز بينوائيست خدا

"When we are distressed, we look up to Him. God is *the beloved* on the day of need."

* This corrects the mistake in Vullers Dictionary, II, p. 576.

VII. *Some Arabic words take in Persian a Tashdid.* This is very rare; e. g. قضّاة for the A. قضاة pl. of قاضي a judge, as in the following verse of Shafái [25]

برای شاعران در نفي و اثبات   بباید دفتری تبلی چو قضّاة *

"Poets like judges require an order book for things that are allowed and forbidden."
Even now the word قضاة is in India pronounced with the Tashdid in the phrase قاضي قضّاة a Chief justice. Also نشّه nashshah drunkenness, a Persian corruption of the Arab. نشوة nashwah, which likewise occurs in Persian. Besides نشّه we find also in MSS. نشاه, نشّا (not نشاء as in the Delhi edition of the Bahár i 'Ajam and Vullers), but all these are of the wazn فعل — ب. The spelling نشاء is evidently a mistake, as it belongs to نشا creavit. Abulbarkát [81]

ز نشّاء خانهٔ چشم تو مشوة خیزد مست   ز فالنامهٔ خطّ تو فتنه گیرد فال †

"On account of the drunkenness of thine eye socket thy looks are intoxicated; mischief takes an omen from the omenbook of thy line."

VIII. *The Tashdid in Arabic words may be thrown away in Persian* (تخفيف). *Examples*—the whole class of words like حقّ ,سرّ ,غمّ ,همّ ,حيّ. They have generally no Tashdid in Persian, vide [4]. Other words are حمام bath, نيت intention, كيفيت quality, خاصه special, خاصيت property, زقوم a tree, مشاطه a waiting maid, هديه hadyah a present, ايام days, بلور a crystal, مكه Mecca, عزي the idol 'Uzza, علي Ali, نظاره sight, &c. for حمّام ,نيّت ,كيفيّت ,خاصّه ,خاصيّت ,زقّوم ,مشّاطه ,هديّه ,ايّام ,بلّور ,مكّه ,عزّي, نظّاره ,عليّ &c.

IX. *Consonants are also elided. Examples* common to prose and poetry—*First*, the final ت in certain Infinitives of the IIIrd form—مواسا favour, مدارا politeness, محاكا relating, telling, مفاجا surprize, مكافا requital, مداوا medical aid, محابا respect; but never e. g. ملاقا for ملاقات a meeting. *Secondly*, a yá in Infinit. II, as تغير ,تعين ,تميز for تغيير ,تعيين ,تمييز &c. *Thirdly* the alif in the commencement of certain words, e. g. سپر for اسپر (both words are now used in different meanings), بو for ابو e. g. بو اسحق or بسحق for ابو اسحاق ,بو نصر for ابو نصر. To this class belong also, بوالفضول impudent, بوالعجب wonderful, بوالهوس inconstant, &c. The last word is sometimes spelt (but less correctly) بلهوس, and some Dictionaries go so far as to make in this word the syllable بل a *Persian* prefix i. q. بسيار, taking the whole word as an indigenous Persian word. But this is wrong; for although هوس *hós* may be looked upon as a Persian word i. q. A. هوس, we never find بلهوس *bulhós*, but always *bulhawas*, which plainly shews the identity of بلهوس and بوالهوس.

* This corrects the reading in Vullers Dict. II, p. 727 *b*.

† This corrects the reading in Vullers Dict. II, p. 1314 *b*.

Sometimes the ابو is thrown off altogether, e. g. طالب and طالبا for ابو طالب ; cf. مُغیلان* for امّ غیلان the accacia tree, whose thorns have become proverbial. *Fourthly*, words like شبه *shubah* for A. شُبهه doubt ; عُجوبه a wonder for اعجوبه, برات *barát* an agreement, cheque for A. براءة, غش a fainting for غَشْي, زیاد for زیادت. &c. As poetical licences may be considered شقاق (Rúdakí) *lilies* for شقائق, جز (*Hakím Asadí*) for جزیره a peninsula, صطَرلاب an astrolabe for اصطرلاب, بلیس for ابلیس Iblís, the Devil, لیك for لیکن and ولی for ولیکن but, بلهانه (Urfí) for ابلهانه foolishly, unless we have to pronounce *bulhánah* formed from the pl. بله. ناالحق for انا الحق "I am God" ; عمّیت for عمَّ یتساءلون Qor. 78, 1 ; the omission of the Arab. article e. g. in the following miçra' [96] of Nizámí, که سبحان حیّ الّذی لا یموت, where we expect الحیّ ; تعال *poet.* for تعالی.

X. *The alif and yá of certain Arabic words are changed to a* یای مجهول (Imálah). Words common to prose and poetry—لیکن lékin *but*, مهمیز mihmíz *a spur*, دنیی dunyé *the world*, the names of the letters بې, تې, ثې ; حې, خې, رې, زې, طې, ظې &c., for با, تا &c. which latter forms occur again in the Izáfat, e. g قای فوقانی. In poetry we find for the sake of the rhyme مَتْهیب, کتیب, حسیب, حجیب, جهیز, حنی, صیم, اقبیل, اعتمید, یعنی, سنین, مزیح for مَتاب, کتاب, حساب, حجاب, جهاز, حنا, صام, اقبال, اعتماد, یعنی, سنان, مزاح, &c. Modern poets avoid the Imálah.

XI. *Words and forms considered bad in Arabic become recognised in Persian ;* e. g. adjectives as معنوی, مصطفوی, مرتضوی, v. Wright's Arab. Gram. I, 258, rem. ; مُنجمد congealed, مُنعدِم and even مُنعدَم annihilated, تبطیل to make untrue (for ابطال, استمزاج to humour a person, معلول sick, باکره a virgin, &c.—all words either not existing in Arabic or condemned as bad by the Dictionaries. Thus also کافهٔ انام *all men*, whilst the classical Arabic recognises only the adverbial form کافّةً *káfatan*.

XII. *Words change their parts of speech*, e. g. خبر, تسلّی, شهره, فتنه, رضا, عزل, &c. have in Persian also the meaning of خبردار knowing, متسلّی consoled, مفتون smitten, مشهور famous, معزول dismissed, راضی content, &c. ; لن ترانی boasting, لمن الملك عزدن, مگن, ماجری, لاجواب, for which see the Dicts. ; تعالی الله, the word تعالی being treated like an adjective and placed before its noun ; یارب i. q. تالله, تمام in Arab. a noun, *completion*, in P. an adj. *complete*.

XIII *Arabic plurals becomes singulars in Persian ;* e. g. حور and حوری a Houri, pr. a pl. of حوراء ; اولیا a saint ; ابدال (pl. of *badíl*) an Abdál ; ملائك an angel, عجائب anything wonderful, مشایخ a venerable man ; أمرا a nobleman, بُکم dumb, &c.

XIV. *Arabic words change their meanings in Persian. Examples,* آثار i. q. بنیاد ; اخراج the exiling of a criminal ; ارتفاع revenue ; ارسال presents, gifts ; امن amn i. q.

* The Persian Vocabulary called Burhán registers this word as pronounced *mughailán* ; but *mughílán* is the common pronunciation. It also occurs in rhyme with فیلان *elephants*.

ايمني, ابام i. q. روزگار : اغاري† a chimney*; بسم‌الله i. q. now let us go; بلا anything remarkable, e. g. [۲۱] آخر چه بلا زاهد برآمد "at last, how remarkable, he turned a devotee;" تابين n. leadership, — كردن to follow up anything; adj. leading; a leader pl. تابينات; تخفيفه a light cap worn at home instead of the cumbrous turban; تعبيه executing something wonderful, i. q. تقطيع; تكلّف كردن to dress oneself; تشريف بردن to visit an inferior; تشريف آوردن and دادن to come to an inferior; تشريف a dress of honour; ثبت كردن to write; حال e. g. زبان حال symbolical language; language by gestures, opp. زبانِ مقال language, speech; حُقّه a knob; حلاله a wife; حلالي خواستن to ask for forgiveness on account of shortcomings in the performance of one's duties†; خدمت, حضرت, مجلس, جناب, ملازمان, خُدّام used with the Izáfat before proper nouns as titles of respect; دلق | dalq the coarse blanket used by Faqirs as a garb; دولت i. q. شرف or اقبال; صنم (the idol) a sweetheart and برهمن (the brahmin) an ardent lover; طفيلي adj. e. g. در گذارشِ طفيلي passim; محصل the meaning of anything,§ e. g. محصلهاي گزيده fine subjects of conversation, &c.; مربّى candied fruits; مكّور vile, ignoble‖; the double figure which we see when we squint; مكيّف a drug; مُنقّى a kind of raisins; نقش the dots on dice; ولايت (in Indian prosewriters and poets) Kábul and Persia¶; هلاك i. q. فدا and قربان; هوس hawas or hos inconstant love, بوالهوس an inconstant lover, opp. عاشق the true lover, &c. &c.

XV. *Arabic words are mutilated in Persian.* Examples— مسلمان musalmán, explained either as a corruption of مُسلم *muslim* and the Persian ending مان, or as a corruption of مُسلمان the pl. sanus of مُسلم, v. 12; نشه mentioned in [VII.]; خالوله deception,** a corruption of some form of the Arab. verb ختل to deceive; كريه hire, perhaps a corruption of كِراء Inf. III; حلوان *halwán* an old corruption (already

* This corrects Vullers dict. I, p. 409 under اغاغة, where he translates اغاري by "vapores"!

† In Vull. Dict. I. p. 621 read in l. 6 خرهند for خرانند.

‡ In Vull. Dict. wrong دلق dalaq, as he might have seen from the metre [20] of the verse I, p. 602 a, l. 4.

§ For the nonsense in Vull. Dict. II, p. 1145 a, read ومحدوث معني و طرف لفظ محصلهازست "the word is also used in the sense of the *meaning and purport* (طرف i. q. حاصل) *of a word.*"

‖ Left out by Vullers like a hundred others given in the Bahár i 'Ajam, which Vullers professes to compile from.

¶ Vullers has made at least half a dozen blunders in his dictionary, all arising from his ignorance of the meaning of this word, e. g. under اصول in his Corrigenda II, p. 1558 No. 2, *in regione Kashmir* كشمير ولايت, a blunder for كشمير و ولايت Kashmir and Persia also sub جيفه جيفه كردن I, p. 548; s. چهل دختران I, p. 587. &c. &c. Now a days ولايت means in India *Europe*, esp. *England*.

** The verse in Vull. Dict. I. p. 634 a. l. 4, has no metre [20]; read گر تو خالوله خواهي آوردن

in Fakhruddín's Wís o Rámín) of حُلّام *hullám* and حُلّان *hullán* a kid; the word is now-a-days pronounced in India *halwán*; هویج* *hawíj* or *hawíj* another spelling for حویج, a singular formed by the Persians of حوائج i. q. مصالح spices, لماخره for لمسخره &c.

XVI. *Arabic words take tautological Persian additions.* This is modern. Examples—مکتب خانه a school, منزلگاه a stage, سحرگاه morning for سحر, منزل, مکتب merely.

B. Peculiarities of Persian words.

XVII. *The jazm of some words is transferable.* Examples, گلستان gulistán and in poetry also گلستان gulsitán, نیستان nayastán or nayistán and poet. naisitán, a place full of reeds; میزد maizad and mayazd, a banquet.

XVIII. *Vowels are inserted.* پهن pahn *broad*, old for پهَن pahan.

XIX. *Vowels are changed*, e. g. کِردار *kirdár* work, manner; کِردگار *kirdgár*† the Maker, where we would expect کَردار *kardár* and کَردگار *kardgár*; آتِش *átish* and آتَش *fire*, now آتش *átash*‡; خوش, خود &c. khash, khad &c., now pronounced khúsh, khud, vide [5. note 4]; سخن *sakhun* and سخون *sakhún a word* old for the modern سخن *sukhan*; similarly کهن *kahun old*, now pronounced *kuhan*; آزردن *ázurdan*§ and *ázardan to vex*.

Here we may also mention the words که, چه, نه and سه, which are now-a-days pronounced *ki* (in India *ke*), *chi*, *nú* and *si*. It would appear that the pronunciation *ná* had been originally *ní*; for 1. the compounds of *all* 4 words have a ي, viz. کیست, چیست, سیزده 13, سیصد 300, and نیست. 2. we have independent forms کے, چے, and نے, pronounced *ké*, *ché*, *né*; thus also in کاشکے for کاش که. 3. In Háfiz, Sa'dí and other classical poets, we find still *ní*; e. g. in Sa'dí نیاز آرد, in rhyme with نیازارد; in a Rubá'í of Háfiz we find که in rhyme with چه *and* نه with the radíf جز می دارد; but also *ná*, e. g. in Sa'dí تشنه یافت and هیاتش نه یافت, vide [5, note 5].

* Similar spellings are حال for the Pers. هال; حیز for the Persian هیز and perhaps هلاج for the Arab. حلاج; another curious spelling is نفاذ with a *dál* for نفاذ with the *dál*.

† This word is given in Vullers Dict. as pronounced *kirdigár*, which is wrong. This is *Indian usage*. Even the author of the Dictionary entitled فرهنگ ابراهیمی (A. D. 1450) found it necessary to advert to this Indian mistake. Similar faults are ارجمند *arjamand* for *arjmand* مرزبان *marzabán* for *marzbán* &c.

‡ This corrects the remark in Vullers Dict. I, p. 14 *b*.

§ Vullers and several inferior Indian dicts. maintain that ázurdan is wrong, and ázardan correct, *as the word is a contraction for* آزاردن. But آزرد ázurd occurs in rhyme with پژمرد, فشرد, and is analogous to شمردن *shumurdan* (Firdausí). شمردن *shumardan* and شماریدن, فشردن and فشاردن, سپردن and سپاردن &c.

XX. *Some Persian words take increments. Examples* ارمغاني a souvenir, نورهاني a remuneration given to a poet, بهماني somebody, analogous to فلاني v. [VI]; يادگاري remembrance, نشاني a sign, &c. for ارمغان, نورهان, &c. In two words we find a يي in the middle, آرديبهشت or اردي بهشت the name of a vernal month, and شبيخون a night attack, for the common forms ارد بهشت and شبخون. A prosthetic alif in إشكم ishkam, إستم istam, إشكرة ishkarah, أشتر ushtur, اشگرف ishgarf and ashgarf &c.—all *pre-classical* forms for شكم shikam *belly*, ستم sitam *cruelty*, شكرة shikarah *a hawk*, شتر shutur *a camel*, شگرف shigarf *wonderful* &c. Also آدرفش an awl, آدرخش, آكوفت, آرنگ, آزرد, انوشيروان, آفريدون and آفريدن, &c.—old forms for درفش, درخش, كوفت, رنگ, زرد, نوشيروان, فريدون. اوفتادن is an old form for افتادن. Some words take a final ت, as پاداش and پاداشت (and پاداشن and پاداآش) requital; فرامش and فرامشت (Niz.) a forgetting; كوست (Firl.) and كوس a drum; دردي نوش and دردي نوشت a wine-bibber; بالش and بالشت a cushion, گوارش and گوارشت a carminative; جرس *jarras* and جرست *jarrast* a cracking noise. Some nouns of the pre-classical period have a final alif (الف مصدر), which in the classical period is replaced by a yá, e. g. درازا, ژرفا, فراخا and پهنا, for فراخي width, ژرفي depth, درازي length, پهنائي breadth. پهنا is, however, said to occur in Nizámí. In cases of old words the dictionaries often register great varieties, e. g. مارافسا, مارافسار, مارافسان a serpent-tamer; شناب, شنا, شناه, آشناو, آشناب, شوناب a swimming; داشن, داشاد, داشاب, داشا a gift.*

XXI. *The Tashdíd in Persian words.* The Tashdíd is necessary when indicating contractions, e. g. شپّرة a bat, شبّو the small white lily &c., for شبپرة, شببو, &c. The following words are registered by the author of the Dictionary entitled بهار عجم (marked in Vull. Dict. *Bh.*) as never occurring *without* the Tashdíd, even in poetry— پلّگان *pillagán* the steps of a staircase; جرّس *jarras* and جرّست *jarrast* a cracking, jarring sound; جلّة *jallah* a mushroom; خلّة *khullah* soot; شلّة *shillah* grapes; هرّاس and هرّا *harrás* and *harrá* the howling of ferocious animals; تمّيشة *tammíshah* a forest near Ámul (آمل), هرّة *hurrah* podex. In the following words the Tashdíd is to be considered as a poetical license of older poets—كجّي and كژّي and خمّ and crookedness, e. g. Anwarí [20] بيا تا كژ نشينم راست گويم   كه كجّي ماتم آرد راستي سور "Come near me; I talk uprightly, when I sit crooked (i. e. stooping forward towards the opposite friend); for talking crooked lies brings sorrow, but uprightness joy."†—

* The student ought to be very careful with such varieties, especially as a reliable dictionary of the Persian language does not exist. The blunders of the MS. of a Turk. dict. used by Vullers and marked by him P. are as astonishing as the perseverance shown by the learned compiler in copying them. Vide Contributions to Persian Lexicography by the author.

† كجّي is given by Bh. but left out by Vullers.

where the metre requires *kajjí*. The Tashdíd occurs in liquids (ر ل ن and م); e. g., نرّه male, زر gold and زرّین golden, پرّیدن to fly, درّیدن to tear, برّیدن to cut, کرّه a foal, فرّخ auspicious, خرّم happy, کلّه head, گلّه a herd, أمّید hope, and perhaps a few more. The Tashdíd occurs also in یکّه *single*. But all these words may be used, and are *generally* used, without the Tashdíd. Examples—گفت شترکرّه با مادر خویش (Sa'dí), where the metre [95] requires the Tashdíd; and (Khusrau)

جود جواد هرچه نه ذاتي ست مردنيست   استر بميرد از کرّه چون عادیان کشد

"If the liberality of a liberal man is unnatural, it is his death, just as the female mule dies, when she brings forth a foal,"* where the metre [71] requires the omission of the Tashdíd.

On the whole, the Tashdíd in poetry requires great care, especially when a Tashdíd is required "ob metrum."

Dr. Forbes in his Persian grammar (third edit. p. 150, l. 20) says that in the following verse of Sanáí دل او خوش کن و ز حقد بکاه   باز خواه از عجوزه عذر گناه, "Go and comfort her heart and cease from thy hatred; beg pardon of the aggrieved mother for thine injustice," we have to read *dill* i ó, instead of *dil* i ó. But *dil* i ó is correct. Dr. Forbes has been misled by his incomplete list of the metres of the Bahr i Khafíf on p. 137, which he ought to double, as the 1st foot of each of the 4 metres may be فعلاتن, viz. fa'ilátun, as specified below [48]. Dr. Vullers, editor of a Persian Dictionary written in the Latin tongue, has also some idea of the possibility of a Tashdíd and chooses another liquid, viz. ر. Under برنش *a cutting* he quotes a verse from Nizámí [95] دلی باید اندیشه را تیز و تند   که برنش ناید ز شمشیر کند and says "in quo tamen falso et contra metrum legitur برنیش, quod e conjectura in برّنش mutavi." Hence he scans—kiburrí fa'úlun, nash náyad maf'úlun for fa'úlun ? !, zashamshí fa'úlun, rakund fa'úl. The MSS. of Nizámí have

دلی باید اندیشه را تیز و تند   برنش نباید ز شمشیر کند

The Indian poet Inshá saw once a verse of a poetaster whose poetical name (تخلّص) was Fáiq, in which a word had to be pronounced with a Tashdíd "*ob metrum*," when he said [90] چه خوش گفت فائق شاعرّ غرّه   تشدّید در شعر چرّا نباشد

XXII. *Transposition* (قلب) *of consonants*. This occurs only in old poets. *Examples*—بلغور and برغول a dish made of pounded wheat and barley; درویش *darwísh* and دریوش *daryúsh* a beggar, دریوزه and دریزوه a begging; هرگز and هگرز *hagirz* (Náçir Khusrau) ever; بهرمان and بهرامن a cornelian, a necklace; پلارک and پرالک fine steel, also پلالک; بوشلسپ and بوشپاس sleep, a vision; زردهشت and زردشت

* This corrects the reading in Vullers' Dict. II, p. 828a. The belief in the East is that a mule is not sterile, but always dies in foaling; so also a man when liberal beyond his means.

زرهدشت ,زرتهشت,زرهتشت Zoroaster; هرشید and هشرمند ,هوشیار and هشیوار (Firdausí) clever; گسستن and سکستن to break; گسلیده and سکلیده; چشم and چمش (Firdausí); چشمه and چمشه a fountain; آبخورش and آبشخور fate, an allowance; میان and نیام (Sa'dí); دستفال and دستلاف the first cash payment received by a merchant in the morning, Hind. بهونی; لهاشم and هلشم ugly; سوری and میرا hair (Púr i Bahá Jámí); اسپناج and اسپانج (Maul. Ma'nawí) spinach; فیلک and فلیک (Daqíqí) an arrow with two points; چراگاه and چلرگاه (Mullá Fauqí) a meadow; اخکلندو and اخلکندو a child's rattle; جرغزن and جرزغن bell; کنار and کران side, limit, e. g., in بیکران immense; فکانه and گفانه an abortion; چسپیدن ,چپسیدن and چفسیدن to be attached to.

XXIII. *Elision of consonants. Examples*—آشام and شام drink; آهنگ and هنگ intention; آزخ and زخ a wart; آز and از (Kháqání) covetousness; آتش and تش fire; آرام and ارام rest; آفسانه ,افسانه and فسانه a story; آفکانه ,افکانه and فکانه an abortion; آستاره ,استاره and ستاره a star; آستانه ,استانه and ستانه a threshold, &c., of which forms those with آ are the usual, and the shortened the poetical forms. Also آسنین (Shafáí) for آسنین ;چش for چشم ;زخ for زخم, and both together چش‌زخ حوادث the evil eye of circumstances; سطالیس (صقاعیلان) for ارسطاطالیس (Sanáí); نوز for هنوز (Sanáí); نر گوز *gawaz* for گوزن *gawazn* a stag; کنون and نون for اکنون (Farrukhí); چرا for چر; چون for چو; سام بن نر in نریمان (Azraqí); نری for نریمان and (Saifí i Badí'í); فردین *fardín*, فرودین *farúdín*, فوردین *fúrdín* for فروردین the name of a month; روش for روشنی; روش *rúsh* for روش *rawish* (Firdausí). With the exception of چو and کنون these words are only to be found among the older poets.

In the case of two words being joined, the former of which ends with the consonant with which the latter commences (اجتماع متماثلین), poets may elide one of them. Thus نیم‌من half a maund, بادام مغز an almond; سپیددیو name of a demon slain by Rustam; or comparatives of adjectives ending in ت or د; e. g., زودتر quicker, بدتر worse, may be *written* سپیدیو; (مفعولات) ب — — — نیمن — — (فعلن); بادمغز — — (فعلن); زوتر — — (فعلن); بتر — ب (فعولن), ب — — (فعولان). Elisions of more frequent occurrence are—آینه *áyinah* for آئینه *áinah* a looking-glass; هفصد 700 for هفتصد, and several other numerals.

XXIV. *The vowels of some words are lengthened* (اشباع). This is old usage. *Examples*—آتیش fire, میهمان for مهمان a guest, سخون a word, نوه for نه nine, بلم for بم a deep sound, ده for ده ten, گولخن for گلخن the backyard of a house, گوجرات for گجرات Gujrát, نیشان for نشان a sign, هیژدهم for هژدهم the eighteenth.

XXV. *Persian words receive Arabic inflections.* This is modern. *Examples*—نوشتجات *nawishtaját* for نوشتها, پلنگ الجبل, نهنگ البحر, صندالخورهش, حسب الفرمایش, نورالخورشیدین, زلفین, انا الیار I am the friend; words like نزاکت elegance, پادشاهت ,

فلاکت misfortune *for* فلک‌زدگی, حال مفلوک bad circumstances *for* حال فلک‌زده, تحرمز *takarmuz* to act like a حرامزاده, تکشمر *takashmur* to act like a Cashmirian, تکدّی *takaddi* to play the beggar (from گدا)*; مفرّش, مزلّف, مروفی, مششدر, مرتّب, &c., which are explained in the Dicts.; نرّاد a skilful nard-player; نرّادی skill in nard-playing.

XXVI. *Arabic words take the ending of the Persian Infinitive in* یدن.† *Examples*—طلبیدن to require, فهمیدن to understand, رقصیدن to dance, غارتیدن (Nia.) to plunder, بلعیدن to swallow down, طلوعیدن to rise (sun), فوتیدن to die (Túránian usage), مکّیدن to go to Mecca, مدینیدن to go to Madinah, عمریدن and ابابکریدن to visit the tombs of 'Omar and Abubakr, طوفیدن i. q. طواف کردن, مکریدن i. q. مکر کردن, بسم‌اللهیدن i. q. بسم الله گفتن, سیفیدن i. q. سیف زدن, مهیدن i. q. ماه شدن, آفتابیدن i. q. آفتاب شدن, چراغیدن i. q. چراغ افروختن, دیریدن i. q. درنگ کردن, ریقیدن i. q. ریدن, e. g., [26] (Khusrau)

ز سوزش آفتابیدم مهیدم   چو او سیفید من بسم اللهیدم

XXVII. *Arabic phrases are verbally translated into Persian. Examples*—دختر رز i. q. بنت العنب wine; دختر نعش i. q. بنات النعش certain stars (Anwari); پدر فتح (Anwari) i. q. ابوالفتح. This is an old usage.

C.—Grammatical Peculiarities.

XXVIII. *Nouns.* a. The syllable مر which in the pre-classic period is the sign of the nominative and dative, is restricted during the subsequent period to the dative. b. When a noun is followed by an adjective (not before a genitive), we find in old poetry the ی of the Izáfat written, e. g., غلامی عاقل. This ی is *necessary* when the adjective is separated from the noun by an intervening word (فاصله), e. g., (Sa'dí)

بسال وصلتِ بی‌زوال رسی i. q. بسالی وصلی رسی بی زوال.

c. In old poetry nouns take an additional alif after بسا, خوشا, بدا; e. g., Kháqání [14] بدا سلطانیا کورا بود رنج دل‌آشوبی خوشا درویشیا کورا بود عیش تن‌آسانی "bad is royalty, if accompanied by the griefs of restlessness; acceptable is poverty, if accompanied by the pleasures of health." After بسا we find this alif in use until a later period; e. g., بسا روزگارا (Sa'dí).

XXIX. *Adjectives.* a. Some adjectives have an alif *privativum*; e. g., اجنبان immoveable. This is quite old. b. Adjective numerals in ین, as اوّلین, دومین, سومین, &c., are old forms for اوّل, دوم, &c. c. Some adjectives have a secondary form ending in ان; e. g., مست and مستان drunk, pl. مستانان (M. Ma'nawí); سرخوش and سرخوشان (Hayátí); خام and خامان = raw. d. The following positives of adjectives

* الكدية (from گدا) is the title of some of the Maqámát of Badí'i Hamadání. Hence the form *takaddi* may likewise be an old adoption of the Arabs.

† Given in Sh., with a verse by Wálih, but left out by Vullers.

have also the meaning of comparatives—بیش, افزون, به, عزیز, and sometimes نازک; hence they may be followed by از. After بیش the word از may even be omitted; e. g., بیش از صد بار .q. i صد بار بیش.

XXIX. *Pronouns*. a. Of old contracted forms we may mention تش for تو اورا; تم for تو مرا. b. In many cases we find the affixes م and ش attached to verbal forms without the intermediate vowel; e. g., گفتمش guftamsh (مفعول ‿ — —) for guftamash (— ‿ — فاعلن), the later and classical form; کندش kunadsh *for* kunadash; نهدت nihadta or nihatta (‿ — ‿ فعول) for nihadat (‿ ‿ — فعلن *fa'ilun*). c. Nouns ending in long vowels take likewise the pronominal ش without the intermediate vowel; thus برگهاش, بوش, موش, زیباش for برگهایش, بویش, مویش, زیبایش, the usual forms. Similarly بقاش, بقاشان for بقایش, بقایشان, the usual forms. d. من را occurs instead of مرا. This is not Iránian.* e. دیگر may be abbreviated in poetry to دگر; the abbreviated form is, however, the usual prose form in compounds; e. g., دگرگون not دیگرگون; (cf. بیرون and برون, چون and چو, اگر and گر, ورنه or گرنه in prose and poetry, whilst گر and ار occur in poetry only; چون and چونان, ره and راه, رهنمون, دبستان and هزاردستان). f. همه *all* may take in *old* Persian the Izáfat; e. g., همهٔ مردم all men. g. For هیچ we find the old forms ایچ (Sanái) and هیش (Púr i Baháí Jámí). h. این occurs in poetry abbreviated to ان in انبار *this time*; and in prose and poetry to ام in امروز, امشب; but the compounds امصبح and امشلم are reckoned bad.

XXXI. *Verbs*. a. The 3rd person singular of the *present* occurs in pre-classical poetry with a final alif; e. g., کشدا, رودا, دودا, for دود *he runs*, رود &c. b. The 3rd pers. sing. of the past tense occurs in pre-classical and classical Persian with a final alif (in any verb); e. g., گفتا, رفتا &c. This form in ا does not differ much from the corresponding participles گفته, رفته; cf. آشکارا and آشکاره, خارا and خاره. The antique form was longest preserved in گفتا, which is found, even in prose, as late as the time of Jámí.† c. The perfect tense of the *active* is formed in the pre-classical and classical periods in ستم; e. g., شنیدستم shanídastam, شنیدستی shanídastí, دیدستی dídastí, شنیدست shanídast, &c. Observe that this form never has a *passive* meaning; thus whilst گفتست may mean "*he had said*" and *it is said*, گفتست as 3rd pers. sing. of گفتستم means only *he has said*. d. For است we find in old Persian استی asté; e. g., داناستی he *is* wise for دانا است. During the classical period the form استی is however restricted to conditional sentences; e. g., Sa'di [93]

بگفت ار بدستی منستی مهار ندیدی کسم بارکش در قطار

* Given in Bh., but left out by Vollers.

† To connect this form with the grammatical Nimfathah, as Dr. Forbes has done in his grammar § 143. 6, is a misconception.

"she (the mother of the camel) said, If the rein were in my hands, nobody should see me laden in the caravan." e. Of بودن we have an old optative form بواد for باد, as زیاد, میراد, &c. Optative forms occur also with an Alif at the end; e. g., شودا may he become, ننشیندا may he not sit, &c. f. The prefix همی occurs rarely in modern poets; می and همی are, in old poetry, sometimes placed *after* the verb, e. g., آید همی for همی آید. g. Verbs like گفتن, پذیرفتن, &c. occur in old poetry with a و in the *past-tense*; e. g., گوفت, پذیروفت, &c., for گفت &c. Qaṭrán [96]

بسے نیکوئیها پذیروفتم بشیرین زبانی بسے گوفتم

"he promised me many favours, in flattering terms he said many things to me." h. For بود *búd* we find often the abbreviated form بد *búd*; modern poets no longer use this form. Verbs like افکندن, افتادن &c. may in poetry throw off the first Alif. i. The verbal prefixes نه, به and م produce often contracted forms; e. g., ناید for نیاید, مار for مبار, ننگرد nangarad *for* na-nigarad, بنگر bingar *for* binagar, بگذرد bugdzarad *or* bigdzarad *for* bigudzarad, منشین manshín *for* ma-nishín, نبود nabvad *for* nabuvad, نتوانم natwánam *for* natowánam. Similarly we find چخبود chibwad of the wazn of فعلن — —. k. Imperatives do not require in poetry the prefix به; e. g., مردمی ورز for مردمی بورز.

XXXII. *Adverbs.* چون *like* is abbreviated in poetry to چو, and in poetical compounds to چی; e. g., چنو chunó *like him*, چنوئے chunúé a man like him.

XXXIII. *Prepositions.* The prepositions در, اندر, اندرون and بر may stand *after* nouns, the nouns taking the prefix به; e. g., بدریا در i. q. در دریا *in the sea.* This does not occur after the time of Jámí. For با, بر and بے we find in pre-classical poetry ابا, ابر, ابی with a prosthetical Alif. This is rare during the classical period. The preposition از may, in poetry, take the form ز ez.

XXXIV. *Conjunctions.* کہ is abbreviated, in compounds only, at the end of hemistichs to ک; e. g., ازانک azánk (of the wazn فعول) for ازان که *because.* که becomes also ک before an alif i waṣl; e. g., کاین kán, کاندر kándar, کش kish, کامّتی (Niz.) kummati, for که این, که اندر, که اش, که امّتی i. q. که اورا که امّتی *that my people* &c. Similarly و; e. g., وآن wán, واین wín.

XXXV. *Peculiar constructions.* a. Pronominal prefixes may in pre-classical and classical poetry be separated from the noun to which they belong. This usage is discontinued after the time of Jámí. Sa'dí [96] گرت خاکپایان شوید دستر فقیرو حقیرند اندر نظر, where the ت in گرت belongs to نظر. Thus also in [87] ره سوی تو ام for راهم سوی تو. b. Similarly را may be separated from its noun. Modern poets avoid this. E. g., [96] کسے که رویت را هوس میکند for کسے را که رویت هوس میکند. c. The words رهی and بندہ are in *modern* poetry used with the first person instead of with the third pers. sing.;

e.g., بنده گفتم I (your slave) said; but Sa'di [75] بنده چه دعوی کند حکم خداوند راست "Why should *I* ask? God's will be done." The word رهی has been discontinued by modern poets, who use only بنده. d. In pre-classical and classical poetry we often find the singular used where the plural is required. Háfiz [15] الا ای همنشین دل که یارانت برفت از یاد, where the plural یارانت requires برفتند. d. Nouns expressing a time are often used by poets with the plural ending ان; e. g., روزگاران, صبحگاهان, بهاران spring, حنابندان (Hind. مینهدی اتهانا), &c.

XXXVI. *The omission of the Izáfat* (فکّ اضافت the *undoing* of the Izáfat). The student will have to pay particular attention to this part, as the omission of a vowel may considerably alter a metre. Our grammars are exceedingly meagre on this subject. The Izáfat is omitted

a. After صاحب, میر, عاشق, دشمن, نائب, ولي, صنم, پسر (not in prose), شاه; e. g., صاحب‌دل, صاحب‌کمال, میرِ بحر an admiral, میرِ توشک the keeper of the wardrobe; عاشقِ شکار a passionate hunter, عاشق پسر, عاشق صحن, عاشق‌باده; دشمنِ علم a foe of science, دشمن‌حیا a foe of decency; نائب‌کرم the representative of God's mercy on earth (a flattering epithet for kings); ولی‌نعمت *wali ni'mat* a benefactor, ولی‌عهد a viceroy; similarly قائم‌مقام one who acts for another; پسر ترکی, پسرِ دلفریب a beautiful boy, پسر بزّاز, پسر قصّاب, شاه جهان Sháhjahán, شاهبندر a harbour-master (in poetry the ه in شاه would have the nimfathah); صنم هندونژاد an Indian sweetheart.

b. After سر, پس, میان, اول, دامن; e. g., سرزمین, سررشته, سروقت, سرمنزل, سرراه, سرچشمه; پس‌دیوار the space behind a wall, پس‌کوچه the back of a street, پس‌فردا the day of judgment, پس‌خورده leavings (Indian usage); میان‌پاچه i. q. شلوار, and i. q. برج; اوّل, in اوّل‌شب in the beginning of the night, اوّل‌روز, اوّل پرستندگان the first of the worshippers. The last is perhaps poetical usage—چه معنی‌ست در صورت این صنم که اوّل پرستندگانش منم (Sa'di) "*what can be the secret of the figure of this idol* (of Somnath, which moved its hands), *the first worshipper of which I am?* where the metre [96] requires the omission of the Izáfat after اوّل. Also دامن کوه the side of a mountain for دامنِ کوه.

c. In compounds often used (کثیر الاستعمال); e. g., گلنار a pomegranate; آبدست water for the ceremonial ablution; نیشکر sugarcane; شبخون a night attack; دست‌آبی a seal, &c.; for گلِ نار, آبِ دست, نیِ شکر, &c. Thus also آبرو (pr. the lustre of the face) honor, روزبازار the flourishing state of the market, flourishing circumstances.* Many of these words are even *written* in one word.

* Both words are *wrongly* marked in Vullers' Dict. *with* the Izáfat. In poetry of course they have the Nimfathah. The blunders in Izáfats in Vullers' Dict. are very numerous. Sometimes they are serious, e. g., II, p. 750b. کارِ گیا *kár i giyá* which he translates *res*, but کار گیا or better کارگیا with the Izáfat means *negotium*, the business (کار) of a گیا (not گیا) or *priest*; but

d. After بن *bin* son; e. g., (Sa'dí) ابوبکرِ بن سعدِ زنگی Abubakr i bin Sa'd i Zangí.

e. Under the influence of an alif i waṣl. This is poetical; e. g ,صوا تو ,صوا صن, بهای چنین گوهر ,جای نماز ,پاعلم خوان ,for سوی تو beside you, جانماز ,گوهر چنین بها the price of such a jewel, پای علم خوان one who reads (elegies on Husain) sitting at the foot of a banner (as used by the Shí'ahs during the Muharram).

f. After *a hidden* ة (هاي مختفی). This is poetical usage and not to be found in modern *poets*; e. g , چشمهٔ نور ,جامهٔ خواب ,کوچه بازار ,خیرهٔ صندل, vide [6].

g. Before ایزد God; e. g., بنام ایزد *banamízid* (مفاعیلن), سپاس ایزد *sipásízid* the praise of God. This is poetical usage.

h. After تهٔ; e. g., تهٔ بسیط *tah basíṭ* for *tah i basíṭ* the dust below a mat; تهٔ جرعه *tah jur'ah* the last of the cup.

i. After the preposition زی towards i. q. طرف ,سو; e. g., زیِ درگهِ تو (Mír Mu'izz) towards thy throne, for زیِ درگاه تو. The word زی does not occur *after* Sa'dí.

k. In کافرِ نعمت káfar ni'mat *ungrateful*; ثالثِ ثلاثه sális salásah a Christian (Niz.).

l. After صن I; e. g., صن بندة ,صن رهی ,صن کیانی. This occurs sometimes in poetry for صنِ بندهٔ I your slave.

D.—Dialectical Peculiarities.

XXXVII. Native writers mention 7 Persian dialects—1. پارسی (Iṣṭakhar); 2. پهلوی (Rái, Ispáhán, Hamadán); 3. دری the dialect spoken in the villages and mountainous districts and therefore not mixed with foreign words (vide Vull. Dict. I, p. 840b); 4. هروی (Herát); 5. 6. سِگزی and زاولی (Sístán); 7. سُغدی (Sogd and Samarqand). The last 4 are said to be unfit for poetry, although some words peculiar to these dialects, especially to the 4th and 7th, have been adopted. Firdausí is often mentioned as containing much Pahlawí and Darí; Nizámí is famous for his Darí, whilst Jámí says of Maulánà Rúm [55]

مثنوی مولوی معنوی هست قرآن در زبان پهلوی

"the masnawí of Maulawí Ma'nawí possesses for the Pahlawí dialect the authority of the Qorán."

The language of Írán is therefore considered as the classical dialect. But as the area over which the Persian language is spoken is large, and the area of the countries in which it is used as the language of literature, is still larger, we may *a priori* expect differences in expression. The two most important countries to the east of Persia proper, in which Persian has been, and is, used for literary purposes only, the language of the people being not Persian, are Túrán and Hindústán. The general

کارگها *without* the Izáfat (for کارگاهِ کار) means *res*, and the derived abstr. n. کارگیالی *rerum*. It is plain that this abstr. noun could never have been formed from Vullers کارگها *res*.

feature of the Persian written in these two countries is that it is stationary and not subject to the changes of a spoken language. It *imitates* the classical Persian. The Persian as taught in the schools of Túrán and Hindústán has also preserved old pronunciations now discontinued in Írán.* Again as the kings of India were for the greatest part Túránians, the immigration of Túránian Muhammadans into India was constantly kept up. It is for this reason that we find so many Túránian peculiarities among Indian writers. We may in fact say, that the Persian of Indian writers is Túránian. There are, however, many expressions and pronunciations peculiar to India alone.

XXXVIII. The following dialectical peculiarities are common to the Persian of Túrán and Hindústán—

a. Many words end in the Túránian Persian in ک (káf), whilst the Íránian has a گ (gáf); e. g., کبگ a kind of partridge, in Túr. کبك; مشگ *mishg* musk, in Túr. مشك *mushk*; آشگ a tear, in Túr. اشك; سرشگ a drop, in Túr. سرشك.

b. Also in the beginning of certain words; e. g., گشادن, in Túr. کشادن (as every Muhammadan in India pronounces); گشنیز coriander seed, in Túr. کشنیز.

This difference between ك and the Íránian گ becomes very apparent, when we compare Túránian (Indian) with Íránian Dictionaries of the Persian language, especially when they are arranged according to the first and last letters. Thus in the excellent Íránian Dictionary by Surúri اشگ stands in the فصل الف مع کاف فارسی, whilst in the Indian مدار الافاضل in the فصل الف مع کاف تازی.

c. The Túránian has preserved a clear distinction between the واو and يا when مجهول (é, ó) and معروف (ú, í). The Íránian, at least the modern, has the معروف forms (í, ú) only. This is of some importance in the rhyme. The *words* which have a majhúl letter must be learned from the Dictionaries; the native Persian grammars specify the cases, when the *ending* ی is pronounced معروف.

d. The Túránian has preserved the نون غنه in all cases. The Íránian has given it up in some cases, especially after an alif. Thus forms like ماندم, راندم, آنگاه, هرآنچه, &c.

* The Persian grammar by Mírzá Ibráhím is very interesting, as the modern Írání Persian which it teaches, differs both in pronunciation and construction from the Persian studied in schools. Many of the differences and innovations which appear in this grammar, are foreshadowed by the استعمال متأخرین, which has been so well set forth in the works of Ték Chand (the author of the Bahár i 'Ajam), the author of the Muçtalahát i Shu'ará, the writings of Mírzá Qatíl, and the critical dictionaries by Rashídí and Sirájuddín Khán Arzú. Ibráhím's grammar does not, however, appear to be always trustworthy, as the same words are often differently pronounced on different pages.

are pronounced in Írán múndam, rúndam, ángáb, hardachi *for* mándam, rándam, &c. This difference in pronunciation would produce no difference in the metre; for in scanning the نون غنه falls away, because the ن is scarcely pronounced; and in the second case it cannot fall away, because it is fully pronounced (rúndam). Hence *rándam* (راندم) and *randam* (رندم) are both of the same wazn (فعلن) — — .

e. The Túránian never adopted the interchange of dál (د) and dzál (ذ). From the time of the introduction of the Arabic characters up to the time of the poet Jámí, the letter ذال was used *in Írán* for دال after a long á, í, ú, (حروف مد); e. g., بوذ *búda* for بود *búd* &c.; and 2. after every consonant (ا,و,ي excepted), provided that consonant had a vowel, i. e., after the حروفِ صحیحِ متحرّك, e. g., نشیند, تذرو, گنبذ, &c.; but neither after diphthongs, as in میده, nor after consonants with the jazm (حروفِ صحیحِ ساکن), e. g., کرد, چند &c. This interchange between دال and ذال was never extended to *Arabic* words; hence Anwarí on one occasion asks the reader's pardon for rhyming بوذ *he was* with the A. جُود *liberality.* The Persian Dictionaries by Ibráhím (1400) and Surúrí (1608) keep up this rule in the arrangement of the words, whilst other contemporaneous dictionaries discard the rule as obsolete.

f. Certain words are peculiar to the Túránians. Examples—وي *he* for the Íránian او, پور *son* for پسر, سو *side* for طرف, شو *husband* for شوهر, پگاه *dawn* for صبح, بیگاه *evening* for شام, اري for بلی, یزنه *brother-in-law* for شوهرِ خواهر; ینکه or ینگا *sister-in-law* for زنِ برادر; دادر *brother* for برادر; خوش‌دامن *mother-in-law* for مادر زن; خسر *father-in-law* for پدر زن; خسر پوره for برادر زن; پالیدن and کاوش *to search* for جستن; تیر را برتافتن *to throw the arrow* for تیر را انداختن; شستن *to sit* for نشستن; خلستن *to rise* for برخاستن; دینه‌روز (cf. شبانه‌روز) *yesterday* for دیروز; سوار شدن آب *to swell (water)* for زیاده شدن آب; سوار شدن روز *to pass away (day)* for گذشتن روز; فوت شدن *to die*; پالدن for خسپیدن *to sleep* for خوابیدن; رفتن i. q. شدن, e. g., قربانت روم I am thy sacrifice; فرود آمدن for پائین شدن; گالیدن for خلانیدن; ماندن 1. i. q. نهادن *to put*; 2. i. q. گذاشتن *to leave behind*, e. g., چیز را بر طاق ماندم ام I have left the thing on the shelf, where ماندم is a Túránian form for مانده; or این خانه را بمانید *leave this house* (بگذارید); 3. i. q. طلاق دادن *to divorce*; 4. i. q. گالیدن; نهادن i. q. ماندن No. 2; &c. Although many of these words do occur in Íránian authors, yet we find them generally used in peculiar places, as in rhyme, where it was difficult to avoid them; or in order to prevent repetitions, &c.

XXXIX. *Peculiarities of the Persian of Indian writers* (استعمال هند). *a.* Words have peculiar meanings; e. g., آسوده i. q. سیر *satisfied*; پس‌خورده *leavings*; مثل misl *a set*, i. q. ردة; جامه *a* (made up) *coat*; حلال‌خور i. q. کنّاس or خاک‌روب *a sweeper*; برف *baraf*, often pronounced *barf*, *ice* (for *snow*); داماد vide Vull. Dict.; خلیفه a flattering title applied to cooks, tailors &c; سه‌پهر *afternoon*; جای‌ضرور *a closet* for

ضروري ; ولايت vide [xiii]; خالصه the royal exchequer; خارجه and ترك tark the catch-word at the bottom of the page of a manuscript; سركار vide Vull. Dict.; جاگير vide Vull., also board given to a poor student who is to teach children in return; صوبه 1. a province, 2. i. q. صوبه‌دار an officer in charge of a province; رساله i. q. رساله‌دار an officer commanding a troop; آبكاري vide Vull.

b. The word كه is pronounced *ki*, not *ki*. This seems to be the old form كے, still preserved in كاشكے. The Izáfat is pronounced *é*, not *i*, and *ó* in cases of words ending in ه; e. g., خانهٔ من khanah ó man. The word پادشاه is pron. بادشاه, as پاد *pád* in Hind. means *crepitus ventris*. Similarly the Persians use the form انكژ (a prick to urge on an elephant), in order to avoid the Hind. انكس, which sounds, as Rashídí observes, like آن كس. Other Indian pronounciations are—پلك *palk* and *palak* for *pilk* an eyelid, فغان *fighán* i. q. ناله for *fughán*, وحي *wahi* and هجو *hajú* &c., vide [IV], قائزه for قيزه, already observed by Abul Fazl in the *Ain i Akbari*.

c. Peculiar forms are پيدايش ,زيبايش ,بارش for پيدائي ,زيبائي ,باري (the first and last occur in Abulfazl), the ending ش being properly restricted to nouns derived from verbs; ترشائي for ترشي acidity; كسائي for آدميّت humanity (derived from كس); سائس, ساكس a groom *for* سائيس or سئيس; a plural اجنّه *ajinnah* ghosts; گنجيفه a pack of cards *for* گنجفه; سنجهاك for سنجاق vide Vull.; درسنگي ,مهربانگي ,سخنگي (Abulfazl) for درستي ,مهرباني ,سخني, the ending گي not leading to an adject. form in ه; دوغله and دوخله a mongrel.

d. In words beginning with آ, the Madd is often omitted; e. g., اچار pickles, استر lining,* استين sleeve, ابفت canvass, اماده ready, التمغا a royal order, ابكاري, &c. for آچار ,آستر ,آبفت ,آماده ,آلتمغا ,آبكاري, &c.

e. After a long vowel we often find a vowel elided; e. g., آفرين *áfrín*† for the Iránian *áfarín*, مولوي *maulwí* for *maulawí*, امادگي for آمادگي, پوشيدگي for پوشيدگي, خالصه *khálçah* for *kháliçah*, آژدن *ázhdan*‡ for *ázhadan*.

f. Two Sákins are avoided; e. g., ارجمند *arjamand for* arjmand &c.

g. The Persian letters گ , چ , پ are used instead of the Arabic ك, ج, ب; e. g., in غنچه ; تپ and اسپ for اسب ,تب ; شگافتن ,شگوفه ,انگندن &c., for شكافتن ,شكوفه ,افكندن for غنجه.

f. The Tashdíd of many Arabic words falls away, vide [VII]; e. g., نوب for نوّاب an (Indian) Nawáb; ذره, pl. ذرات, an atom § &c.

* Entered by Vull. as *Persian*. It is Indian.

† Duly entered by Vullers as Persian.

‡ So in many Persian Dictionaries written by Indians.

§ There is a curious mistake in Vull. Dict. I, p. 378. Burhán, whom Vullers copies, has ذرات هم بنظر آمده است ; پيدة بمعني نقطه وذرات; but Vullers does not observe that نقطه and

g. The following pronunciations are very common, though generally *prohibited* in the Dictionaries—خزان *khizán* autumn, for خَزان khazán; دراز *dirάz** for the Persian *dardz* long; شنبه *shambah* and even *shumbah*† Saturday, for شنبه *shambih*; پلاو *pulάw* and even پُلاو a well known dish of rice, meat and spices, for پلاو *pulάw*. The modern Persian and Turkish have پلاو *pilaw*. دُرویش durwésh‡ for دَرویش darwish a beggar; نِمک nimak *salt* for namak, نمکین nimkín, adj., for namakín; گواه gawáh *a witness* for گُواه guwáh; گره girah *a knot* for گره girih; مزدور mazdúr *wages*, for مُزدور muzdúr, vide جمهور [V.]; کاغذ kághidz *paper*, for کاغذ kághada.

h. A great number of Arabic words are universally wrong pronounced in India; e. g., قلعه qil'ah *a fort* for قَلعه qal'ah, قیامت qaiámat *the resurrection* for qiyámat, قطعه *qat'ah* for *qit'ah*, عروس 'urús *a bride* for 'arús, هجر hijr *separation* for *hajr*, عجز 'ijz *weakness* for *'ajz*, رجا *rijá hope* for *rajá*, فضا fizá *space* for *fazá*, رضا razá *contentment* for *rizá*, جیب jíb *a pocket* for *jaib*, غیاث *ghaiás* for ghiás *help*; شهاب shaháb for *shiháb* a meteor, عصمت 'açmat *chastity* for *içmat*. موقع mauqa' *a place* for *mauqi'*, موسم mausam *a season* for *mausim*, خیمه khímah *a tent* for *khaimah*, شجاعت shujá'at *bravery* for *shajá'at*, حماقت *himáqat* for *hamáqat* folly, قصور quçúr *a fault* for *qaçúr*, عقوبت 'uqúbat for *'uqúbat* punishment, حشمت *hashmat* pomp for *hishmat*, جنت *jinnat*, *paradise* for *jannat*.

XI. Many of the changes described in the preceding paragraph are indeed looked upon as errors by educated Muhammadans; but these errors are so universal, that but little time is required to legalize them, as has been the case with Arabic words adopted by the Persians.

(the Indian printer of the Burhán left out the Tashdid) are synonymous, reads ذرا for the A. ذرة and translates *canities in anteriore capitis*!

*Vull. also has *dirάz*, although Burhán gives clearly بروزن نماز *namáz*.

† Vull. also has پنجشنبه *panjshambah* I, 373. b. and سه‌شنبه *sihshambah* II, p. 354, whilst in other places he has correctly *shambih*.

‡ Adopted by some Indian Dicts. on a mistaken etymology.

SAIFI'S TREATISE ON PROSODY.

With Notes.

SAIFI'S PREFACE.

Praise be to God who has made the science of prosody a criterion of poetry! And blessings upon the author of the Diwán of prophetship, and upon the pure members of his household!

Some time ago discussions arose among my friends regarding subjects mentioned in books on prosody. For every little matter they demanded subtle distinctions, and for every subject proofs based either upon common sense or upon authority, which proofs moreover, were not to be found in ancient or modern treatises on prosody, whether Arabic or Persian. In as far as "science is a prey and writing a fetter,' they asked me to collect these subtle distinctions, and compose a treatise which "should contain the secret of everything, and be a commentary on these sciences and a text book."

May all those that consult this treatise offer up a pious prayer for Saifi! Our success lies in the hand of God!

1. THE DEFINITION OF شعر *a poem*, AND OF شاعر *a poet.*

The root شعر (sha'r) means *to know*; as a technical term شعر (shi'r) signifies *metrical speech, a poem.* Metrical speech requires three conditions; first, it must have a meaning; secondly, it must rhyme; thirdly, it must have been the intention of the speaker to express himself in metrical language. Observe that in this definition we have said *metrical* speech, because speech when not metrical is not a poem. Again we have said, that metrical speech must have a *meaning*, because without a meaning metrical speech is not a poem. We have also restricted metrical speech to language *in rhyme*, because metrical speech without rhyme is not a poem. Lastly we said that it must have been the *intention* of the speaker to express himself metrically, because without this condition metrical language cannot, in general, be called a poem. Hence metrical passages that occur in the Qorán or the Tradition cannot be called poems; e. g., ṣumma aqrartum waantum tashhadún, ṣumma antum háuláî taqtalún (Qor. II, 78, 79.), and alkarímu-bnulkarími-bnilkarím i-bnilkarím (from the Tradition). Although the former passage is of the metre [54] fá'ilátun, fá'ilátun, fá'ilát, and the latter of the metre [44] fá'ilátun, fá'ilátun, fá'ilátun, fá'ilát, yet, as it was not the intention of the speaker to express himself metrically, we cannot give to passages from the Qorán or the Tradition the name of poems.

The word شاعر *a poet* is formed, according to Abulḥasan i Akhfash, (¹) from شعر *shi'r* a poem, just as تامر *an owner of dates* from تمر tamr *dates*. But if we derive شاعر from the root شعر *to know*, it would mean *one who knows*, *i. e.*, a man who *knows* a certain kind of speech and who can express himself in it, whilst other men do not know it, nor are able to express themselves in it.

Historians say that it was Ádam who made the first poem, an elegy on the death of Hábíl, and that the Arabic poem which is generally ascribed to him, is a translation from the Syriac, the language which, according to all learned men, Ádam spoke.

The first man who made an Arabic poem was, according to the high testimony of Qásim ibn i Salám of Baghdád, Ya'rub ibn i Qaḥṭán, a descendant of the prophet Núḥ. The first Persian poem is generally ascribed to Bahrám Gór; it commences with the words [50]

منم آن پیل دمان و منم آن شیر یله   نام بهرام مرا کنیت من بو جبله

"I am that strong elephant and that ferocious lion, my name is Bahrám and my patronymic Bújabalah." According to others, Abú Ḥafç Ḥakím of Sughd, a place near Samarqand, was the first who made a verse [50]

(²) آهوی کوهی در دشت چگونه دودا   چون ندارد یار بی یار چگونه رودا

"How can a mountain gazelle run in the plain? how can she in the absence of her companion run without a companion?" The first Qaçídah was made, according to some, by Rúdakí, (³) who was the first to write an encomium on a king. It begins with the words [55]

یاد جوی مولیان آید همی　　　بوی یار مهربان آید همی
شاه سرو است و بخارا بوستان　　　سرو سوی بوستان آید همی
شاه ماه است و بخارا آسمان　　　ماه سوی آسمان آید همی
ای بخارا شاد باش و دیر زی　　　شاه زیت میهمان آید همی

"The remembrance of the Júi Múliyán (name of a river near Bukhárá) is now coming up in my mind; the thought of the kind friend is now coming up in my mind. The king is the cypress and Bukhárá the garden; the cypress is now coming towards the garden. The king is the moon and Bukhárá the sky; the moon is now coming towards the sky. Rejoice, O Bukhárá, mayest thou long flourish; the gracious king is now coming to thee!"

(1.) *Akhfash* (i. e., one who sees at night better than at daytime) was the nickname of 3 Arabian philologists. Here the second is meant. His full name is Abul Hasan 'Alí ibn i Sa'dah. He was born at Balkh and died A. H. 376.

(2.) Scan the first hemistich as follows—thúl kó *fá'ilátun*, hí dar dosh *fá'ilátun* — — —, ta chigúnah fá'ilá'tun, dawalá fá'ilun.

(3.) Rúdakí was born near Bukhárá and lived during the reign of Amír Naçr Ahmad i Sámání, about A. D. 930. After the conquest of Khurásán, Qandahár and Kábul the Amír had transferred his court from Bukhárá to Herát. Rúdakí's qaçídah was to remind the king to come back to his old subjects. It is said that the poem had the desired effect. In works on Persian literature the verses are often otherwise arranged and the following is generally added

ریگ آمو با درشتیهای او　　　زیر پایم پرنیان آید همی

"The sands of the Ámú, notwithstanding its hardships, feels under my feet like silk." Dr. Forbes in his Persian Grammar, p. 40 of the extracts, adds another

آب جیحون از نشاط رو- وست (؟)　　　خنگ ما را تا میان آید همی

As the first hemistich has neither metre nor sense, I add *his* translation, "The stream of Jaihún joyful at seeing our faces, will sparkle up to the breasts of our steeds in eagerness to embrace us." Only fragments seem to exist of Rúdakí's poems.

2. On the importance of prosody, its inventor, and the meaning of the word 'arúz (prosody).

As a poem is measured language and as everything that is measured must refer to a standard measure, by which you can ascertain any excess or deficiency, and as the measure of a poem becomes known by prosody, it will be necessary for those who read or make poems to study this science. ( )

The science of prosody was developed by Khalíl ibn i Aḥmad i Baṣrí (of Baṣrah or Bussorah on the Euphrates). The story goes that once he passed by the shop of a fuller, when he heard the sounds produced by his mallets. He thought their sounds responsive and their fall upon the clothes harmonious, and said, "this sound shall surely lead to something." (2) This was the occasion of the invention of the science of prosody.

Different opinions are held regarding the meaning of the word 'arúez (prosody). Some say that Khalíl was in Mecca, when he conceived the first idea of this science, and that this science received the name of 'arúz, as 'Arúz is another name for Mecca—a very auspicious name. Others say, 'arúz means *side* or *border*, and that the science was so called, as it stands on the *border* of some other sciences. Others again maintain that the root عرض conveys the idea of *appearing*, and that the science was called 'arúz, as by it the correctness or incorrectness of a metre *appears*. Others assert, that 'arúz means *a way through a mountain*, by which you can come to other places, in the same way as the science of 'arúz is a *way* that leads to the knowledge of "firm and infirm" poetry. Others again take 'arúz to mean *clouds and rain*, and find a similarity in the usefulness of both rain and the science of prosody. Others think that as the last foot of the first hemistich of a verse is called 'arúz, the whole science got the same name, because the last foot of a metre is of great importance, as the same metre may have the last foot different, whence you often find in books on prosody the phrase "the last foot is so and so." Lastly, some say, that 'arúz has the meaning of ma'rúz *presented, being held opposite*, and that the science was called 'arúz, because it is the thing held opposite to a poem, with which they compare the poem, in order to distinguish that which is metrical from that which is not metrical. Some prefer the last, but others the first explanation.

(1) Mauzún موزون means *weighed*. We *measure*, Orientals *weigh*; hence we speak of *long* and *short*, and Orientals of *heavy* and *light* syllables. We say, this poem has such and such a *measure* or metre, whilst Orientals fix a certain number of prosodical patterns, consisting of forms of the root فعل, and then say, that this poem has the same *weight* (wazn) as such and such a pattern.

(2) The responsive sounds of the mallets are generally expressed as

دق دق دق دقق دقق.

Khalil ibn Ahmad Abú 'Abdarrahmán, of the tribe of Azd, is said to have been born A. H. 100 and died at Baçrah A. H. 175 or 190. He wrote several works on the science which he had established, as also several books on rhyme, and lexicographical compilations.

3. On the difference between metrical and not metrical language, and on scanning.

1. By وزن we mean the weighing of words by the balance of one of the fixed metres; hence language which is not equal in weight to any metre, is not metrical (ناموزون). The act of weighing is called تقطيع taqṭí *scanning*. To scan a verse means to break up the words of the verse in such a manner, that each of the parts be in weight equal to the parts of that metre in which the verse is written, which definition agrees with the meaning of the word taqṭí' *to cut off into small parts*.

2. In scanning we have to count the consonants, vowels and jazms; but it is not necessary to pay regard to certain peculiarities of the consonants and vowels; *e. g.*, بلبل *bulbul* a nightingale, and طوطي *ṭúṭí* a parrot, are both of the weight of *fa'lun* فعْلن, each having 4 consonants, 2 jazms, one above the second and the other above the fourth consonant, and 2 vowels, although the consonants and vowels of bulbul, ṭúṭí and fa'lun differ. In scanning we have, however, to count every letter which is *pronounced*, even if it be *not written*, but we must *not* count those letters which although written, are *not pronounced*, as shall be explained in the next three chapters. Scanning in general has to do with words as they are *pronounced*, not as they are written. Thus it may happen that the consonants in either hemistich of a verse exceed in number the consonants of the other hemistich, although both hemistichs are of the same metre; e. g., in the verse [78]

نشست سرور اهل کرم بمجلس خاص • دو خوان سه خوان دو سه خوان خواست خوان
چه خوان که نخواست •

"The chief of all liberal people was sitting in the private audience hall. Two tables, three tables, bring two, three tables! commanded he, tables! what tables did he not ask for!"—where the first hemistich will be found to contain 22, and the second 43 consonants. (¹)

Observe also that in writing down the scanning of a verse, the tanwín, in order to avoid ambiguities, is written with the letter ن, but not with the signs ـٌ ، ـٍ ، ـً as in scanning we have to do with consonants which are pronounced; e. g., فعولن for فعولٌ.

(1) When the student has gone over the 5th paragraph, he may study the scanning of this instructive verse

لسغاص	کرم بهم	وراملی	نشسته سر
فعلات	مفاعلن	فعلاتن	مفاعلن
کنفاس	سفاچفا	دسفاخا	دخاسخا

The first and third lines must correspond with the middle line (which is the fixed pattern) in the number of consonants (23), vowel-signs (15), and jazms (7); viz. 6 consonants, 4 vowels and 2 jazms in each of the first three feet, and 5 consonants, 3 vowels and 1 jazm in the fourth foot. In reading the scanning of a verse, the Persians insert after each foot the corresponding forms of فعل. Thus they scan the above verse as follows—nishastáwar mafá'ilun, wârághil fá'ilátun, kârambâmaj mafá'ilun, lisîkhâç fá'ilát," the *dotted* letters indicating the position of the accent.

The student knows from grammar that every letter of the Persian alphabet, ا, و, ي included, counts as a *consonant*.

4. On letters which are pronounced (malfúẓ), although not written (ghair maktúb).

These letters are—a. The *alif* which results from the ishbá' or *lengthening* (¹) of a Fatḥah; e. g., in آمد or آید, which in scanning must be written اامد, اايد, as they have the same wazn as فعلن (4 consonants, 2 vowels, 2 jazms).

b. The *wáw* which results from the lengthening of a Szamm, ـُ; e. g., داود Dáúd *David*, طاوس táús *a peacock*, which in scanning must be written as they are pronounced, داوود and طاووس, having the same wazn as فعلان. (²)

c. The *yá*, which results from the lengthening of a Kasrah (³) [viz. the lengthening of the Kasrah of the اضافت, which is allowable]; e. g., in

من بيدل *I senseless man*, which in scanning must be written منے بیدل, as it has the same wazn as مفاعیلن. This ی when written, is called yá i batní from batn *belly*.

d. The *alif*, *wáw* and *yá* which are pronounced, but not written, in some Arabic words; e. g., in الله (⁴) which is pronounced اللاه, هذا pronounced هاذا, ذلك for ذالک; the wáw in له *to him* for لهو; the yá in به *in him* for بهی.

e. Letters which have the Tashdíd, (⁵) as خرّم and فرّخ, for خرّرم ,فرّرخ.

(1) Ishbá' means *filling up, satiating.*

(2) Similar words are چاوش a guide, کاوس a pr. noun; and of the wazn of فعولات سیاوش *siyáush* a pr. noun.

(3) Saifi expresses himself *generally*, although he only means the case of the Izáfat; for true as it is that the Kasrah occurs lengthened in other words by poetical licence, e. g., آتیش *fire* for آتش [vide xxiv], it would be wrong to write آتش when the verse requires آتیش; whilst the Persians write من بیدل, even if the verse requires منے بیدل. Hence the latter case alone agrees with the heading of the paragraph. This yá of the Izáfat has therefore been correctly called *batní*, because it really is *concealed*.

(4) Thus also اله iláh, for الاه (فعول), and رحمن (فعلن); e. g., Jámí [59] ابتدی بسم اله الرحمن abtadí bis فاعلاتن, mi iláhir فعلاتن, rahmán فعلن—"I shall commence with the name of God the clement." Poets have however the liberty of eliding the alif pronounced before the ه in الله, and to use الله of the wazn فعلن; but this never, occurs in رحمن and اسمعیل (مفعولات). Halálí [26]

چگویم آن ذقن را الله الله طلوع مشتری در آخر مه

chigóyam áṇ مفاعیلن, dzaqanrá al مفاعیلن, láhallah فعولن — "What shall I say to her chin—good God, the rising of the Jupiter on the last day of the moon!" Vide also the verse in [xxvi].

(5) Regarding the Tashdíd vide [viii and xxi.]. Combining c. and e. of this paragraph, we see that words as در دریا *the pearl of the ocean* may have either the wazn of فاعلاتن — ᴗ — — durri daryá; or of فعلن فعلن — — — — durré daryá; or of فعلاتن ᴗ ᴗ — — dür i daryá; or of مفاعیلن ᴗ — — — dúré daryá. The same holds true, as shall be seen in the next paragraph, with و *and*; e. g., در و گوهر, durrógóhar, durrógóhar, dürógóhar, durógóhar. This ambiguity of the length or

shortness of the Izáfat and the word و *and* makes it sometimes difficult to discover at one glance the metre of a verse.

5.—On the Alif, Wáw, He' and Yá which are written (maktúb), but not pronounced (ghair malfúz.)

1. The *Alif i waṣl* is the initial alif of a word which stands in the middle of a hemistich; the vowel of the alif is thrown back upon the last consonant of the preceding word, and the alif is not pronounced. It is called alif i waṣl (the alif of junction), because it merely joins the consonant before it to the consonant after it; as in

روز سیفي سیه از کاکل مشکین تو شد

روز سیفي فاعلاتن سیهزکا فعلاتن کل مشکي فعلاتن نتشد فعلن ●

"The days of Saifi have been darkened by thy black curls," in which the alif of the word از in the second foot is not pronounced and therefore not written in scanning, siyāhazká سیهزکا فعلاتن ⏑ ⏑ — —. But if the alif is pronounced, it cannot be left out in scanning, as in the verse

بود فریاد سیفي در غمت از دست تنهائي

بود فریا مفاعیلن دسیفی در مفاعیلن غمت از دس مفاعیلن تتنهایی مفاعیلن ●

"In sorrow for thee, Saifi complains of (the hand of) loneliness," in which the alif of the word از in the third foot is pronounced and therefore not omitted in scanning, غمت از دس ghamat az das مفاعیلن ⏑ — — — (¹).

2. The *Wáw* which is written but not pronounced, is of three kinds—First, the *wáw i 'atf,* which stands between two words as conjunction; e. g., دل و جان *heart and life,* این و آن *this one and that one* &c. In such cases the Persians pronounce [in prose also] دلُ جان and اینُ آن; as in the verse

دل و دلدار و صبر و طاقت کو

دلُ دلدا فعلاتن رصبرطا مفاعلن قت کو فعلن ●

"My heart and sweetheart, my patience and firmness, where are they?"—in the 1st and 2nd feet of which verse the wáw is omitted in scanning. But [in poetry] it may be pronounced [*wa*], as in the verse

گل و مل میباید و دیدار یار

گل و ملمي فاعلاتن بایدودي فاعلاتن دار یار فاعلن ●

Gul wa mul mí fá'ilátun, báyadáli fá'ilátun, dár i yár fá'ilán—"I want roses and wine and a meeting with my sweetheart." (¹)

Secondly, the wáw which is used in some words as an indication of a —́, as in the [four] words دو two, تو thou, چو like, as (conj. and adv.), همچو like as (adv.), which stand for دُ, تُ, چُ, and همچُ; e. g., in the verse

همچو تو کو در دو سرا دیگرے •

همچت کو مفتعلن در دسرا مفتعلن دیگرے فاعلن •

"Where in both worlds exists another man like thee?" But [in poetry] the wáw of these four words may be pronounced long, in which case it must be written in scanning; e. g.,

دیگرے در دوسرا کو مثل تو •

دیگرے در فاعلاتن دوسرا کو فاعلاتن مثل تو فاعلن •

dígaré dar fá'ilátun, dósará kó fá'ilátun, mislitú fá'ilun. (²)

Thirdly, the wáw which occurs in Persian words after خ, the fathah of which is however not a pure a, but an a which has "the smell" of an —́; hence this wáw is called wáw i ishmám i zammah, from اشمام giving to smell. Thus in

خوب و خور خواجۀ من خوش بود

خابُ خری مفتعلن خاجي من مفتعلن خش بود فاعلن •

"May the sleep and appetite of my master be satisfactory,"—the wáw in خوب and خور must not be written in scanning. (³)

3. The hé at the end of words, which merely shews that the preceding consonant has a vowel; viz., either a fathah, as in گریه girya, نه na; or a kasrah, as in که, چه and سه, ki, chi, si. If this hé therefore occur in the middle of a hemistich, it is omitted in scanning, because it is not pronounced; e. g., گریه کردم giryakardam fá'ilátun, خنده کردی khandakardi fá'ilátun. Thus also چمي گوید chimigóyad, کمي گوید kimigóyad mafá'ilun, for چه مي گوید and که مي گوید. But when the final ه in such words has the kasrah of the اضافت (which is expressed by the sign —ٔ), it is replaced in scanning by a ي, as گریی من giryá yi man mafá'ilun, خندي‌يو khandáyíú mufta'ilun [or with the ishbá' گریی من giryai man fá'ilátun]. And if this ه stands at the end of a hemistich, it counts as a sákin, as in the verse

غنچه پیش دهنت لب بسته

غنچ پیشي فاعلاتن دهنت لب فعلاتن بسته فعلن

"A bud, when before thy lips, remains silent," in which the last word bastah has the wazn of فعلن *fa'lun*, the final ɪ representing the n in fa'lun. Sometimes, however, even in the middle of a hemistich, this ɪ counts as a sákin, when it cannot be left out in scanning, as in the verse

خندهٔ چه کني بگريهٔ من

خندهٔ چ مفعولُ کني بگر مفاعلن يهٔ من فعولن

"Why do you laugh at my tears?" (¹)

4. *The final* ي which falls away, when the following word commences with an Alif, as in the verse

سيفي از عشق او جدا منشين

سيف از عش فاعلاتن ق او جدا مفاعلن منشين فعلان ٭

"O Saifi, do not separate thyself from his love." In scanning the words سيفي از عشق are written سيف از عشق, the ی being thrown away. *But* other writers on prosody consider this as a case of an *Alif i Waçl* and transfer the vowel of the Alif to the ی after omitting the Alif itself. They write therefore سيفيز saifiyaz *for* سيف از. That this latter view is correct is proved by the fact that all authorities on prosody only mention the three words نے, کے, چے (when spelled in this way instead of نه, كه, چه) as examples of a ی which is *written* but *not pronounced*. If there were other examples of this ی, they would have quoted them, and would not have had recourse to such as کے, چے, نے, which are rare. Another and better proof is, that if a ي may at all fall away, it should be indifferent, whether an Alif i waçl follows the ي, or any other consonant. Thus it ought to be correct to write for گفتي جعفر in scanning گفت جعفر, of the wazn fá'ilátun, if گفت احمد be looked upon as correct for گفتي احمد. But گفتي جعفر can never be of the same wazn as fá'ilátun, but only of the wazn fa'lun fa'lun — — — — (²).

If the ی is pronounced,* it does not fall away in scanning, as in

هست سيفي از دعاگويان مجو آزار او

هست سيفي فاعلاتن از دعاگو فاعلاتن يا مجو آ فاعلاتن زار او فاعلن ٭

"Saifi belongs to thy well-wishers, do not annoy him,"—in which the final ي of the word سيفي does not fall away.

1. Perhaps it would be clearer to say,—If a word, whether Persian or Arabic, commencing with the letter *Alif*, is used in the middle, i. e, not in the beginning, of a hemistich, the poet *may* or *may not* consider the Alif as an Alif i waçl. The vowel above

* This was useless after the preceding controversy.

the Alif is immaterial; e. g., پیش از after throwing away the jazm of the ش and the Alif of از, becomes, پیشز; پیش آمد becomes first پیش اآمد, then پیشامد, مفعولن; می آید first becomes می اید, then میاید, فعولن; در اختیار becomes درختیار, مفاعلان; در ایران becomes درایران, فعولان; آمد اسناد becomes آمدسناد, فاعلیان. To make use of the Alif i waçl counts as فصیح *elegant*. In the word است *he is*, the Alif may even in prose be thrown away; but if a poet does not use its Alif as an Alif i waçl, it would be wrong to join است to the preceding word. The prose has also adopted the elision of the alif in the words آن, ایشان, این, and او, when preceded by از, بر and در; i. e., the Persians write and *pronounce* ازو, برو, درو, and ازین, برآن, درآن; but they neither write nor pronounce از این, در آن, از آن, &c. Poets are however at liberty to use ازآن, برآن, درآن, براین; but this does not count as elegant. In such cases it becomes necessary to write the Madd in درآن. In some MSS. the prep. جز is similarly treated. We also find وی for وای *and oh*, with the Alif elided.

2. In other words, as we would say—The word و *and*, may be pronounced in poetry in *three* ways,—ŭ, wă, ú (or as in India, ó). E. g., گل و مل gu-lu-mul ⏑ ⏑ — فعلن fa'ilun, or gul-wa-mul — ⏑ — فاعلن, or gu-lúmul (gulómul) ⏑ — — فعولن. The first pronunciation gu-lu-mul is *elegant* and is used in prose; the other two are to be looked upon as poetical licenses, of which the latter pronunciation gulúmul is tolerable, whilst *gul-wa-mul* is looked upon as a عیب or *metrical flaw*. Saifí has not specified the pronunciation gulómul, as it is a mere اشباع of gŭlŭmul. Particular attention is to be paid to this wáw, when it stands after a word ending in ی, as in خوبی و دل. This may be either khúbí wa dil — — ⏑ — مستفعلن, or khúbíyŭdil خوبیُدل — ⏑ ⏑ — مفتعلن, or khúbíyódil خوبیودل — ⏑ — — فاعلاتن, or lastly, khúbí ó dil — — — — فعلن فعلن. In the first and last cases it is customary to write in poetry خوبیّ ودل *with a Tashdíd* khúbiyyŭdil — — ⏑ — مستفعلن, or khúbiyyódil — — — — فعلن فعلن, by which we also avoid the awkward pronunciation khúbí wa dil. Vide the verse in [20].

3. Here also the short pronunciations dŭ, tŭ, &c., count as elegant. Observe that the Persians write چون for chú, and چو for chŭ, but همچو for both hamchŭ and hamchú—a rule which is often violated in printed texts. In prose the Persians write چون, and never چو, whilst همچو belongs to the prose as well as to poetry; vide [xxx, e.]. The reason why Saifí has added همچو to تو, دو, and چو is, that other compounds of چون never lose the ن, as بیچون béchún *incomparable*. If any of the four words دو, تو, &c., stands at the end of a hemistich, it is considered as long, because no Persian verse or hemistich can end in a vowel.

4. In the Persian text p. ٦, last line, write خاجي for خلجي, and pronounce khájáyí man. A similar correction is to be made on p. ٧, l. 6. The sign of the hamzah would be wrong, as it reduces the ی to a mere vowel. But خاجی من corresponds to مفتعلن, either having 6 consonants, 4 vowels and 2 jazms.

If we pronounce the Izáfat long, khájayé man, we have the wazn of فاعلاتن, and must write خلجیی من, with two ی, or altogether 7 consonants.

a. The wáw in words like خواب, &c., is generally called واو معدوله *lengthened wáw*. The words which have this wáw are—1. The following nine, خود self, خوش well, خوردن to eat, خوی perspiration, خور the sun, آخوند master; prime, خوزم fog, خوهله crooked, خوست wounded, which up to the time of Jámí were pronounced khád, khásh, khardan, khäy, khar, ákhand, khazm, khahlah, khast. 2. A whole class of words in which the wáw is followed by an Alif, as خواب *khúb* sleep, خوار vile, خواستن to ask, &c. The former words are *now* pronounced khúd, khúsh, khúrdan, khúí, ákhúnd, the remaining four being quite obsolete. The change in pronunciation is visible in the rhyme. In the pre-classical and classical periods we find خوش rhymed with حَبَش, خور with کبوتر, اخورد with درد *dard*, &c., whilst now-a-days خوی rhymes with روی, &c. The wáw in خویش, خویشتن, and sometimes in خوید, is likewise considered as a واو معدوله, although preceded by a kasrah; hence in scanning we write as we pronounce—khísh, khíshtan, khíd, خیش, خیشتن, خید.

b. The واو in Arabic words as ذو, ابو, &c., when followed by the article, falls away in scanning; e. g., ذو الفقار, in scanning ذلفقار, of the wazn of فاعلات. Thus also for the oblique cases ذی, ابی, بني, &c., when followed by the article. But if the article does not follow, the و and ی are long; e. g., فاعلات ذو فنون.

The word ابن *a son*, which in Arabic loses the Alif, when followed by the name of the father, as in خلیل بن احمد, does not necessarily lose the Alif in Persian; e. g., خلیل ابن احمد khalíl \ ibn i ahmad. But the Persians use also the form بن *bin*, in which case the Izáfat is left out, as خلیلِ بن احمد khalíl i bin Ahmad; or Sa'dí [91]

اتابك ابوبكر بن سعد زنگی—Atábak Abú Bakr i bin Sa'd i Zangí.

c. The Arabic ی in تعالي, علي, بلی مقصور, &c., falls likewise away before the Article, as تعالی الله, which is pronounced تعالله ta'álalláh مفاعیلات, or by [4. note 4.] تعالله ta'álalláh ‿ — — — ‿ مفاعیلن.

d. Words of more than one syllable ending in و, as پهلو a side, جادو an enchanter, نیکو good, &c., when followed by ی, i. e., in the forms جادوی, پهلوی, may have the wáw either long or short. The latter is elegant. Remembering that the ی of the Izáfat may likewise be either long or short, پہلوی may have the wazn of فاعلُ ⏑ ⏑ — pahlúi, فاعلن — ⏑ — pahlúi, مفعولُ — — ⏑ pahlúi, or مفعولن — — — pahlúi. So also when the above words take the یای تنکیر, as پہلوئی a side, جادوئی an enchanter, or in the abstract nouns جادوئی, نیکوئی, &c., where the wáw is *generally* short. E.g., Nizámi [96] —— بس این جادوئیها برانگیختی , where the second foot is dúihá *fá'ilun*; or in the examples of [35] and [53], where پہلویها pahlúimá — ⏑ ⏑ — has the wazn of مفتعلن. This rule does not however so generally apply to monosyllables, as رو, بو, سو, خو, &c., which in the forms روی, بوی, سوی, have generally the wazn of فعلُ ⏑ ـ fa'lú; or فعلن — — fa'lun; or, at the end of a hemistich, فاع, as in the example of [27]. An established exception is سو, the wáw of which often occurs short, as سوی من ⏑ ⏑ — súi man, fá'ilun; so also خوی in [89. note.]

Observe also, that جادو, نیکو, ابرو, &c., in the plurals جادوان, نیکوان, ابروان, &c., have the wazn of فاعلان — ⏑ — jadúwán, &c. But words like مهرو, پریرو, have in the plural مهرویان, پریرویان, with an inserted ی, the و being considered *long*.

a. Words like جو *barley*, and similar forms in یِ, as می *wine*, نی *cane*, dissolve the diphthong; as جو تازه jawi táza ⏑ ⏑ — ⏑ فعلاتُ, میِ مستی mayimasti ⏑ ⏑ — — ⏑ فعلاتن or, the Izáfat being long, jawé táza ⏑ — — ⏑ مفاعیلُ, mayémasti ⏑ — — — مفاعیلن. This dissolution of the Diphthong is analogous to the form of the adjectives derived from جو, نی, &c., as جوین jawín, نئین naín, not jau-ín, nai-ín, &c.; or to نئی naé a cane, جوے jawé a grain of barley.

6. Words ending in a silent ه, as بنده, have in modern poetry the last syllable short; in the pre-classical and classical periods we find it used both long and short. The words که, چه, سه, and نه are *generally* short [vide xix]; but in compounds, as ورنه, گرنه, گرچه, اگرچه, we often find نه and چه long. Sa'di [70]

گرچه بسے گذشت که نوشیروان نماند

The forms کے, چے, نے are now long. It appears however that these spellings were anciently used for the short forms که, چه, and نه; and this fact is supported by the testimony of the oldest writers on prosody.

If the final ه of a word be *radical* اصلی, as in گره a knot, شه for شاه, it does not fall away in scanning. There are however rare cases, that a poet uses a radical ه or even an ع like a *silent* ه or an alif i waṣl; but verses in which such elisions occur are always counted bad. Examples—[44]

هردم عهد دوستی با آن پری بندد رقیب

"The watcher enters every moment into a compact of friendship with my beloved"

—where the first foot is هردمهدی har-damahdi فاعلاتن, the ع having fallen away. Or [20]

هرچند دل هر لحظه زبیداد تو خون است

"Although my heart is every moment bleeding on account of thy cruelties,"—where the second foot is دلرلحظ dilarlahza مفاعیلُ, the ه in هر having fallen away. Thus the Arab. ابله (rad. ه) *a fool*, occurs in a poet like 'Urfí, as if the final ه were a hidden ه, for which he has been reprimanded by critics.

In cases of words the final ه of which is preceded by a long vowel, as چاه, توبه, کوه, poets are allowed to throw off the long vowel, if required; e. g., اندُه for اندوه, کُه for کوه, سیه for سیاه. Noticeable are the following words in اه — گواه a witness, گیاه grass, پادشاه a king, کلاه a cap, سیاه black, in which a poet may throw away either the ه or the alif, and say گوه guwah or گوا guwá, گیا or گیه, &c. These words must not be confounded with words like دیبا, دوتا, برنا, آشنا, and Ar. قبا, for which we also find in poetry دیباه, دوتاه, برناه, آشناه, قباه.

Here we may also notice the adjectives سرمهٔ surmaí black like surmah, چهرهٔ chihraí pink, نقرهٔ of silver, بیضهٔ eliptical, پستهٔ pistachio-coloured, فاختهٔ of the colour of the فاخته pigeon, &c., which in scanning must be written سرمیی surmáyí, چهریی chihrayí, نقریی nuqrayí, &c. سرمهٔ may in prose also be spelt سرمگی, but سرمهٔ is preferred. The sign of the Hamzah cannot be left out in the above words,* just as in بردهٔ (for بوده ای), in scanning بودیی, فاعلن.

Arabic words like ملجأ, منشأ, تکافؤ, &c., are not in P. written with the ء, except in the Izáfat, ملجأ من my asylum, not ملجای من. Hence in scanning we write ملجی من maljáyi man مفتعلن, or, if the Izáfat be long, ملجیی من maljayé man فاعلاتن.

6. Mírzá Qatíl says that Túránian poets occasionally throw off this ی; i. e., گفتی جعفر *thou saidst "Ja'far"* would become in scanning گفت جعفر, which Saifi denies; and mentions as an example [81]

بتان آذری را با تو هیچ نسبت نیست

"There is no relation between the idols of Âdzarí and thee,"—where we have to scan بتان آ مفاعلن, ذری را با فعلاتن, &c., whilst we ought to have ذری را با مفاعیلن. This is looked upon as a great fault.

The final ی in words like جای, پای, does not fall away in the manner stated by Dr. Forbes (Pers. gram. p. 141 d.). After quoting Sa'di [95]

درختی که اکنون گرفتست پای به نیروی مردی برآید زجای

he says, "in these two hemistichs the final ی does not count." But it does count; for زجای has the wazn of فعول fa'úl, whilst زجا would have the wazn of فعل fa'al.

* As Vullers thinks in his Dict., s. چهرهٔ I, 605 a., because he does not understand the phraseology of Bh. "pronounce چهرهٔ ی, but do not write the Alif and the yá."

In the latter case the metre would be [96], not [95]. Hence جلی, پای, &c., have the form and wazn of فاع *fá'* at the end of a hemistich, whilst in the middle of a verse they have the wazn of فعل *fa'lŭ*; e. g., فاعلن, جلی‌من. If they have the ی long, we have to write in scanning جلیِ‌من jayé man مفعولن — — —.

Observe also that the abbreviated forms رو , پا , جا, &c., are very rare in the older poets, who prefer the forms with a ی. Similarly old poets prefer Imperatives like کشلی جوی, &c., with or without the prefix به, whilst in modern poetry we only find بکشا ابجو, &c.

6. On the letter ن, when sákin, and other letters, likewise sákin, which in scanning either fall away or take a vowel, or are considered as sákin.

1. Every ن, when sákin and preceded by a *harf i madd* (ا, ی, و, used to express a long á, í and ú), as in جان ján *life*, چین chín *China*, چون chún *like*, falls away in scanning, provided it stands within [not at the end] of a hemistich. Thus جان کنم jáṇ kanam *I worry myself*, چین روم chíṇ rawam *I go to China*, throw off the ن in scanning, and become چی روم, جاکنم, já kanam, &c., of the wazn فاعلن. But if this ن stands at the end of a hemistich, it is not thrown off, but is counted as any other letter which has the jazm, as in the verse

ای قد دلجوی تو سرو روان

ای قدی دل فاعلاتن جویتوسر فاعلاتن وی روان فاعلات •

" Oh sweetheart, thy charming figure is a walking cypress,"—in which the ن of the last word روان is represented by the ت of فاعلات. (¹)

2. If a harf i madd be followed by any other letter besides ن, as in یار, نور, عید; or if the ن be preceded by a letter which is not a harf i madd, as امن, عرن, مین; or if there be neither a ن, nor a harf i madd, as شکر, provided such words stand in the middle (not at the end) of a hemistich, the second sákin loses its jazm and takes a vowel [a short *a*, called نیم فتحه]. Thus یار شو, امن جو, شکر گو, &c., are considered to have the wazn of فاعلن — ᴗ — yárā shau, amnăjó, shukrăgó. (²) Hence we see that in a hemistich two sákins can never come together, without the second sákin losing its jazm and taking a vowel, the only exception being the letter ن, when preceded by á, í, ú. The exception arises from the ease with which *áṇ*, *íṇ* and *úṇ* can be pronounced.

But if words as the above quoted stand at the *end* of a hemistich, (³) the two sákins are counted as such; thus *kúi yár*, *malki amn*, have the wazn of فاعلات,

3. If *two* sákins stand after a harf i madd or a sákin, as in گوشت, کارد, گشتاسپ, &c., provided the word be in the middle (not the end) of a hemistich, the two sákins count as *one mutaharrik*: the first sákin being considered as the mutaharrik, and the second being elided altogether; thus the verse

کارد برکش گوشت بر گشتاسپ را

"Draw the knife, take off the flesh of Gushtásp" is scanned—kárа barkash fá'ilátun, gósha bur gush fá'ilátun, tásrá fá'ilun.

But if a poet wishes to make the two sákins mutaharrik, [which is a license], we have to pronounce both as mutaharriks, e. g.,

رزم شود کارد جو بزم شود گوشت گو

"The fight approaches, look for the knife, the revelry approaches, announce the meat," and have to scan—razma shawad mufta'ilun — ◡◡ —, kárada jó mufta'ilun, bazma shawad mufta'ilun, gósha gó fá'ilun.

4. If *three* sákins stand at the end of the hemistich, the last is thrown off, the rule being that nowhere in a hemistich three sákins can come together. Hence in the verse

تا چو سیفي بتو ای شمع سرا سر گرمیست

تا چسیفي فاعلاتن بت ای شم فعلاتن عمر اسر فعلاتن گرمیس فعلن ●

"When my head, like Saifi's, is burning on thy account, O sweetheart," the last foot گرميست is written in scanning گرميس (the letter ت as the *third* of the sákins ی, س, ت, being thrown away) (¹).

1. Observe that the ن must be sákin and preceded by a long á, í or ú; hence a ن preceded by a *diphthong*, as in عين ain, is not included in the rule. This agrees with the pronunciation; for the n after á, í, ú, is pronounced by the Persians *nasal* (غنه); whilst the n after *ai* and *au* is pronounced as an English n. Nor do the Persians make in this any difference between Persian and Arabic words. عين (in حور عين), حرمان, بطون, are pronounced, í, hirmá, butú, with a slight nasal sound at the end, whilst عين, حرمين, &c., are pronounced, *ain*, *haramain*, without the غنه.

If the غنه ن is followed by a vowel, as in the Izáfat, the nasal sounds disappears; e. g., جان من jániman فاعلن, or جان ز jánaz فعلن, or جانش jánash. Occasionally we meet with pronunciations جانش jáṇsh; e. g., جانش رفت jánshá raft فاعلن.

2. In pronouncing *yára shan* for yár shan, we introduce a vowel which does not exist in the language. We might therefore as well pronounce *yár i shan*, if it were not for the ambiguity that might arise; for the i might be mistaken for an

Izáfat. The Muhammadans in India always pronounce an *e*, and call it from its shortness نیم فتحه *half fathah*. But it ought to be remembered that neither the Persians nor the Indians make use of the Nímfathah at all, except at the time of *teaching* prosody; on other occasions they pronounce words like *yár* a little *longer* than usual, as yáᵃr. Practice alone is required in order to read the verses of poets, whether western or eastern, in such a manner, as to cause the metre sufficiently to be heard, without pronouncing the words differently from words in prose, and to pay at the same time due regard to interpunctuation and the logical accent of sentences.

The rule of throwing away the last of three sákins at the end of a hemistich is in practice neglected; for it would be pedantic to pronounce کیست *who is* as کیس *a bag*.

3. Or at the caesura of Dupárah poems.

4. If we made use of the *western* division of words into *syllables* of *short* and *long* vowels, we should say —

I. No Persian syllable commences with more than one consonant. As the letter Alif counts as a consonant, no syllable commences with a vowel.

II. A *short* syllable consists of one consonant followed by a short vowel; e. g., هٔ.

. No Persian word consists of one consonant followed by a short vowel. The words tŭ, dŭ, chŭ, si, ki, chi, which would be examples, are *written* تو, دو, سه, &c., and may also be long.

III. A *long* syllable consists:

a. Of two consonants with a short vowel between them, as گر, اب. To this class belongs آ *come*, which stands for اٰ, and words like پا, با, &c., which stand for پا, با, &c. Wazn فا (or فع).

b. Of one consonant followed by a long vowel (not diphthong) and a *nasal n*, as جهان. This *n* is thrown off in poetry. Wazn فا.

c. Of two consonants (the nasal *n* excepted) with a long vowel between them, as کار, پای páy, روی rúy.

d. Of any two consonants with a diphthong between them, as پیک, عین.

e. Of any three consonants with a short vowel after the first, as کرد, سخت.

f. Of three consonants with a long vowel after the first, as کارد, گوشت.

N. B.—The *long* syllables described under c, *d*, *e*, *f*, are in *poetry* no longer considered each as *one* syllable, but broken off in *two* (*c*, *d*, *e*, *f*), and occasionally into *three* (*f*) syllables.

Thus the words quoted under *c*, *d*, *e*, کار, پای, پیک, عین, کرد, سخت, are pronounced *in scanning* kára, páya, paika, 'aina, karda, sakhta; but as *one* syllable at the end of a hemistich, kár, páy, paik, &c.

The long syllable (*f*), as کارد *kárd*, is either pronounced *kárd*, the last sákin د being thrown off, or *kárada* (3 syllables), which is however not considered as elegant. At the end of a hemistich کارد is pronounced *kárd*.

Observe that words like سوخت, یافت, may be either sókhta or sókhata, yáfa or yáfata; but words like سوختی, سوخته can only be sókhatí, sókhata.

7. ON THE COMPONENT PARTS OF THE FEET OF THE METRES.

1. The metre of a verse consists of certain parts, called ارکان (supports). The arkáns again consist of uçúls (اصول roots). The uçúls are of three kinds:—

a. سبب sabab, (plural اسباب).
b. وتد watad, (plural اوتاد).
c. فاصله fáçilah, (plural فواصل).

2. The *Sabab* is of two kinds, 1. سبب خفیف *sabab-i-khafíf* (light); 2. سبب ثقیل *sabab-i-saqíl* (heavy). The sabab-i-khafíf is a word [or syllable] of two consonants, of which the first has a vowel and the second the jazm, as لَمْ lam. The sabab-i-saqíl is a word [or syllable] consisting of two consonants, both of which have a vowel, as ار ará. The former sabab is called *light* and the latter *heavy*, because it is easier to pronounce two consonants with *one* vowel, than two consonants with *two* vowels.

3. The *Watad* is of two kinds, 1. وتد مجموع watad-i-majmú'; 2. وتد مفروق watad-i-mafrúq. The watad-i-majmú' is a word of three consonants, of which the first two have vowels and the last the jazm, as علی [or the word وتد itself]. This watad is called majmú' *joined, collected*, because the first vowel follows the second, i. e., they are *joined*. Hence this watad is also sometimes called وتد مقرون watad-i-maqrún (joined). The watad-i-mafrúq is a word consisting of three consonants, of which the first and the last have each a vowel and the second a jazm, as راس rás. This watad is called mafrúq *separated*, because its two vowels are *separated* by a sákin.

4. The *Fáçilah* is of two kinds, 1. فاصلهٔ صغری fáçilah-i-çughra (minor); 2. فاصلهٔ کبری fáçilah-i-kubra (major). The former is a word consisting of four consonants, of which the first three have each a vowel and the last a jazm, as جبل *jábalin*, in scanning جبلن. The fáçilah-i-kubra is a word consisting of five consonants, of which the first four have each a vowel and the last a jazm, as سمکة *samakatan*, in scanning سمکتن. As this fáçilah has five consonants

and the former only four, they are distinguished by the words kubrą and çughrą.

Ibráhím ibn-i-'Abdurraḥím, the writer on prosody, called the minor fáçilah فاصله (with the ص), and the major, فاضله (with the ض), from the root فضل to be in excess, as the major fáçilah has one letter *in excess* of the minor. Ibn Khabbáz uses فاصله for both fáçilahs, and distinguishes them by the words çughrą and kubrą. Some* have rejected the fáçilahs altogether, because they look upon the minor as the union of a sabab-i-saqíl and sabab-i-khafíf (جبلن = جب + لن) and upon the major as the union of a sabab-i-khafíf and a watad-i-majmú' (سكتن = سكَ + تن).

5. For the Arabic words quoted above, لم ار على راس جبل سمكة, " I did not see a fish upon the summit of the mountain," we may also cite a Persian example—

از سر كوى وفا قدمے نگذري or جز رخ اهل صفا بكسے ننگري

" Do not pass a single step beyond the street of faith ; except the faces of pure people, do not look upon any one else," where, however, the watad-i-mafrúq (كوى and اهل) have been placed before the watad-i-majmú' (وفا and صفا) (¹).

(1) The student must carefully commit these terms to memory, and practise himself in this oriental division of words. He will bear in mind that the uçúls do *not* correspond to our syllables. In practice he has only to consider 4 uçúls, as the Fáçilahs are not used, viz., نع (or فا), فَعَ, فعْل and فَعُوْل. The western signs ⏑ and — ought from now be discontinued, especially as in some cases an ambiguity might arise; for فعولْ and فعلْ would be both ⏑ —, مستفعلان and مستفعلن both — — ⏑ —, &c., although two metres may differ in the final foot of the one being فعول and that of the other فعلْ.

Examples of the sabab-i-saqíl are همه, كله gilah, برء ; of the watad-i mafrúq خنده, بنده, the final ه being silent. The Fáçilahs are useless; the opinion of Akhfash has therefore been generally adopted. The çughrą occurs in علتن and علتن of the fundamental foot مفاعلتن and متفاعلن, but both feet are only employed in Arabic; vide [9]. The kubrą occurs in *no* fundamental foot, but only in the zihâf فعلتن fa'alatun, the مخبول* form of مستفعلن. Examples of Persian kubrąs are ننگری nanigari, نگذری nagudzari; but in speaking the four syllables are always contracted into three, *nangari*, *nagdzari*. In no Persian metre do we find more than two consecutive short syllables.

* The great Grammarian Akhfash.

Jámí in his treatise on prosody says that the beauty of a verse lies in the mixture of sababs and watads, and that verses consisting exclusively of either, sound disagreeable. Thus the metre [102], 4 spondees, and the 22nd Rubá'í metre, 5 spondees, consist of sabab-i-khafífs merely. Similarly a metre would sound unpleasant, if composed of watads only, as (4 iambics)

بسویم ارکنی گذر زهی عجب زهی عجب   برویم ار کنی نظر زهی طرب زهی طرب

or if of Façilahs only, as (4 anapaests)

صنما بکشا لب و خوش بسرا   بسرود خوشت بنواز مرا

8. On the meaning of certain metrical terms.

1. The word for *a verse* is بيت bait *a tent*, *a house*, a verse of a poem (shi'r) being compared to a tent of hair (sha'r). Abul 'Alá Ma'arrí, the great Arabic poet, used to say—

أَلحسنُ يظهر في البيتين رونقهُ بيتٌ من الشَّعر وبيتٌ من الشِّعر

"The lustre of beauty is visible in two tents, the tent of hair and the tent of a poem." Some find a similarity in the importance of a tent, and the reverence in which it is held, as expressed in the Arab proverb, "Many a tent of hair is better than a tent of gold." Thus poetry also is held in reverence. Others again say that as a house has a certain shape and figure which when departed from, would change the house entirely, so has a verse also a certain shape which when departed from, causes the verse to lose its rythm. Others say, as a house has a commencement where people enter, and an end where they stop, so also has a verse a beginning and an end. Some again say that as the veiled beauties of flesh and blood inside a house burst upon the view of the beholder, so do the veiled beauties of thought burst upon the reader from behind the screen of poetical language. Lastly, some say that as the tenant of a house feels in it homely and comfortable, so does a poet also feel happy and content when with his poems.

2. As the verse of a poem is called bait *a tent*, the parts of a verse are compared with the various parts of which a Beduin tent consists, viz., ropes, pegs, poles and a hair blanket. Thus in Arabic سبب means *a rope*, وتد a peg فاصلة the pole of the tent; and a word of two consonants was called *sabab* (rope), because it is weaker than a word of three consonants, which is called watad (peg); a watad in its turn is weaker than a word consisting of four consonants, which is called fáçilah (pole), the strongest of all. Some

take فاصلة as expressing the *partition* between the two ends of a tent. Even فاضلة (with the ض) in its meaning *a hair blanket used for the covering of a tent* would agree with the other terms, as it signifies the most important part of a tent.

9. ON THE FUNDAMENTAL FEET OF THE METRES.

1. There are *eight* fundamental feet—

I.	فعولن	V.	مفاعلتن
II.	فاعلن	VI.	متفاعلن
III.	مفاعيلن	VII.	فاعلاتن
IV.	مستفعلن	VIII.	مفعولاتُ

of which the first two have *five* consonants (khumásí), and the remaining six *seven* consonants (subá'í) (¹).

2. The first two, فعولن and فاعلن, consist each of a watad-i-majmú' (فعو and علن) and a sabab-i-khafíf (لن and فا). If the watad stands before the khafíf, we have فعولن; and if it stands after it, we have فاعلن; for if you put لن before فعو, so as to pronounce لن‌فعو lunfa'ú, you will see that it has the same wazn as فاعلن; thus also علن‌فا will have the same wazn as فعولن, both consisting of 3 mutaharriks and 2 sákins.

3. Of the remaining 6 fundamental feet, مفاعيلن and مستفعلن consist each of one watad-i-majmú', and two sabab-i-khafífs; for if you put the watad of مفاعيلن (مفا) after عيلن, you will get عيلن‌مفا, which evidently has the same wazn as مستفعلن. But in the metres مجتث and خفيف, the foot مستفعلن is not divided, as just now explained, into two sabab-i-khafífs (مس, تف), and one watad-i-majmú' (علن), the watad standing after the khafífs, but into a sabab-i-khafíf (مس), a watad-i-mafrúq (تفعِ taf'i) and another sabab-i-khafíf (لن). This division is indicated in the above-mentioned metres by the spelling مستفع لن, the ع being separated from the ل, instead of joined to it, as in مستفعلن. A similar case occurs in the metre مضارع, in which the foot فاعلاتن (generally فا, علا, تن) is broken up into فاع لاتن. The use of the watads فاع and تفع will appear from the دائرۀ مشتبهه, vide [92]. (²)

Each of the feet مفاعيلن and مستفعلن have 4 mutaharriks and 3 sákins.

4. The next two fundamental feet, مفاعلتن and متفاعلن, consist each of a minor fáçilah (علتن and متفا) and a watad-i-majmú' (مفا and علن.) If you change the position of these two uçúls in مفاعلتن, you get علتن‌مفا, which is

evidently of the same wazn as متفاعلن. Both feet consist of 5 mutaharriks and 2 sákins.

5. The last two fundamental feet, فاعلاتن, provided we write فاع لاتن, and مفعولاتُ, consist each of one watad-i-mafrúq (فاع and لاتُ) and two sabab-i-khafífs (لا, تن ; مف, عو). If you invert their position and say لاتن فاع, you evidently have the same wazn as مفعولاتُ. Each foot has 5 mutaharriks and 3 sákins.

We have therefore eight fundamental feet in reality, but ten by usage.(*) The eight fundamental feet go by the name of afá'íl, tafá'íl, mafá'íl, af'ál, misl, amsál, ajzá, arkán, mawázín and auzán. The fundamental feet consist of not less than five and not more than seven consonants (*).

(1.) Of these eight fundamental feet, five are used in Persian, مفاعیلن فاعلاتن, مستفعلن, مفعولاتُ, فعولن; the others are fundamental in Arabic metres only.

(2.) This part is of no practical importance; vide the chapter on the circles. Beside فاعلاتن and مستفعلن no other fundamental feet are broken up.

(3). The above-mentioned 8 and the 2 broken up feet.

(4.) The following 4 verses give the eight fundamental feet in rhyme [55, 56]—

چون شود ترکیب این اجزا بهم	هشت لفظ آید برون نی بیش و کم
فاعلن مستفعلن شد بعد ازان	فاعلاتن با مفاعیلن بدان
پس فعولن با مفاعلتن بیار	هفتمین متفاعلن دان در شمار
ساز مفعولاتُ را هشتم تمام	با تو گفتم اصل اوزان والسلام

Observe the jazms above the ت and ل in متفاعلن and مفاعلتن, a frequent contraction (تسکین). The اجزا mentioned in the first line are the various sababs, watads, &c.

10. On the metres and their number.

1. By repeating any of the eight fundamental feet, as also by combining several of them, 19 metres have been formed, whose names are

I. طویل	VI. هزج	XI. مقتضب	XVI. خفیف
II. بسیط	VII. رجز	XII. مجتث	XVII. مشاکل
III. وافر	VIII. رمل	XIII. سریع	XVIII. متقارب
IV. کامل	IX. منسرح	XIV. جدید	XIX. متدارک
V. مدید	X. مضارع	XV. قریب	

2. Of these 19 buhúr (metres) the first five are purely Arabic, and used but rarely by the Persians or Turks, because the rythm is not congenial, or because they do not sound metrical in Persian, although they are so, as shall be shown below. Three metres (Nos. XIV, XV, XVII), the jadíd, qaríb

and mushákil, are purely Persian, and are not in use with the Arabs. The remaining thirteen are common to the Arabs and Persians (¹).

(1.) Of these nineteen metres fifteen were laid down (استخراج) by Khalil, I to XIII, XVI, XVIII; one by Akhfash, XIX; and three are Persian, XIV, XV, XVII. The last three are rarely employed and not much liked. The following verses [78, 79] contain the nineteen names—

رجز خفيف و رمل منسرح دگر مجتث بسيط و وافر و كامل هزج طويل و مديد
مشاكل و متقارب سريع و مقتضب است مضارع و متدارك قريب نيز جديد

Beside these nineteen, there exist eleven *modern* metres, for which vide below.

11. On the Hemistich (miçrá').

1. According to the opinion of most writers a poem (shi'r) cannot consist of less than one verse (bait), the verse consisting of two hemistichs (miçrá'). The word miçrá' signifies *a door of two folds*; and the resemblance between a verse and a folding door lies in this, that in the same manner as with a folding door you may open or shut which you please without the other; and when you shut both together, it is still but one door: so also of a verse you may read either of the hemistichs without the other, and when you read both together, they will form *one* verse.

2. The first foot of the first hemistich is called *çadr*, صدر, and the last foot *'arúz* عروض. Of the second hemistich the first foot is called *ibtidá*, ابتدا, and the last *zarb*, ضرب.* The intermediate feet of either hemistich are called *hashw*, حشو. Çadr means *the first*, and ibtidá *commencement*, which words are synonyms. For the sake of distinction both have different names, although the former might have as well been called Ibtidá, and the latter Çadr. 'Arúz means *the pole of a tent*; for as the pole is the support of the tent, so is the verse founded on this prop, because the metre of the verse can only be known after determining this foot. Zarb means *of one kind*; and it is of the same kind as the 'Arúz, as both stand at the end of a hemistich and contain the rhyme. Lastly, hashw means *the stuffing of a pillow*, an appropriate name for the intermediate feet.

12. On perfect and imperfect feet.

There are *perfect* (sálim) and *imperfect* (ghair sálim) feet. A *perfect* foot is the same as a fundamental foot (ix. 1,) without increase or decrease;

* For ضرب we also find عجز 'ajaz or 'aja, and for ابتدا also مطلع matla'.

an *imperfect* foot is a modified fundamental foot, the modification being either an *increase* (as when the fundamental foot مفاعیلن is changed to مفاعیلان by inserting an alif), or a *decrease* (if we throw away, e. g., the final ن in مفاعیلن, when مفاعیل is left). An imperfect foot is also called مزاحف muzáḥaf, whilst the modification itself is called زحاف ziḥáf, plural of زحف zaḥf, which means *wandering from the mark*, as you say, e. g., sahm-i-záḥif *an arrow that misses the target*. This idea is transferred to an imperfect foot which wanders from the mark of the fundamental one. Prosody writers use the *plural form* ziḥáf as a *singular*, *a* modification (¹).

1. The student ought to bear in mind that Ziḥáfs are merely *modifications*, but he must not look upon them as poetical licenses. Whilst in Greek and Latin Prosodies, a list of the various feet is given from the Pyrrhic to the Epitrites, Khalil chose a *limited* number of feet, called by him fundamental, and represented all other feet as modifications of the fundamental feet. His system of prosody is by no means more complex than the western classical system; nor is there a great difference in the number of technical terms employed in each. Experience has shewn that those who heartily set to work, have invariably preferred Khalil's system to the application of western views to oriental poetry. It is certainly no small testimony for the usefulness of Khalil's system that it was everywhere in the East adopted and taught, and secondly, that though invented by an Arab for the study of Arabic poetry, his system has been easily applied to the Persian, Turkish and Hindustani languages, languages radically differing in rythm from the Arabic.

13. On the word Baḥr (*a metre*).

Baḥr means *an ocean*; but in the technical language of Prosody, it signifies one of the various sets or classes of metrical speech which contains several kinds of poems. (¹) It is compared to an ocean, because as the ocean contains a variety of things, as corals, plants, animals, &c., so does every metre contain a variety of poems, as shall be hereafter explained. Some say that the similarity lies in this, that as a man is perplexed and confused when he falls into the ocean, so also will any one get confused who falls into the ocean of a poem, on account of the many changes which the feet undergo.

1. The word *baḥr* is used in two senses. We speak of the baḥr-i-hazaj as opposed to the baḥr-i-rajaz, baḥr-i-ramal, &c.; but we also call each of the various kinds of hazaj a *baḥr*. The various kinds or modifications of hazaj stand in the same relation to the fundamental form of the baḥr-i-hazaj [14], as the ziḥáfs to the

fundamental feet. The modified metres must not be looked upon as corruptions; on the contrary, they are the usual metres. Their derivation from a fundamental metre, as laid down by Khalil, is merely the result of scientific classification, of which orientals are so fond. There is also an advantage connected with this derivation; for it fixes the manner in which syllables are to be taken together. Thus the hemistich بنام جهاندار جان آفرین has the metre فعولن فعولن فعولن فعول [95]; but if the metre were not fixed by its derivation from the fundamental form [94], the hemistich might be scanned فعل فاعلاتن فعل فاعلن, or فعولن مفاعيلُ مستفعلن which would cause no end of confusion.

The student ought thoroughly to learn the metre hazaj; Saifi introduces the technical names very gradually, so that he will have no difficulty whatever. As the technical terms were invented by Khalil, they are, like all technical terms, arbitrary, and the student will do better not to remember Saifi's etymologies.

THE METRE HAZAJ (هزج).

14. Bahr i Hazaj i Musamman i sálim.

This metre has been called *hazaj*, which means *a twanging but agreeable sound*, because many of such Arabic poems as are sung in a joyful manner, are written in this metre. Some say that hazaj means *causing the voice to turn back*; and as each foot of the metre consists of a watad-i-majmú', followed by two sabab-i-khafífs, we are assisted in stretching the voice and leading it back. The metre has been called مثمن *musamman*, because each verse has *eight* feet, from ثمانية samániyah *eight*, [*i. e.*, each hemistich has *four* feet]; and it has also been called سالم sálim *perfect*, because it is the fundamental form of the metre hazaj, the word مفاعيلن eight times repeated.

مفاعيلن مفاعيلن مفاعيلن مفاعيلن   مفاعيلن مفاعيلن مفاعيلن مفاعيلن,

as in the author's verse—

دلا وصف ميان نازک جانان من گفتي   نکو گفتي حديثي از ميان جان من گفتي

دلا وصفي مفاعيلن مياني نا مفاعيلن زکي جانا مفاعيلن نمن گفتي مفاعيلن • نکو گفتي مفاعيلن حديثي از مفاعيلن مياني جا مفاعيلن نمن گفتي مفاعيلن •

"O heart, thou hast given me a description of the fine waist of my sweetheart; thou hast spoken well, as thou hast told a story of my heart."* [This is a frequent metre.]

* Observe the play upon the word ميان.

15. Hazaj i Musamman i Musabbagh.

1. (Twice) مفاعيلن مفاعيلن مفاعيلن مفاعيلان, as in the verse of the author

بزاري ميدهم جان و نمي پرسد مرا جانان   مسلماني نميدانم كجا شد اي مسلمانان

بزاري مي مفاعيلن دهم جان و مفاعيلن نمي پرسد مفاعيلن مرا جانان مفاعيلان • مسلماني مفاعيلن نميدانم مفاعيلن كجا شد اي مفاعيلن مسلمانان مفاعيلان •

—"In grief I pass away my life, and my sweetheart does not ask me about it; O Musalmáns, I do not know where my religious belief is gone to." *Tasbígh* (تسبيغ) is a technical term used by writers on prosody to express that an alif has been inserted in the sabab-i-khafíf, with which the metre of any verse or hemistich ends. Thus the last foot of the fundamental form of the metre hazaj is مفاعيلن, which ends in a sabab-i-khafíf, لن; hence the foot by Tasbígh becomes مفاعيلان. The feet in which the Tasbígh occurs (the 'arúzz and the zarb), are called مسبغ musabbagh; but the name is also transferred to the baḥr itself. The meaning of تسبيغ is *to complete.*

2. If a poet uses this metre for one miçrá' of a verse, and the preceding metre [14] for the other miçrá,' as

مفاعيلن مفاعيلن مفاعيلن مفاعيلن   مفاعيلن مفاعيلن مفاعيلن مفاعيلان

or reversely, the verse would still be correct. And *generally, whenever the difference between two metres amounts merely to this, that one ends in* ن, *and the other in* ان, *the poet is allowed to use both metres in the same verse.* This is called اجتماع دو وزن *ijtimá' i du wazn*, the union of two metres. [Frequent.]

16. Hazaj i musamman i maqbúz.

(8 times) مفاعلن.

دلم برون شد از غمت غمت ز دل برون نشد   زبون شدم كه بود كو ز دست غم زبون نشد

دلم برو مفاعلن شد ز غمت مفاعلن غمت ز دل مفاعلن برو نشد مفاعلن • زبو شدم مفاعلن كبود كو مفاعلن ز دست غم مفاعلن زبو نشد مفاعلن •

"My heart is gone from grief, but the grief not gone from the heart. I am miserable; who is the man that has not become miserable through grief?" By قبض *qabz* we mean the elision of the fifth letter of any fundamental foot, provided the fifth letter be a sákin; hence مفاعيلن, where the fifth letter (ی) is sákin, becomes by qabz مفاعلن. Both the foot in which the qabz occurs, as also the metre itself, are called مقبوض maqbúz, because the name of the modified foot is always transferred to the metre.

17. Hazaj i musamman i maqbúz i musabbagh.

مفاعلن مفاعلن مفاعلن مفاعلان   مفاعلن مفاعلن مفاعلن مفاعلان

پري ندارد ای صنم بروشني جبين چنين   بشر دهد ازين پسر که به بود ز حور عين

پري ندا مفاعلن ردی صنم مفاعلن بروشني مفاعلن جبي چنين مفاعلان ۰ بشر دهد مفاعلن

زي پسر مفاعلن کبه بود مفاعلن زحور عين مفاعلان ۰

"O sweetheart, a parí does not possess a forehead of such a lustre; can a human being produce such* a youth, who is better than the large-eyed Húrís?" The 'arúz and zarb are both musabbagh and maqbúz, the other feet are maqbúz.

18. Hazaj i musamman i ashtar.

فاعلن مفاعيلن (4 times)

سرو من دمے بنشين خانه را گلستان کن   يك دو جام می در کش دور نوش گردان کن

سرو من فاعلن دمے بنشي مفاعيلن خان را فاعلن گلستا کن مفاعيلن ۰ يك دجا فاعلن

م می در کش مفاعيلن دور نو فاعلن ش گردا کن مفاعيلن ۰

"O cypress, stop a moment and make my house thy garden; drink one or two cups of wine, and let the cheering goblet circulate." *Shatr* شتر is a technical term used to express that the م and ی in مفاعيلن have been thrown away, when فاعلن remains. The foot in which this change takes place, is called *ashtar* اشتر, which name is transferred to the metre itself. Shatr means *damage*, *fault*, and when in a word a letter is thrown away in the first, and another letter in a middle syllable, it may be considered *damaged*. In this metre four feet are ashtar and four salim. (¹) [This is a frequent metre.]

1. The word *ashtar* is only used in the foot مفاعيلن. *Vide* [75].

This metre and the following one are the first of the class which are called دوپاره *dupárah*, consisting of two parts, as each hemistich has a natural cæsura after the second foot. In scanning, teachers of prosody indicate the cæsura by taking two feet at the time, as follows,—sarwi man damé binshin, fá'ilun mafá'ílun, khanará gulistán kun, fá'ilun mafá'ílun. Like the preceding metre, this also may be مسبّغ, when it would be

* ازين, when followed by كه, has the sense of چنين كه; thus also in the Sa'dí's well known verses (2nd book of the Gulistán) "azin mahpárah i 'ábidfarébi, &c.

فاعلن مفاعیلن (4 times)

or فاعلن مفاعیلن فاعلن مفاعیلان (twice)

or فاعلن مفاعیلن فاعلن مفاعیلن (twice)

Although Sufi does not give the Musabbagh to each, the student has to bear in mind, that the rule given in [15] is general.

19. Hazaj i musamman i akhrab.

مفعولُ مفاعیلن (4 times).

دل باز بجوش آمد جانان که می آید بیمار بهوش آمد درمان که می آید

دل باز مفعول بجوشامد مفاعیلن جانان مفعول کمی اید مفاعیلن ٭ بیمار مفعول بهوشامد مفاعیلن درمان مفعول کمی اید مفاعیلن ٭

"My heart is throbbing again; whose sweetheart is coming? The patient has recovered: whose medicine is coming?" *Kharb* خرب is the technical term used to express that the م and ن of مفاعیلن have been thrown away, when فاعیلُ *fā'īlū* is left. For this, مفعولُ *maf'ūlū* is substituted, because it is a custom with writers on prosody to substitute *usual forms* for the unusual words which may arise from alterations in the nine fundamental feet; of course, with the condition, that the substituted word be of the same wazn as the altered fundamental form. In doing so, writers look to agreeableness of sound (حسن عبارت). Such a change may be the easier introduced, as we have only to take care, to put a mutaharrik for each mutaharrik, and a sákin for every sákin, as mentioned above (3. 2.) The foot in which the kharb occurs, is called *akhrab* اخرب. *Kharb* means *to destroy*. In this metre four feet are akhrab, and four sákin. [This metre is frequent.]

20. Hazaj i musamman i akhrab i makfúf i maqçúr. (')

مفعولُ مفاعیلُ مفاعیلُ مفاعیلْ (twice)

تا چند مرا در غم او پند توان گفت چیزے که بجا نرسد چند توان گفت

تا چند مفعول مرادر غ مفاعیل م او پند مفاعیل توانگفت مفاعیل ٭ چیزے ک مفعول بجاے ن مفاعیل رسد چند مفاعیل توانگفت مفاعیل ٭ .

"How long are you able to speak words of advice to me about my grief for her; how many things are you able to say which are inappropriate?" *Kaff* کف is a technical term used to express that the seventh letter of any of the fundamental feet has been thrown away, provided the seventh letter be sákin. Thus in مفاعیلن, if you throw away the seventh letter ن, which is sákin, مفاعیلُ *mafā'īlū* will be left. The foot thus modified is called *makfúf* مکفوف. *Kaff* means turning the hem of a garment; and throwing off the seventh letter of a word may very well be compared to turning the edge of a garment, whereby it becomes smaller. By *qaçr* قصر we mean the throwing away of the sákin of any final sabab i khafíf, and putting the jazm above the mutaharrik. Thus لن is the final sabab i khafíf in مفاعيلن; if you throw away the ن, and make the mutaharrik of the sabab (ل) a sákin, مفاعيلْ *mafá'íl* will be left. Qaçr means *shortening*. A foot in which the qaçr occurs is called مقصور maqçúr. In this metre the çadr and ibtidá are akhrab, the ḥashw makfúf, and the 'arúsz and szarb both maqçúr. [This is a frequent metre.]

1. Observe that in the name of the metre the words akhrab, makfúf and maqçúr are arranged according to the order of the foot. This rule is general.

For مفاعيل *mafá'íl* we may say فعولان *fa'úlán*.

21. Hazaj i musamman i akhrab i makfúf i maḥzúf.

مفعولُ مفاعيلُ مفاعيلُ فعولن (twice)

اى شيخ مرا راه خرابات نمـــودي   ميخواست دلم باده كرامت نمودي

اي شيخ مفعول مرا راه مفاعيل خرابات مفاعيل نمودي فعولن • ميخواس مفعول دلم باد مفاعيل كرامات مفاعيل نمودي فعولن •

"O Shaikh, thou hast shown me the road to the tavern; my heart asked for wine, thou hast shown me miracles." *Ḥadzf* حذف means the throwing away of the final sabab i khafíf of any of the fundamental feet; thus مفاعيلن becomes مفاعى *mafá'í*, for which فعولن is substituted, as the preference is given to words with the tanwín. The foot in which the ḥadzf occurs, is called *maḥdzúf* محذوف, which word signifies *a horse with its tail cut off*. In this metre the çadr and ibtidá are akhrab, the ḥashw makfúf, and the 'arúsz and szarb maḥdzúf.

If in any verse this metre and the preceding are united, the verse is still correct; and generally, whenever the difference between two metres is not greater than the difference between this metre and the preceding, *i. e.*, the one ending in مفاعيلُ *mafá'ílu*, and the other in فعولن (مفاعى), both may be used in the same verse. (¹) [Frequent.]

1. In this metre and the preceding the تسكين may take place, *i. e.*, the contraction of two mutaharriks into a mutaharrik and a sákin. For مفعولُ مفاعيلُ *maf'úlu mafá'ílu*, we have by taskín مفعولمفاعيلُ maf'úlum-fá'ílu, which has the wazn of

مفعولُ مفعولن *maf'ūlun maf'ūlu*. Or if the taskín takes place between the 2nd and 3rd foot, we get

مفاعیلمفاعیلُ مفعولُ, *i. e.*, مفعولُ مفاعیلن مفعولُ. Thus (Sa'di)

حوران بهشتیرا دوزخ بود اعراف　　از دوزخیان پرس که اعراف بهشتست

"The húris of paradise think purgatory to be hell; ask those that are in hell, they think purgatory to be paradise." When scanned

حوران مفعول بهشتي را مفاعیلن دوزخ ب مفعول ودعراف مفاعیلُ • از دوز مفعول خیانپرس مفاعیل ک اعراف مفاعیل بهشتست مفاعیل •

Or a taskín between the 1st and 2nd foot—

بیهوشي بنگر که بشد کار ز دستم　　صنما از مي اخلاص تو مستم

"Behold my intoxication, my work has fallen out of my hand (I am fit for nothing); O sweetheart, the wine of thy faithfulness has made me drunk, has made me drunk"—when scanned

بیهوشي مفعولن بنگرک مفعول بشدکار مفاعیل زدستم فعولن •
صنمص مفعول نما ازم مفاعیل ی اخلاص مفاعیل تمستم فعولن •

Other cases of تسکین will be noticed below in the feet مفتعلن, فعلاتن *fa'ilātun* and فعلاتُ *fa'ilātu*. Several mistakes and wrong conjectures in printed Persian texts have been caused from a want of attention to these contractions.

22. Hazaj i musamman i makfúf i maqçúr.

مفاعیلُ مفاعیلُ مفاعیلْ (twice)

زهی حسن و زهی روي و زهی نور و زهی نار　　زهی خطّ و زهی خال و زهی مور و زهی مار

زهی حسنُ مفاعیل زهی روي مفاعیل زهی نور مفاعیل زهی نار مفاعیل • زهی خطّ مفاعیل زهی خال مفاعیل زهی مور مفاعیل زهی مار مفاعیلْ •

"Oh! what a beauty, what a face, what a light and a fire! Oh, what a line, what a mole, what ants, what serpents!"* In this metre the 'arúz and azarb are maqçúr, and the other feet makfúf.

23. Hazaj i musamman i makfúf i mahdzúf.

مفاعیلُ مفاعیلُ فعولن (twice)

مرا عشق دوتا کرد بهنگام جواني　　چرا باز نپرسي تو ز حالم چو بداني

مرا عشق مفاعیل دتا کرد مفاعیل بهنگام مفاعیل جواني فعولن • چرا باز مفاعیل نپرسیتُ مفاعیل زحالم چو مفاعیل بداني فعولن •

* The first growth of moustaches (خط) is often compared by Persian poets to ants from its shape. The curls are compared to serpents. The expression *khatt i sabz* means the *bluish line*, not the *green line*. The lips of young men in the East have indeed a bluish hue, when the moustaches make their appearance.

In some of Saifi's examples, as in [20] I have translated *ma'shúq*, according to our ideas, by *a beloved girl*, although *boys* are alluded to.

"Love has made me infirm in the time of my youth; why dost thou not enquire after me, although thou knowest my condition?" The 'arúz and zarb are here maḥdzúf.

24. Hazaj i musaddas i sálim.

مفاعیلن (6 times)

قناعت گنج آباد است اگر دانی   ازو تا میتوانی رو نگردانی

قناعت گن مفاعیلن ج‌آبادس مفاعیلن تگردانی مفاعیلن •

"Contentment is a happy place; since you know this, do not turn away from it, if you can avoid it." This metre is called مسدس musaddas, because it has *six* feet.

25. Hazaj i musaddas i maqçúr.

مفاعیلن مفاعیلن مفاعیلْ (twice)

E. g., the verse of the author

یکی از دردمندان تو مائیم   بیا تا دردمندیها نمائیم

یکی از در مفـاعیلن دمندانی مفاعیلن تمائیم مفاعیل •

"I belong to those whom thou hast wounded; come, let me show thee my wounds." In this metre the 'arúz and zarb are maqçúr, and the other feet sálim. (¹) [Frequent.]

1. This is one of the seven Masnawí metres, as also metres [30] to [32]. Observe that Saifí's words باقي بهمين قياس ميدان are metrical [30]. This metre may be used together with the following, according to the rule given in [21].

26. Hazaj i musaddas i maḥdzúf.

مفاعیلن مفاعیلن فعولن (twice)

E. g., the verse of the author

دلا در عشق رنج ما کشیدی   کرم کردی و زخمها کشیدی

دلا در عش مفاعیلن قرنج ما مفاعیلن کشیـــدی فعـــولن •

"O heart, thou hast borne my love-grief; thou hast shewn thyself benevolent and borne my wounds." In this metre the 'arúz and zarb are maḥdzúf. [Frequent.]

27. Hazaj i musaddas i makfúf i maqçúr.

مفاعیلُ مفاعیلُ مفاعیلْ (twice)

بتا خیز و بیار آن می خوشبوی   که هم رنگ بود با گل خودروی

بتا خیز مفاعیل بیارا م مفاعیـــل بخشبوی مفاعیلْ ۰

"Rise, idol, and bring that scented wine, which has the same colour as the wild rose!" The 'arúsz and szarb are here maqçúr and the other feet makfúf.

28. Hazaj i musaddas i makfúf i mahdzúf.

مفاعیلُ مفاعیلُ فعولن (twice)

دلازار جفـــاکار نگـــاری   جز آزار دلم کار نـــداری

دلا زار مفاعیل جفاکار مفاعیل نگاری فعولن ۰

"O sweetheart, thou art a cruel tyrant; thou hast nothing else to do than to vex my heart." In this metre the 'arúsz and szarb are maḥdzúf. This and the preceding metre may be united in the same verse, because the former metre ends in مفاعیل *mafá'il*, and this in فعولن *fa'úlun*.

29. Hazaj i musaddas i akhrab i maqbúç.

مفعولُ مفاعلن مفاعیلن (twice)

ای از مژا تو رخنه در جانهـــا   ای درد تو کیمیای درمانهـــا

ای از م مفعول ژه تو رخ مفاعلن نه در جانها مفاعیلن ۰

"O thou whose eyelids make rents into the lives (of men); O thou on whose account to suffer grief is a wonderful means of health." In this metre the çadr and ibtidá are akhrab, the ḥashw is maqbúç, and the 'arúsz and szarb sálim.

30. Hazaj i musaddas i akhrab i maqbúç i maqçúr.

مفعولُ مفاعلن مفاعیلْ (twice)

E. g., in the verse of the author

گفتي لب من چو انگبین است   خود گو مزا در کجای اینـــست

گفتي ل مفعول بمن چ ان مفاعلن گبینـــت مفاعیلْ ۰ خد گوم مفعول ز در کجا مفاعلـــن ی اینـــست مفاعیل ۰

"Thou saidst, 'My lip is like honey;' now tell me in what this taste does lie?" In this metre the çadr and ibtidá are akhrab, the ḥashw-feet maqbúsz, and the 'arúsz and szarb maqçúr. [Frequent.]

31. Hazaj i musaddas i akhrab i maqbúç i maḥzúf.

مفعولُ مفاعلن فعولن (twice)

E. g., in the following riddle by the author, the solution of which is *khán*,*

تا عشق پری‌رخان گزیدم   از روز خوشي نشان نديدم

تامشق مفعول پری رخا مفاعلن گزیدم فعولن •

"Since I chose the love of the fairy-cheeked, I have seen no trace of happy days." In this metre, the 'arúẓ and ẓarb are maḥẕúf, the çadr and ibtidá akhrab, and the ḥashw maqbúç. [Frequent.]

32. Hazaj i musaddas i akhram i ashtar i maqçúr.

مفعولن فاعلن مفاعیلْ (twice)

صد بارم بکش اگر کشي زار   برخيزم تا کشي دگر بار

صدبارم مفعولن بکشگر فاعلن کشي زار مفاعیلْ •

"If thou wert to kill me, when I weep, more than a hundred times, I would rise again, in order that once more thou mightest kill me." By *kharm* خرم, the throwing away of the letter م is meant in مفاعيلن; for فاعيلن, which remains, مفعولن is substituted. The foot in which the kharm occurs, is called *akhram*. *Kharm* in Arabic means *to mutilate the partition between the nostrils.* In this metre the çadr and ibtidá are akhram, the ḥashw ashtar, and the 'arúẓ and ẓarb maqçúr.

If the 'arúẓ and ẓarb are maḥẕúf (instead of maqçúr), the metre is

مفعولن فاعلن فعولن (twice)

The *four* metres mentioned in [30, 31, 32] may be united, the combination of any two of them being admissible in the same verse, as shall be seen in the Rubá'í metres. (¹) [Frequent.]

1. The union of these four metres may appear remarkable; but from the note to [21], we see that مفعولُ مفاعلن مفاعیلْ, gives by taskín مفعولُمفاعلن مفاعیلْ, *i. e.*, مفعولن فاعلن مفاعيل, the only difference being that writers on prosody have given to [32] a separate name (akhram).

Remarks on the metre Hazaj.

The metres given by Saifí are either musamman or musaddas. In pre-classical poetry, we also find metres the two miçra's of which consist each of *two* feet, *i. e.*, each verse of *four* feet. Hence they are called مربع murabba', or مشطور mashṭúr,

* The astronomical sign for day (Arab. نهار), is the letter ر, and رخان, minus the ر, gives خان.

bahed. They are generally imitations from the Arabic. The poet Jámi mentions the following—

1. مربع سالم • مفاعیلن چهار بار *

بقد سرو گل اندامی   خوشا وقتی که بخرامی

2. مربع مکفوف مقصور • مفاعیلُ مفاعیل دو بار • مثالش

بیا ای بت بدخوی   بیار آن می گلبوی

3. مربع مکفوف محذوف • مفاعیلُ فعولن دو بار • مثالش

ز کف تیغ جفا نه   ز لب کام مرا ده

4. مربع اخرب • مفعولُ مفاعیلن دو بار • مثالش

آن طلعت خندان کو   وآن شوخ سخندان کو

Nos. 1. and 4, are equal to one miçra' of [14] and [19]. For some other Murabba' metres, *vide* my edition of the Risálah i Taránah.

Jámi mentions the following additional *Musamman* metres—

1. مثمن محذوف مقصور • مفاعیلن فعولن مفاعیلن مفاعیلُ (twice)

e. g., in the miçra'   من آن مدهوش عشقم که از خویشم خبر نیست

2. مکفوف محذوف • مفاعیلُ فعولن (4 times)

e. g., برخ ماه تمامی بقد سرو روانی   بلب راحت روحی بچشم آفت جانی

This metre is dúparah, and has the same name as [23]; but both are rare.

3. اخرب مکفوف سالم عروض و ضرب • مفعولُ مفاعیلُ مفاعیلُ مفاعیلن (twice)

e. g., دردا که علاج دل بیمار نکردی   یکبار بر این جان گرفتار نبخشودی

4. مخبون مکفوف مقصور • مفاعلن مفاعیلُ مفاعلن مفاعیل (twice)

e. g., مرا غم تو ای دوست ز خانمان برآورد   مرا فراقت ای ماه ز جان فغان برآورد

Jámi and others give also the following *Musaddas* metre—

اخرب مکفوف سالم عروض و ضرب • مفعولُ مفاعیلُ مفاعیلن (twice)

e. g., (Anwari) تا کار کس آن نیست که او خواهد   کارت همه آن باد که آن خواهی

The definition given by Saifi of کف and مکفوف [20], is the usual one. Jámi and a few others, however, define it merely as the انداختن حرف هفتم, leaving out the condition that this seventh letter must be sákin. Hence مفعولا *maf'úlá* (مفعولن) would be according to Jámi, the makfúf form of مفعولات *maf'úlátu.*

THE METRE RAJAZ.

33. Rajaz i Muhamman i sálim.

This metre has been called rajaz, *i. e., commotion*, because the Arabs use this metre chiefly for poems of war, and for songs expressing personal pride, or the glory of the tribe, which subjects require agitation in voice and gestures. Some derive the name of the metre from رجز *raj*, a camel, which trembles when running, or which moves on, and then halts. This derivation seems appropriate, as the feet of this metre consist each of two sabab i khafifs, *i. e.*, a halt (sukún) after every movement (ḥarkat). The original form of the metre is (8 times) مستفعلن,

as in the verse of the author—

تاکی غم دل گفتنم در خانه با دیوارها خواهم زد از بے طاقتي فریاد در بازارها

تا کی غمے مستفعلن در خان با مستفعلن دیوارها مستفعلن ٭

"How long shall I have to confide the grief of my heart to the walls of my house; it is from helplessness that I wish to proclaim my sorrows in the bázárs."

34. Rajaz i Musamman i mudzál.

مستفعلن مستفعلن مستفعلن مستفعلان (twice)

یارب چه شد کان ترك ما ترك محبان کرده است آسودگان وصل را رنجور هجران کرده است

یارب چشد مستفعلن کا ترک ما مستفعلن ترے محب مستفعلن با کرد است مستفعلان ٭

"O God, what has happened, that our sweetheart has left the lovers; with the pain of separation she has afflicted those who rested in union with her." *Idzálah*, اذاله, means the inserting of an alif in the final watad i majmú' of any fundamental foot; *e. g.*, مستفعلان, for مستفعلن. The foot in which the *idzálah* takes place, is called مذال *mudzál*. The word اذاله means *letting down the skirt of a garment*, with which the lengthening of مستفعلن to مستفعلان may very well be compared. In this metre the 'arúz and zarb are mudzál, and the other feet sálim.

35. Rajaz i Musamman i matwí.

مفتعلن (8 times)

میشکفد گل بچمنها ز نسیم سحري وه چه شود گر نفسے پہلوي ما باده خوري

میشکفد مفتعلن گل بچمن مفتعلن هاز نسي مفتعلن مي سحري مفتعلن ٭

"The roses are blooming on the beds in the morning-breeze; how nice would it be, if for a short time thou wouldst drink wine at my side." *Tai*, طی, is a technical term used to express that the fourth letter (provided it be sákin) of any of the fundamental feet has been thrown away. Thus مستفعلن becomes مستعلن, *musta'ilun;* for which مفتعلن is substituted, as the elided letter (ف) is the very first of the root فعل in مستفعلن. The foot in which the *ṭai* takes place, is called مطوی maṭwí. *Ṭai* means *folding up a garment*, with which the taking away of a letter in the middle of a word containing seven letters, may be very well compared. In this metre all feet are maṭwí; but if the 'arúsz and szarb are mudzál, the metre would be

مفتعلن مفتعلن مفتعلن مفتعلان (twice).

36. Rajaz i Musamman i maṭwí i makhbún.

مفتعلن مفاعلن (4 times)

بازخدنگ شوق زد عشق در آب و خاک ما   قطع حریف مست شد دامن چاک‌چاک ما

بازخدن مفتعلن گشوق زد مفاعلن عشق درا مفتعلن بخاک ما مفاعلن .

" Love has again aimed at my body the arrow of desire; the torn hem of my garment has become the checkered carpet of a drunkard." The term *khabn* expresses the throwing away of the second sákin of any of the fundamental feet. Thus مستفعلن becomes متفعلن *mutaf'ilun*, for which مفاعلن, a more usual word, is substituted. The foot in which the khabn occurs, is called مخبون makhbún. The word *khabn* means to fold down a part of the stuff of a garment, in order to make it smaller. In this metre, each of the four maṭwí feet stands before a makhbún foot. [This metre and the sálim form [33] are the only Rajaz metres in use.]

37. Rajaz i Musamman i makhbún i maṭwí.

مفاعلن مفتعلن (4 times)

فغان کنان هر سحری بکوی تو میگذرم   چو نیست ره سوی توام ببام و در مینگرم

فغان کنا مفاعلن هر سحری مفتعلن بکوی تو مفاعلن میگذرم مفتعلن .

" Every morning I pass along thy street complaining; since I cannot find thee, I look at thy terrace and thy gate." In this metre, each of the four makhbún feet stands before a maṭwí foot.

38. Rajaz i Musaddas i sálim.

مستفعلن (6 times)

e. g., in the verse of the author,

ساقی بعشرت کوش در دوران گل   مگذر از کف جام تا پایان گل

ساقی بعش مستفعلن رت کوش در مستفعلن دوران گل مستفعلن .

" O cupbearer, exert thyself in procuring amusement during the time of the roses; do not give away the cup, till the end of the roses have come!"

39. Rajaz i Musaddas i maṭwí.

(6 times) مفتعلن

نیست مرا جز تو نگارا دگرے   می نکنی هیچ بحالم نظرے

نیس مرا مفتعلن را دگرے مفتعلن •

"O beloved, besides thee I have no other; and yet thou dost not cast a glance on my miserable condition."

40. Rajaz i Musaddas i makhbún.

(6 times) مفاعلن

کنون که گردد از بهار خوش هوا   فزون شود بهر دل اندرون صفا

کنوک گر مفاعلن دوز بها مفاعلن رخش هوا مفاعلن •

"Now it is spring, the air has become agreeable; the feeling of cheerfulness rises in every heart." This metre, properly speaking, ought to be called hazaj i musaddas i maqbúç; for we might as well call the metre hazaj i musamman i maqbuç [16], rajaz i musamman i makhbún; but the rule is, that in case a metre may be derived from any two fundamental metres, it is derived from that metre from which it can be derived in the easiest way; and there is no doubt that مفاعلن can easier be derived from مفاعيلن, than from مستفعلن. In order, however, to draw attention to this rule, I have put the musamman under the hazaj, and the musaddas under the rajaz.

Remarks on the metre Rajaz.

The Persians employ oftener the musamman metres, but less the musaddas forms. In Arabic, the musamman, murabba', and musanna (مثنّی) metres are in use. Abdul-wási' i Jabalí, an old Persian poet, employs the musamman i muzá'af (مضاعف *double*), *i. e.*, each distich of sixteen مستفعلن.

Of other metres, Jámi mentions two murabba', three musaddas, and three musamman.

1. مربّع سالم • مستفعلن (4 times) عاشق شدم بر دلبرے   سنگین دلی سیمین برے

2. مربّع مطوی • مفتعلن (4 times) ای لب تو مرهم من   وی غم تو ماتم من

3. مسدّس مقطوع عروض و ضرب • مستفعلن مستفعلن مفعولن (twice) *Vide* [66].

e. g., رحمے بکن ای نازنین یکبارے   بر عاشق خسته جگر بیمارے

4. مسدّس مطوی مقطوع عروض و ضرب • مفتعلن مفتعلن مفعولن (twice)

e. g., این دل من هست بدرد ارزانی   تا نکند یار دگر نادانی

5. مسدّس مطوی مخبون • مفتعلن مفاعلن مفاعلن (twice)

e. g., گر برهد دل من از هوای تو   کو دگرے که دل دهم بجای تو

6. مثمّن جزو آخر حشو مخبون و باقی مطوی • مفتعلن مفتعلن مفاعلن مفتعلن (twice)

درد عرا چارهٔ مکن که من بدرد تو خوشم   گر بکشی ور نکشی ز حکم تو سر نکشم   e. g.,

7. مثمّن مطوی مخبون مقطوع عروض و ضرب ❊ مفتعلن مفاعلن مفتعلن مفعولن (twice)

سرو خرامانست که او نیست بدین رعنائی   ماه نگوییمت که مه نیست بدین زیبائی   e. g.,

8. مثمّن مخبون مطوی که مناسبت میان اجزای متقابله مرعی نیست*

چه خوش بود گر شبکی سوی غریبی گذری   ز روی یاری نفسی بحال زارش نگری   e. g.,

مفاعلن مفتعلن مفتعلن مفتعلن   مفاعلن مفتعلن مفاعلن مفتعلن

Such verses, however, would find no favour with Persian critics.

THE METRE RAMAL (رمل).

41. Ramal i Musamman i Sálim.

This metre is called *ramal*, because ramal means *weaving a mat*; and as this metre consists of two sabab i khafífs, with an intervening watad i majmú', you might say, that the watads of this metre are *interwoven* with its sababs, in the same way as the string in a mat is interwoven with the reeds. Some say that *ramal* is a kind of melody for poems written in this metre. Others again take *ramal* in the sense of رملان ramalán, *the swift running of a camel*, which is imitated in the quick sound of the metre, produced by the union of the final sabab of the first foot with the first sabab of the following foot. The metre is (8 times) فاعلاتن—

شکل دل بردن که تو داری نباشد دلبری را   خواب بندیهای چشمت کم بود جادوگری را

شکل دل بر فاعلاتن دن که تو دا فاعلاتن ری نباشد فاعلاتن دلبری را فاعلاتن ❊

"The formula which thou possessest for enticing the hearts, is owned by no other sweetheart; few enchanters possess the power which thy eye possesses, of throwing them into sleep."

42. Ramal i musamman i musabbagh."

فاعلاتن فاعلاتن فاعلاتن فاعلیان (twice)

تا بکی گریم بزاری همچو ابر نوبهاران   از سر اندوه و حسرت در فراق گلعذاران

تا بکی گر فاعلاتن یم بزاری فاعلاتن همچو ابری فاعلاتن نوبهاران فاعلیان ❊

"How long shall I mournfully weep, like a cloud in spring, in my grief and sorrow on account of the absence of the rosy-cheeked." The meaning of the word *tasbígh* has been mentioned above [15]; for فاعلاتن, we should say فاعلاتان, for which فاعلیان *fá'iliyán* is substituted, as the ت of the feminine does not occur in the middle of a word, except in Arabic duals.

This metre may be united with the preceding, and the following metre. Whatever has been said of فاعلاتن and فاعلیان, holds also for فعلاتن *fa'ilátun*, and فعلیان *fa'iliyán*.

43. Ramal i Musamman i makhbún.

(8 times) فعلاتن

شکرت را شد اگرچه سپه مور مرتّب　　مگسے نیز نخواهم که کند سایه برای لب

شکرت را فعلاتن شد اگرچه فعلاتن سپه مور فعلاتن رمرتّب فعلاتن

"Although thy sugar (lip) has become an arrayed army of ants [22], I certainly do not want flies to cast their shadows on thy lip." The foot فاعلاتن, when makhbún, becomes فعلاتن *fa'ilátun*, [36].

It may also happen that the first foot of each miṣrá' is sálim, and the remainder makhbún, when the metre is

فاعلاتن فعلاتن فعلاتن فعلاتن (twice).

Both metres may also be united; and *generally*, whenever any two metres differ only in this, that the first foot of the one is فاعلاتن, and the first foot of the other is فعلاتن, both may be united.

Some poets have used this metre, assigning sixteen feet to each verse; as Khwájah 'Içmatullah of Bukhárá in the following verse:—

رنگ رخسار و در گوش و خط و خدّ و قد و عارض و خال و لبت ای سرو پریرخ سمن‌بر

شفق و کوکب و شام و سحر و طوبی و گلزار بهشت است و بلال و طرف چشمهٔ کوثر

"The colour of thy cheek, thy jewel-like ear, thy moustache, thy mouth, thy figure, the side of thy face, and its mole, and thy lip, oh fairy-faced, jasmine-breasted cypress, are the morning dawn, a star, the evening, the bright morning, the tree of paradise, the flower bed of Eden, Bilál,* and the edge of the fountain Kauṣar."

44. Ramal i musamman i maqçúr.

فاعلاتن فاعلاتن فاعلاتن فاعلات (twice).

e. g., in the verse of the author—

هر کجا بینم مهی با عاشق خود مهربان　　افتد از بی مهری ماه خودم آتش بجان

هر کجا بی فاعلاتن نم مهی با فاعلاتن عاشق خد فاعلاتن مهربان فاعلات

"Whenever I see a sweetheart kind to her lover, fire breaks out in my soul on account of the heartlessness of my own sweetheart." The process,

* Bilál, Muhammad's مؤذّن muazzin, was an Abyssinian, and as such, a model of blackness; hence the mole on the cheek of the beloved is compared to him.

called *qaṣr*, has been mentioned above [20]; by it فاعلاتن becomes فاعلاتْ *fā'ilāt*, for which some use فاعلان *fā'ilān*. In this metre, the 'arúz and zarb are maqṣúr, the other feet are sálim. [This metre is of frequent occurrence.]

45. Ramal i musamman i mahdzúf.

فاعلاتن فاعلاتن فاعلاتن فاعلن (twice)

e. g., in the verse of the author—

هر کرا بینم سخن با او ز هر جا میکنم　　تا کند ذکر تو صد تقریب پیدا میکنم

هر کرا بی فاعلاتن نم سخن با فاعلاتن او ز هر جا فاعلاتن میکنم فاعلن •

"I talk of every possible subject with any one whom I see; and I try a hundred means to make him mention thee." By the process *hadzf* [21], فاعلاتن becomes فاعلا *fā'ila*, for which فاعلن is substituted, as it has the tanwin. In this metre, the 'arúz and zarb are mahdzúf.

This metre may be united with the preceding; and *generally*, whenever the difference between *any two* metres be not greater than this, that one ends in فاعلاتْ *fā'ilāt*, and the other in فاعلن *fā'ilun*, both metres may be used in the same verse. [Frequent.]

46. Ramal i musamman i mashkúl i sálim ulzarb wal-'arúz.

فعلاتُ فاعلاتن (4 times)

قدری بخند و از رخ قمری نمای ما را　　سخنی بگوی و از لب شکری نمای ما را

قدری ب فعلاتُ خند از رخ فاعلاتن قمری ن فعلاتُ مای ما را فاعلاتن •

"Smile a little, and let me see the moon on thy cheek; tell me something, and let me see the sugar on thy lip." *Shakl* (شکل) is the union of the *khabn* and the *kaff*, by which processes فاعلاتن will be reduced to فعلاتُ *fa'ilātu*. The foot in which the (شکل) takes place, is called مشکول mashkúl. Tashkíl تشکیل means *tying one's hands and feet*; and just as a horse, when tied, has lost the swift step which it had before, so also does the cadence of the voice decrease, when we pronounce فعلاتُ, instead فاعلاتن. In this metre, four feet are mashkúl, and the other four sálim. [Frequent.]

47. Ramal i musamman i mashkúl i musabbagh.

فعلاتُ فاعلاتن فعلاتُ فاعلیان (twice)

صنمم و خیال بازی شب و روز با جوانان　　ز خط خوش تو [illegible] خرد رقم خیال خوانان

صنمم فعلاتُ بال بازی فاعلاتن شب روز فعلاتُ با جوانان فاعلیان •

"Day and night I play in fancy with the youths; I read within myself the writing of fancy by means of thy beautiful line." In this metre, the 'arusz and szarb are musabbagh.

48. Ramal i musamman i makhbún i musabbagh.

فاعلاتن فعلاتن فعلاتن فعلیان (twice)

روزگاریست که در خاطرم آشوب فلانست　روز گارم چو سر زلف پریشانش ازانست

روزگار ـ فاعلاتن ست ک در خا فعلاتن طرما شو فعلاتن ب فلانست فعلیان ۔

"The time is at hand, when my mind is full with grief on account of a certain person; my life has become entangled like her curls." In this metre, the çadr and ibtidá are sálim, the ḥashw makhbún, and the 'arúsz and szarb both makhbún and musabbagh. If the çadr and ibtidá were likewise makhbún, the metre would be (twice) فعلاتن فعلاتن فعلاتن فعلیان.

[Both metres are frequent.]

49. Ramal i musamman i makhbún i maqçúr.

فاعلاتن فعلاتن فعلاتن فعلاتْ (twice)

e. g., in the verse of the author—

چارهٔ هجر تو سازم بوصال دگران　آه تا چند کشم ے تو محال دگران

چارهٔ هج فاعلاتن ر تسازم فعلاتن بوصالے فعلاتن دگران فعلاتْ ۔

"I try to find consolation for the grief of separation from thee in the intercourse with others. Alas! how am I to bear the shallow talk of others?" فاعلاتْ *fá'ilát*, the maqçúr form of فاعلاتن, becomes by *khabn* فعلاتْ *fa'ilát*. [Frequent.]

50. Ramal i musamman i makhbún i maḥdzúf.

فاعلاتن فعلاتن فعلاتن فَعلن (twice)

e. g., in the verse of the author—

گرچه مقصود بلای دل و دین است مرا　هیچ غم نیست که مقصود همینست مرا

گرچ مقصو فاعلاتن د بلاے فعلاتن دلدینس فعلاتن تمرا فعلن ۔

"Although my beloved is the ruin of my heart and faith, I grieve not; for this is my beloved object." فاعلن *fá'ilun*, the maḥdzúf form of فاعلاتن, becomes by *khabn* فعلن *fa'ilun*. [Frequent.]

51. Ramal i musamman i makhbún i maqtú'.

فاعلاتن فعلاتن فعلاتن فعْلن (twice)

e. g., in the verse of the author—

ساخت برگ طرب و عیش مهیّا نرگس   تا کشد با دف و نی ساغر صهبا نرگس

ساخ برگے فاعلاتن طرب و عي فعلاتن ش صهبا فعلاتن نرگس فعلن ۔

"The narcissus has made its leaves ready for freshness and life; for the narcissus wishes to drink the cup of wine under the sound of drums and flutes." By *qaf'* قطع we mean the throwing away of the final sabab i khafíf (تن) of فاعلاتن, when فاعلا *fá'ilá* remains, and secondly, the throwing away of the sákin (ا) of the watad i majmú' (علا), when فاعل *fá'il* remains, for which فعلن *fa'lun* is substituted, as it has the tanwín. The foot in which the *qaf'* takes place is called *maqtú'*. *Qaf'* means *to cut off*. [Frequent.]

52. Ramal i musamman i makhbún i maqtú' i musabbagh.

فاعلاتن فعلاتن فعلاتن فعْلان (twice)

e. g., in the verse of the author—

پیش ازین گرچه ببویت رخ گل میدیدیم   چون گل روی تو دیدیم ازو وا چیدیم

پیشزي گر فاعلاتن چه ببویت فعلاتن رخ گل مي فعلاتن دیدیم فعلان ۔

"Although we recognized ere this the presence of the rose in thy sweet smell, we drew back, when we saw thy rosy face." فعلن *fa'lun*, the maqtú' form of فاعلاتن, becomes by tasbígh فعلان *fa'lán*.

The last four metres [49 to 52] may be united. This rule is general for any metres ending in فعلات *fá'ilát*, فعلن *fá'ilun*, فعلن *fa'lun*, and فعلان *fa'lán*.

53. Ramal i musaddas i sálim.

فاعلاتن (six times)

ای نگارین روی دلبر ز آنِ مائي   رخ مکن پنهان چو اندر جانِ مائي

ای نگاري فاعلاتن روی دلبر فاعلاتن زآن مائی فاعلاتن ۔

"O sweetheart, thou art my property; do not hide thy face; for thou art within my soul."

54. Ramal i musaddas i maqçúr.

فاعلاتن فاعلاتن فاعلات (twice)

e. g., in the riddle of the author, the solution of which is *mahráb*,

تا لب او دید سیفي در شراب   از مثلث مینماید اجتناب

تا لبِ او فاعلاتن دید سیفي فاعلاتن درشراب فاعلات ●

"When Saifí saw his lip* in the wine, he abstained from the sweet mixture." In this metre the 'arúz and zarb are maqçúr, and the other feet are sálim. [Frequent.]

55. Ramal i musaddas i mahdzúf.

فاعلاتن فاعلاتن فاعلن (twice)

e. g., in the verse of the author—

گفت زاهد از بهشتم ده خبر   گفتمش زنهار نام ده مبر

گفت زاهد فاعلاتن از بهشتم فاعلاتن ده خبر فاعلن ●

"A recluse said, 'Bring (ده) me some news from paradise.' I answered, 'Do not use the word *village* (ده).'"† In this metre, the 'arúz and zarb are mahdzúf. [Frequent.]

56. Ramal i musaddas i makhbún i maqçúr.

فاعلاتن فعلاتن فعلات (twice)

شکّرین لعل تو کان نمک است   گرچه شکّر نه مکان نمک است

شکّري لع فاعلاتن لت کا نَ فعلاتن نمکست فعلات ●

"Thy sugar lips are a mine of salt, although sugar is no place for salt." In this metre, the çadr and ibtidá are sálim, the hashw makhbún, and the 'arúz and zarb both makhbún and maqçúr.

* For the Persian او substitute the Arabic هو; the لب هو is the letter ه; Saifí sees a ه in شراب, i. e., he sees شهراب *shahráb*; and he abstains from the *musallas*, i. e., he gets مهراب *mahráb*.

† There are three grades of knowledge:—طلب الدنیا minding worldly affairs; طلب الآخرة striving after virtue, with a view to obtain future life; طلب المولی striving after the Lord, irrespective of future rewards. The recluse evidently belonged to the second grade, whilst the person that replied, being a طالب المولی, looks upon paradise as a village (ده), and as such not worth striving after.

57. Ramal i musaddas i makhbún i mahdzúf.

فاعلاتن فعلاتن فعلن (twice)

گر سخن زان لب چون نوش شود   پسته را خنده فراموش شود

گر سخن را فاعلاتن لب چو نو فعلاتن ش شود فعلن .

"When mention is made of her honey-like lip, the pistachio nut* forgets to smile." In this metre, the 'arúsz and azarb are both makhbún and maḥdzúf.

58. Ramal i musaddas i makhbún i maqṭú'.

فاعلاتن فعلاتن فعلن (twice)

مردمی نرگس او میداند   جادوئی غمزهٔ او افسون داند

مردمی نر فاعلاتن گس او می فعلاتن داند فعلن .

"Her narcissus eye knows what bravery is, and her glance understands formulæ of witchcraft." In this metre, the 'arúsz and azarb are maqṭú'.

59. Ramal i musaddas i makhbún i maqṭú' i musabbagh.

فاعلاتن فعلاتن فعلان (twice)

ای که روی تو حیات جان است   دیده جایت شد و جای آن است

ای ک روی فاعلاتن تو حیات فعلاتن جانست فعلان .

"Thy face is the life of my soul; mine eye has become a place for thee, and this is proper." In this metre, the 'arúsz and azarb are both maqṭú' and musabbagh.

Remarks on the metre Ramal.

Next to the Hazaj, this metre is most employed by Persian poets. The Musamman forms [44] to [52] sound nicest, when there is a natural cæsura after the 2nd foot. Nos. 54 and 56 are Masnawi metres.

The feet فاعلاتن *fá'ilátun* and فعلاتن *fa'ilátun* take occasionally the Taskín (*vide* page 3, note 2), when مفعولن *maf'úlun* is substituted. This ziḥáf is called مشعّث *musha''as*, and is derived either from فاعلاتن *fá'ilátun*, or فالاتن *fálátun*, or فعلاتن *fa'látun*.

* The small mouth of the sweetheart is often compared to the small pistachio nut; hence adjectives like پسته‌لب, پسته‌دهن.

The rule given in [43] would be perhaps clearer, if stated as follows:—When the hashw is makhbún, the first foot may also be makhbún; but if the hashw is not makhbún (i. e., if it has the fundamental foot فاعلاتن), the first foot cannot be makhbún.

Jámí mentions two Murabba' metres, one sálim, i. e., 4 times فاعلاتن ; and another makhbún, i. e., four times فعلاتن fa'ilátun.

60. *Vide the chapter on the Circles.*

THE METRE MUNSARIH (مسرح).

61. MUNSARIH I MUSAMMAN I MAṬWÍ I MAUQÚF.

مفتعلن فاعلن (4 times)

e. g., in the verse of the author—

آنکه دلم صید اوست میرشکار منست   دست بخونم نگار کرده نگار منست
الاّدلم مفتعلن صید اوس فاعلان میرشکا مفتعلن رے صنت فاعلان ه

"She to whose prey my heart has fallen, is my Mír-shikár. She who has stained her hand with my blood, is my beloved." This metre was originally مستفعلن مفعولات (4 times). But مستفعلن, when maṭwí, becomes مفتعلن, as mentioned above [35]. *Waqf* (وقف) means *to recede*, and as a technical term, it expresses that the seventh mutaḥarrik of any foot has become sákin by the throwing away of the final vowel. The foot in which the *waqf* takes place, is called *mauqúf*. If both the *waqf* and *ṭai* are employed, مفعولات *maf'úlátu* becomes مفعلت *maf'úlát*, for which فاعلان *fá'ilán* is substituted. In this metre four feet are maṭwí, and four both maṭwí and mauqúf.

This metre has been called *Munsariḥ*, because انسراح *insiráḥ* means *a flowing; smoothness*, which agrees with the position of the sababs of this metre before the watad, by which means a smooth cadence is produced. Some have taken *insiráḥ* in the meaning *to be stripped of one's garment*, because this metre may be reduced to such an extent, that even two feet are sufficient to form a verse. Thus the sentence من يشترى الباذنجان mayyashtaril-bádinjána—*Who buys egg-plants?*—has the wazn of مستفعلن مفعولات, and would be looked upon by the Arabs as a complete verse. This great reduction has been compared to stripping off one's garment. [Frequent.]

62. Munsariḥ i mus̤amman i maṭwí i maksúf.

مفتعلن فاعلن (4 times)

e. g., in the verse of the author—

ای ز رخت روشنی خانهٔ چشم مرا   چشم و چراغ همه خواجهٔ هر دو سرا

ای ز رخت مفتعلن روشنی فاعلن خانی چش مفتعلن مے مرا فاعلن ۰

"A ray of light from thy cheek falls upon my eye; thou art the eye and the lamp of all, the owner of both worlds." *Kasf* (کسف) means *cutting off the sinew of the heel;* and as a technical term, it expresses the throwing away of the seventh mutaḥarrik of any fundamental foot. The foot thus reduced is called مکسوف *maksúf.* If both the *kasf* and the *ṭai* are employed, مفعولاتُ will be reduced to مفعلا *maf'ʻálá*, for which فاعلن *fá'ilun* is substituted, as it has the tanwín. In this metre, four feet are maṭwí, and four maksúf *and* maṭwí.

This metre may be united with the preceding, the second and fourth feet of each miçrá' being either فاعلاتُ or فاعلن. [Frequent.]

63. Munsariḥ i mus̤amman i maṭwí i majdúʻ.

مفتعلن فاعلاتُ مفتعلن فاعْ (twice)

من نشنیدم که خط بر آب نویسند   آیت خوبی بر آفتاب نویسند

من نشنی مفتعلن دم که خطب فاعلاتُ راب نوی مفاعلن سند فاع ۰

"I do not know that they write letters on the surface of the water; the verse of beauty is written upon the sun." مفعولاتُ becomes by *ṭai* مفعلاتُ *maf'ʻilátu;* for which فاعلاتُ *fá'ilátu* is substituted. *Jad'* جدع means *cutting off the nose*, and as a technical term, it expresses the throwing away of the two sababs of مفعولاتُ (مف and لا), and the changing of the final تُ *tu* to تْ *t*, when لاتْ *lát* remains, for which, however, فاعْ *fá'* is substituted. We might have expected فعل *fa'l*, instead of فاعْ; but it sounds heavy, and the first two letters of the root فعل have been preferred. The foot in which the *jad'* takes place, is called مجدوع *majdú'*. Mauláná Shamsuddín Muḥammad 'Aish of Rai, a famous writer on prosody, remarks that *jad'* is not a suitable name for the above reduction. In this metre, the 'arúẓ and ẓarb are majdú', and the other feet maṭwí. [Frequent].

64. Munsarih i musamman i matwí i manhúr.

مفتعلن فاعلاتُ مفتعلن فع (twice)

چون غم هجران او نداشت نهایت عاقبت اندرو عشق کرد سرایت
چو غم هج مفتعلن ران او ن فاعلاتُ داشت نها مفتعلن یت فع •

"As my sorrow on account of her absence had no end, it has at last made an impression on her." The technical term *nahr* (نحر) expresses that the two sababs and the final ت in مفعولاتُ have been thrown away, when لا *lá* remains, for which فع *fa'* is substituted. Some prefer فل *fál* to فع *fa'*, as فل is an abbreviation of the Arabic فلان, and has a meaning, which فع has not. The foot in which the *nahr* occurs, is called *manhúr*. *Nahr* means *cutting the throat, so that life becomes nearly extinct*, which agrees very well. In this metre, the 'arúz and zarb are manhúr.

This metre may be used united with the preceding. [Frequent].

65. Munsarih i musaddas i matwí.

مفتعلن فاعلاتُ مفتعلن (twice)

شاه جهان باد تا زمانه بود کز کرمش خلق شادمانه بود
شاه جها مفتعلن باد تا ز فاعلاتُ مانه بود مفتعلن •

"May he be the king of the world, as long as time exists, so that nations may rejoice in his kindness." In this metre all feet are matwí.

66. Munsarih i musaddas i matwí maqtú'.

مفتعلن فاعلاتُ مفعولن (twice)

بس که بموییت اسیر شد جانم گر بگذاری گریخت نتوانم
بس کبمو مفتعلن یت اسیر فاعلاتُ شد جانم مفعولن •

"How often has my hand been caught in thy curls; when thou lettest it go, I could not fly." The process *qat'* (قطع), except in the foot فاعلاتن [51], consists in throwing off the sákin of the final watad i majmú' of a foot, and in making the preceding letter a sákin; thus مستفعلن will become مستفعل *mustaf'il*, for which مفعولن *maf'úlun* is substituted, as it has the tanwín.

Remarks on the Metre Munsarih.

Nos. [61] and [62] are often employed. If in [62] we had فعلن, *fa'ilun*, for فاعلن *fá'ilun*, we would have a complete *Pentameter*.

Jámí mentions two Murabba', and an additional Musamman.

1. مربّع مطوی موقوف • مفتعلن فاعلان (twice)

e. g., فصل گل است ای نگار باده گلگون بیار

2. مربّع مطوی مخبون موقوف • مفتعلن فعولان (twice)

e. g., دلبر من کجا رفت وز بر من چرا رفت

For مفعولاتُ, we have by *waqf* مفعولاتْ *maf'úlát*, and by *khabn* [36], معولات *ma'úlát*, for which فعولان is substituted.

3. مثمن مخبون مطوی مکشوف • مفاعلن فاعلن [فاعلان] (4 times)

e. g., صبا سحر چون گذر بطرف بستان فتد زشوق آن گلعذار ز دیده باران فتد

Jámí gives also several examples of Taskín in the foot مفتعلن *mufta'ilun*, which becomes مفتعْلن *mufta'lun*, i. e., مفعولن ; e. g., [61, 62.]

خیز و به بستان خرام کآمده اینک گل مرغ چمن زد نوا می نوش از جام گل

where after the caesura of the 2nd miçra' می نوش از gives مفعولن for مفتعلن.

So also [64]—تا بسلامت بجلّه آمد سلمی حلّه شد از خرّمی چو جنّت طوبی

where آمد سلمی, and جنت طوبی, have both the wazn مفعولن فع *maf'úlun fa'*.

Instead of deriving مفعولن from مفتعلن, we may take it from the original مستفعلن, of which مفعولن is the *maqtú'* form. Hence we may call the metre of the last verse مطوی مقطوع منحور.

No. [66] differs from No. [65] in last foot, which in [66] has the Taskín.

THE METRE MUSZÁRI' (مضارع).

67. Muszári' i Musamman i akhrab.

مفعولُ فاعلاتن (4 times)

e. g., in the riddle of the author, the solution of which is the name *Bahá*,*

سیفی گدا ازان شد در شهر آن پریرو تا روزهای دوران آید بجانب او

سیفیک مفعول دا لزا شد فاعلاتن در شهر مفعول الپریرو فاعلاتن •

"Saifí has become a beggar in the town of this fairy-faced, in order that good times may come to him." The original metre of the Muszári' is

مفاعیلن فاعلاتن (4 times).

The akhrab form of مفاعیلن is مفعولُ ; *vide* [19]. In this metre four feet are akhrab, and four sálim. The word مضارع is derived from مضارعت muszá-

* The solution is unclear.

ra'ut *similarity*, and the metre has been called *the similar*, because it resembles the metre Munsariḥ in this, that the second foot of the original metre of each has a watad i mafrúq, *i. e.*, فاع *fá'i* in the Muszári', and لاتُ *l'tu* in the Munsariḥ. Khalíl, the inventor of the science, called this metre *the similar*, because it resembles the metre Hazaj, the similarity consisting in this, that the watads of both metres stand before the sababs. [This is a frequent metre.]

68. Muszári' i Musamman i Akhrab i Mu'sabbagh.

مفعولُ فاعلاتن مفعولُ فاعلیان (twice)

e. g., in the verse of the author—

گر اعتقاد آں مه با ما کم و زیاد ست   مائیم و مهر رویش مقصود اعتقادست

گر اعت مفعول قاد آں مه فاعلاتن باماك مفعول مو زیاد ست فاعلیان ۰

"Whether my sweetheart has faith in me or not, I shall remain attached to her lovely face; for faith is my object." [Frequent.]

69. Muszári' i Musamman i Akhrab i Makfúf.

مفعولُ فاعلاتُ مفاعیلُ فاعلاتن (twice)

دل بے رخ تو صورت جان را نمی شناسد   جان بے لب تو گوهر کان را نمی شناسد

دل بے ر مفعول خے ت صور فاعلات تجاران مفاعیل میشناسد فاعلاتن ۰

"My heart believes it an impossibility to live without thy cheek; I do not value the precious stones of the mine, without thy (ruby) lip." The *makfúf* forms of فاعلاتن and مفاعیلن are فاعلاتُ *fá'ilátu* and مفاعیلُ *mafá'ílu*, as mentioned above. In this metre the çadr and ibtidá are akhrab, the ḥashw makfúf, and the 'arúsz and szarb sálim.

70. Muszári' i Musamman i Akhrab i Makfúf i Maqçúr.

مفعولُ فاعلاتُ مفاعیلُ فاعلات (twice)

بازم هوای آں لب میگوں گرفته است   معلوم میشود که مرا خوں گرفته است

بازم ه مفعول وای آں ل فاعلات بمیگو گ مفاعیل رفت است فاعلات ۰

e. g., the verse of the author—

"The desire for her red lip has again seized me; it is clear that my blood overpowers me (makes me mad)."

The maqçúr form of فاعلاتن is فاعلات *fá'ilát*; *vide* [44]. [Frequent.]

71. Muzári' i Musamman i Akhrab i makfúf maḥdzúf.

مفعولُ فاعلاتُ مفاعيلُ فاعلن (twice)

e. g., the riddle verse of the author, the solution of which is *Husain*.*

سيفي پري وشي كه تو ديوانهٔ ازو   خواهي مسخر تو شود جز دعا مگو

سيفي پ مفعول ري وشي ك فاعلات تو ديوان مفاعيل ه ازو فاعلن ٭

"O Saifi, if you wish that the fairy who drives you mad, become obedient to you, you must utter nothing but pious wishes." The maḥdzúf form of فاعلاتن is فاعلا *fá'ilá*, for which فاعلن *fá'ilun* has been substituted. [Frequent.]

72. Muzári' i musamman i makfúf i maqçúr.

مفاعيلُ فاعلاتُ مفاعيلُ فاعلات (twice)

گر آن طره هست مشك بما چون نداد بوي   وآن چهره هست ماه چرا دركشيد روي

گرا طرر مفاعيل هست مشك فاعلات بما چون مفاعيل داد بوي فاعلات ٭

"Why did this curl emit no fragrance for me if it be musk; why did she conceal her countenance, if her face be a moon?" In this metre the 'arúsz and szarb are maqçúr, and the other parts makfúf. Should the 'arúsz and szarb be *maḥdzúf*, the metre would be

مفاعيلُ فاعلاتُ مفاعيلُ فاعلن (twice) [Frequent.]

73. Muzári' i musaddas i akhrab i makfúf.

مفعولُ فاعلاتُ مفاعيلن (twice)

اى نازنين كه ماه مني امشب   رحمي بكن چو شاه مني امشب

اى ناز مفعول نين كه ماه فاعلات مني امشب مفاعيلن رحمي ب مفعول كن چشاه فاعلات مني امشب مفاعيلن ٭

"O beloved, thou art my moon to-night; as thou art my king, have compassion to-night!" In this metre the 'arúsz and szarb are sálim; if they were maḥdzúf, the metre would be, by [21], (twice) مفعولُ فاعلاتُ فعولن.

Remarks on the Metre Muzári'.

Wherever, in this metre, مفاعيلُ *mafá'ílu* and فاعلاتُ *fá'ilátu* come together, the Taskín is possible. We would get فاعلاتمفاعيل *fá'ilátum fá'ílu*, for which فاعلاتن مفعولُ

* The solution lies in سيفي پري, which may mean "(put) the syllable سي into (في) پري, but the synonym of پري is جن, or حن, as in riddles the diacritical points do not matter, hence put سي into (في) حن, i. e., حسين.

fá'ilátun maf'úlú may be substituted. Thus, the Akhrab [67] differs from [69] in this Taskín. No. [71] occurs so often with this contraction, that most writers on prosody have made a separate metre of it, calling it اخرب محذوف. Púr Bahá i Jámi—

بیدار شو رسید | بشارت که | یافتست || از چشم زخم حوادث | قطب جهان شفا |
مفعولُ فاعلاتُ | مفاعیلُ | فاعلن || مفعولُ فاعلاتن | مفعولُ فاعلن |

"Be watchful, the good news has arrived that the cynosure of the world has recovered from the evil eye of accidents."

The full name of No. [69] is اخرب مکفوف سالم عروض وضرب.

Jámi mentions two *Musaddas* metres—

1. مکفوف مقصور ٭ مفاعیلُ فاعلاتُ مفاعیل (twice)—

e. g., بنام ایزد ای نگار پریروی   شکر لبِ لاله‌چهر سمن‌بوی

2. مکفوف محذوف ٭ مفاعیلُ فاعلاتُ فعولن (twice)

e. g., خوشا جلوهٔ جمالِ تو دیدن   خوشا صبرا وصالِ تو چیدن

Observe that the Musaddas forms given by Saifi and Jámi are formed from the original Musamman form [67] by dropping the *last* foot فاعلاتن, analogous to the Musaddas metres of the *Munsarih*. In some works on Prosody the Musaddas of the Muzári' is formed by dropping the *second* foot of the original metre [67], when مفاعیلن مفاعیلن فاعلاتن is left. Of this the اخرب مکفوف مقصور would be, مفعول مفاعیل فاعلان. Thus Anwarí, flattering a prince—

گو آصف جم گو بیا ببین   بر تخت سلیمان راستین
پیشش بدل دیو و دام و دد   درهم زدهٔ صفهای حور عین

"Where is Áçaf, the vizier of Sulaimán? tell him to come and see a just Sulaimán upon the throne. Rows of black-eyed Húris are drawn up before him, instead of demons, or tame and ferocious animals."

Jámi and others, however, give this verse as an example of the metre *Qarib* [85 and 86], the original metre of which coincides with the above secondary form of the Muzári'. It is certainly more natural to refer it to the Qarib. The reference to the Muzári' seems to have arisen from a desire to do away as much as possible with the *Persian* metres (Qarib, Jadid, and Mushákil); and hence the assertion of some Prosodians that there exist no qaçidahs or ghazals in these metres, but only single verses.

THE METRE MUQTASZAB (مقتضب).

74. Muqtaszab i musamman i matwí.

فاعلاتُ مفتعلن (4 times)

بالبت چه می طلبم بادهٔ نزد جان چه برد   یا رخت چه عه نگرم بندهٔ پیش خان چه برد
بالبتی فاعلاتُ می طلبم مفتعلن باد نزد فاعلاتُ جا چبرد مفتعلن ٭

"What wine should I ask for, when I have thy lip? What is wine worth in comparison with life? When I have thy cheek, why should I look at the moon; for what is the slave worth in comparison with the master?"

This metre is originally (4 times) مفعولاتُ مستفعلن.

By *tai* these feet become فاعلاتُ مفتعلن *fá'ilátu mufta'ilun*. This metre has been called *muqtazab*, or *cut out*, because it is cut out from the metre Munsariḥ, from which it merely differs in the position of the feet. Some have said that this metre occurs *majzú* in Arabic, *i. e.*, *without the 'arúz and the zarb*, as is indicated by the meaning of جزء jaz, *cutting off*. [Frequent.]

75. Muqtazab i musamman i maṭwí i maqṭú'.

(4 times) فاعلاتُ مفعولن

وقت را غنیمت دان آن قدر که بتوانی حاصل از حیات ای جان یکدم است تا دانی

وقت راغ فاعلات نیست دا مفعولن اندرک فاعلات بتوانی مفعولن

"Value your time as a precious spoil, as highly as you can; O beloved, life is but a moment, learn to understand this." The maqṭú' form of مستفعلن is مفعولن *maf'úlun*. In this metre four feet are maṭwí, and 4 maqṭú.'

Remarks on the metre Muqtazab.

This metre has no Musaddas forms. Metre [75] is useless, as فاعلاتُ مفعولن *fá'ilátu maf'úlun* may be separated into فاعلا تُمفعولن *fá'ilá tumaf'úlun*, *i. e.*, فاعلن مفاعیلن *fá'ilun mafá'ílun*, which is a *hazaj* metre [18]. The latter appellation is preferred

Jámí mentions four *murabba'* metres :—

1. مطوی سالم عروض و ضرب ، فاعلاتُ مستفعلن (twice)

گر شراب گلگون برد ے لب توام خون برد *e. g.,*

2. مطوی ، فاعلاتُ مفتعلن (4 times) نیست چون تو سرو چمن گلعذارو غنچه‌دهن *e. g.,*

3. مطوی مقطوع ، فاعلاتُ مفعولن (twice)* ای نگار سیمین بر در اسیر خود بنگر *e. g.,*

4. مخبون مطوی ، مفاعیلُ مفتعلن (twice) رخت هوش من ببرد لبت خون من بخورد *e. g.,*

مفعولاتُ *maf'úlátu*, by *khabn*, becomes معولاتُ *ma'úlátu*, *i. e.*, مفاعیلُ *mafá'ílu*.

THE METRE MUJTASS (مجتث).

76. Mujtass i musamman i makhbún.

(4 times) مفاعلن فعلاتن

ز دور نیست میسّر نظر بروی تو مارا چه دولتست تعالی الله از قد تو قبا را

ز دورني مفاعلن میسـر فعلاتن نظر برو مفاعلن یتمارا فعلاتن

"I cannot catch a glimpse of thy face from a distance. Good God, what power does thy garment possess, that it embraces thy whole figure!"

The original form of this metre is (4 times) مستفعلن فاعلاتن.

The *makhbún* forms of مستفعلن and فاعلاتن are مفاعلن *mafá'ilun* and فعلاتن *fa'ilátun ; vide* [36] and [43]. This metre has been called *mujtass*, from *ijtisás* to root up ; for its musaddas form

مستفعلن فاعلاتن فاعلاتن

is *rooted up* from the metre Khafíf, from which it only differs in this, that in the Khafíf, the foot مستفعلن stands between the two فاعلاتن ; *vide* [87]. The meaning of *mujtass* is nearly the same as *muqtazab ;* but for the sake of distinction, different names are required, as has been mentioned above in explaining the names *çadr* and *ibtidá.* The student should bear this in mind, should similar cases occur. [Frequent.]

77. Mujtass i musamman i makhbún i musabbagh.

مفاعلن فعلاتن مفاعلن فعلیان (twice)

دلم که سوخت زعشقت چراغ جان منست آن   غبار کز تو رسد نور دیدگان منست آن

دلم کسو مفاعلن خ ز عشقت فعلاتن چراغ جا مفاعلن نمنستان فعلیان ۔

"My heart to which thy love has set fire, is the lamp of my life; the dust which comes from near thee, is the light of my eyes." [Frequent.] For the terms *musabbagh* and *makhbún*, *vide* [15] and [36].

78. Mujtass i musamman i makhbún i maqtú'.

مفاعلن فعلاتن مفاعلن فعلات (twice)

e. g., the verse of the author—

زبسکه درد تو در جان ناتوان منست   هلاک من بود هر که مهربان منست

زبس کدر مفاعلن دتدرجا فعلاتن نناتوا مفاعلن نمنست فعلات ۔

"As my helpless heart is full of sorrow for thee, acts of kindness shewn to me by others are my death." [Frequent.]

79. Mujtass i musamman i makhbún i mahzúf.

مفاعلن فعلاتن مفاعلن فعلن (twice)

e. g., the verse of the author—

شفا چو در قدم تست مبتلای ترا   برون خرام که درد مباد پای ترا

شفا چدر مفاعلن قدمے تس فعلاتن تمبتلا مفاعلن ی ترا فعلن ۔

"As the recovery of the wretched lover lies in the approach of thy foot, come out of thy house—Mayest thou never suffer from a pain in thy foot!" [Frequent.]

80. MUJTASS I MUSAMMAN I MAKHBÚN I MAQṬÚ'.

مفاعلن فعلاتن مفاعلن فعْلن (twice)

e. g., the verse of the author—

اگر چه يار مرا نيست رسم دلداري بدين خوشم كه ندارد بديگري ياري

اگرچ يا مفاعلن ر مرا نيس فعلاتن ت رسم دل مفاعلن داري فعْلن ه

"Although my sweetheart does not follow the usages of courtship, I am satisfied with this, that she loves no one else."

For *maqṭú'*, *vide* [51]. [Frequent.]

81. MUJTASS I MUSAMMAN I MAKHBÚN I MAQṬÚ' I MUSABBAGH.

مفاعلن فعلاتن مفاعلن فعْلان (twice)

e. g., the verse of the author—

چه گويم از سر مستي لبت مي ناب است مرنج از سخن ما كه عالم آب است

چگويمز مفاعلن سر مستي فعلاتن لبت مي مفاعلن ناب است فعلان ه

"Drunk as I am, what shall I say? Thy lip is pure wine; let my words not grieve thee; for I am in a state of intoxication." [Frequent.]

Remarks on the Metre Mujtass.

This metre, like the preceding, has no musaddas forms. The original foot مستفعلن *mustaf'ilun* is generally changed, by *khabn*, to مفاعلن *mufá'ilun*; but the *maṭwí* (مفتعلن *muftá'ilun*) does not occur in this metre.

The *Taskín* takes frequently place in the second foot, when for فعلاتن *fa'ilátun* we get فعْلاتن *fa'látun*, *i. e.*, مفعولن *maf'úlun*, which zihāf is called شعث sha's; *e. g.*, [78]

برمن آمد خورشيد نيكوان شبگير بقد چو سرو صنوبر برخ چو بدر منير

مفاعلن مفعولن مفاعلن فعلات مفاعلن فعلاتن مفاعلن فعلات

Jámí mentions another musamman, and two murabba' metres—

1. مثمّن مشعّث مجحوف ه مفاعلن مفعولن مفاعلن فع (twice)

e. g., اگر گشائي تاري زسنبل تر هميشه آيد باد صبا معطّر

By جحف *jahf*, *stripping off*, Prosodians mean the dropping of the *fá'ilah* فعلا *fa'ilá* in فعلاتن *fa'ilátun* (the *makhbún* form of فاعلاتن *fá'ilátun*), when تن *tun* remains. For تن we substitute فع *fa'*.

2. مربّع مخبون ه مفاعلن فعلاتن (twice) ه مرا كه روي تو بايد زمهر و مه چه گشايد *e. g.*,

3. مربّع مخبون مقصور ه مفاعلن فعلات (twice) ه دلم بتو هست شاد ترا ز من نيست ياد *e. g.*,

THE METRE SARÍ' (سریع).

82. Sarí' i matwí i mauqúf.

مفتعلن مفتعلن فاعلان (twice)

e. g., in the riddle of the author, the solution of which is *Rustam**—

دل که ز خوبان همه غم دیده است   بیشتر از عمر ستم دیده است

دل ک ز خو مفتعلن با هم غم مفتعلن دید است فاعلان ۰

"A heart which has experienced every pain at the hands of sweethearts, has seen more of cruelties than of life." The original metre is

مستفعلن مستفعلن مفعولاتُ (twice)

By *tai* مستفعلن becomes مفتعلن *mufta'ilun*, and مفعولاتُ *maf'úlátu*, by *tai* and *waqf*, فاعلان *fá'ilán*. This metre has been called *sarí'* the quick, because it contains more sababs than watads. [Frequent.]

83. Sarí' i matwí i makshúf.

مفتعلن مفتعلن فاعلن (twice)

e. g., the riddle of the author, the solution of which is *Mír Bábá*†—

کي بود آن دم که ببزم وفا   مي بدل ما کشد آن دلربا

کي بودا مفتعلن دم ک ببز مفتعلن مے وفا فاعلن ۰

"When shall the moment come when my sweetheart, at the banquet of faithfulness, will accept a cup from me!" The *makshúf* form of مفعولاتُ *maf'úlátu* is فاعلن *fá'ilun*, [62]. In this metre the 'arúz and zarb are matwí and makshúf. [Frequent.]

Remarks on the Metre Sarí'.

This metre is مسدس الاصل, *i. e.*, it only occurs as musaddas. It is often employed in Masnawís. Instead of مکسوف *maksúf*, some books on prosody have مکشوف *makshúf*. The *Taskín* in this metre is very common. Kháqání [83]—

حلقهٔ را کم شود از زلف تو   خاتم جم خواهي تاوان آن

مفتعلن مفتعلن فاعلن   مفتعلن مفعولن فاعلان

Or the Taskín may occur in two feet; *e. g.*, (Nizámí)—

بسم الله الرحمن الرحيم   هست کليد درِ گنجِ حکيم

"The words '*bismillah, &c.*' are the key to the door of the treasure (the Qorán) of the All-wise." When scanned—

بسملا مفعولن هرّحما مفعولن نرّحيم فاعلان ۰ هست کلي مفتعلن دے درگن مفتعلن جے حکيم فاعلان ۰

* The word ستم and the ر in عمر give رستم.

† The solution is unclear.

Some books mention a *sari'* form, (twice) مفتعلن مفعولن فاع, which would be مطوی منحور مجدوع ; *e. g.*,

ای گل رویت سنبل‌خیز   حلقهٔ زلفت آتش‌بیز

Jámí adds the following metres:—

1. مخبون مطوی مکسوف ۰ مفاعلن مفاعلن فاعلن (twice)

e. g., نگار من در کار من درنگر   ز جرم بیشمار من درگذر

2. مخبون مطوی مکسوف عروض وضرب ۰ مستفعلن مستفعلن فعلن (twice)

e. g., از عشق تو من در جهان سمرم   خون شد ازین درد نهان جگرم

3. مطوی اصلم ۰ مفتعلن مفتعلن فعلن (twice)

e. g., گر بکشی ور نکشی مارا   نیست غم از سرکشی یارا

By صلم *salm*, Prosodians mean the dropping of لات *lát* in مفعولات, when مفعو *maf'ú* remains, for which فعلن *fa'lun* is substituted.

THE METRE JADÍD (جدید).

84. Jadíd i makhbún.

فعلاتن فعلاتن مفاعلن (twice)

چو قدت گرچه صنوبر کشد سرے   نبود چون قد سروت صنوبرے

چقدت گر فعلاتن چصنوبر فعلاتن کشد سرے مفاعلن ۰ نبود چو فعلاتن قد سروت فعلاتن صنوبرے مفاعلن ۰

"Although the pine rises like thy figure, there is no pine like thy cypress figure." This metre is originally (twice) فاعلاتن فاعلاتن مستفعلن, which feet become by *khabn* فعلاتن *fa'ilátun*, and مفاعلن *mafá'ilun*. The metre has been called *Jadíd*, or *the new* metre, because it is one of the *modern* metres; for which reason it has also been called بحر غریب, *the rare metre*. It is said to have been established by *Buzurjmihr*.

THE METRE QARÍB (قریب).

85. Qaríb i makfúf.

مفاعیلُ مفاعیلُ فاعلاتن (twice)

e. g., the verse of the author—

خداوند جهان بخش شاه عادل   شهنشاه جوان بخت راد لاصل

خداوند مفاعیل جهان‌بخش مفاعیل شاه عادل فاعلاتن ۰ شهنشاه مفاعیل جوان بخت مفاعیل راد لاصل فاعلاتن ۰

"A lord, a liberal, a just king; a king of kings, fortunate, generous, perfect." This metre is originally (twice) مفاعیلن مفاعیلن فاعلاتن.

The first two feet are *makfúf* [20], and the 'arúz and zarb are *sálim*. If the latter were *maqçúr*, the metre would be مفاعیلُ مفاعیلُ فاعلاتْ, or, if *mahdhúf*, مفاعیلُ مفاعیلُ فاعلن.

This metre has been called *qaríb*, or *near*, because, like the preceding, it is *modern*. Some say that it was established by Mauláná Yúsuf of Níshápúr, who is the first writer on Persian prosody, and who lived about 200 years after Khalíl. Others say that the metre was called *the near one*, because it comes *near* the hazaj and muzári'.

86. Qaríb i akhrab i makfúf.

مفعولُ مفاعیلُ فاعلاتن (twice)

تا طبع رهي برقرار باشد　　　　مدّاح در شهريار باشد

تا طبع مفعول رهي برق مفاعيل رار باشد فاعلاتن مدّاح مفعول درِ شهر مفاعيل يار باشد فاعلاتن ●

"As long as your slave retains the same nature, he shall be the eulogist of the door of the king." In this metre the çadr and ibtidá are akhrab, the hashw makfúf, and the 'arúz and zarb sálim. If the latter were mahdhúf, the metre would be (twice) مفعولُ مفاعیلُ فاعلن.

THE METRE KHAFÍF.

87. Khafíf i makhbún.

فاعلاتن مفاعلن فعلاتن (twice)

ای صبا بوسه زن ز من در او را　　　　ور نرنجد لب چو شکّر او را

ای صبا بو فاعلاتن سه زن ز من مفاعلن در او را فعلاتن ● ور نرنجد فاعلاتن لبِ چشک مفاعلن کر او را فعلاتن ●

"O zephyr, impress a kiss from me on her door; and, should she not be angry, upon her sweet lip." This metre is originally

فاعلاتن مستفعلن فاعلاتن (twice),

the last two feet of which are, in the above metre, makhbún, whilst the çadr and ibtidá are sálim. But they may be makhbún, when the metre is فعلاتن مفاعلن فعلاتن. The last foot may also be *musabbagh*, فعلاتن مفاعلن فعلیان. This metre has been called *khafíf*, or *the light one*, because it is the lightest of the metres, as in each foot of the original metre, the watad i majmú' is surrounded by two sabab i khafífa. Some think that this metre has been called *the light one*, because proper names of many letters can be used in no other metre but this, as—

خواجه عبدالرحمن ما در کتابت   همچو عبدالحمید ابن العمید ست

خاج عبدر فاعلاتن رحمان ما مستفعلن در کتابت فاعلاتن • همچ عبدل فاعلاتن
حمید اب مفاعلن نل عمید ست فاعلیان •

"The Khwájah 'Abdurrahmán in my letter is like Abdulḥamíd, son of Ibnu'l'amíd.

88. Khafíf i makhbún i maqçúr.

فاعلاتن مفاعلن فعلات (twice)

ماه رویا بخون من مشتاب   کشتن عاشقان که دید صواب

ماه رویا فاعلاتن بخون من مفاعلن مشتاب فعلات •

"O beloved, do not hasten to kill me. Who ever thought it a meritorious work to kill a lover?" [Frequent.]

89. Khafíf i makhbún i maḥdhúf.

فاعلاتن مفاعلن فعلن (twice)

e. g., in the verse of the author—

گفتمش چیست بے تو چارهٔ ما   رفت در قهر و گفت مرگ و بلا

گفتمش چي فاعلاتن س بے تچا مفاعلن ره' فعلن •

"I said to her, "There is no help for me, except through thee. She got into a passion, and said, "Death and ruin!" [Frequent.]

90. Khafíf i makhbún i maqṭú'.

فاعلاتن مفاعلن فعْلن (twice)

e. g., in the verse of the author—

با تو کی درد ما توان گفتن   این سخن را کجا توان گفتن

باتكي در فاعلاتن د ما توا مفاعلن گفتن فعْلن •

"How can I speak to thee about my sorrow; how can I mention such a word to thee?" [Frequent.]

91. Khafíf i makhbún i maqṭú' i musabbagh.

فاعلاتن مفاعلن فعْلان (twice)

e. g., in the riddle of the author, the solution of which is *Dáúd*,*

از طبائع هرانچه موجودست   آدمي زان میانه مقصودست

از طبایع فاعلاتن هرا چمو مفاعلن جودست فعلان • آدمي ز فاعلاتن میان مق
مفاعلن صودست فعلان •

"Various as the natures may be which are found in the world, man is God's immediate purpose." [Frequent.]

* The solution is not clear.

REMARKS ON THE METRE KHAFIF.

This metre, like the Sari', occurs as *musaddas*, and is very often used. Nos. [88] to [91] are *Mamawi* metres; in all of them the first foot may be فعلاتن *fa'ilátun*, instead of فاعلاتن *fá'ilátun*. The foot مستفعلن is generally changed to مفاعلن *mafá'ilun*. The *tai* form مفتعلن *mufta'ilun* does not occur.

Jámi records a single instance of a musamman form of the Khafíf, attempted by Rúdakí in one of his ghazals, of which the matla' is—

گر کند یاری مرا بغم عشق آن صنم　　بتواند زدود زین دل غمخوار زنگِ غم
فاعلاتن مفاعلن فعلاتن مفاعلن　　فعلاتن مفاعلن فعلاتن مفاعلن

"If my sweetheart would assist me in my love grief, she could remove from my afflicted heart the rust of sorrow,"—which would be the reverse of the *Mujtass*. Rúdakí's innovation does not seem to have become generally accepted.

The *Taskin* occurs in the last foot فعلاتن *(fa'ilátun)* of the metre [87], when by *ahe's* we get مفعولن *maf'úlun*; *e. g.*,

وقتِ گل شد هوای گلشن دارم　　ذوق جام و شراب روشن دارم

Jámi mentions also a metre مخبون محجوف مُسبغ—

قدّ چون تیر و طرّا قیر　چشم پر خواب و زلف پرتاب *e. g.*,

"A figure like an arrow and a curl like pitch, a drooping eye and a twisted lock"—of the wazn فاعلاتن مفاعلن فَعِْ. For *mahjúf*, *vide* the remarks on the metre Mujtass.

As the metres mentioned in 55, 57, 83, 89, consist each of eleven syllables, it sometimes happens that a verse may be scanned according to each of them. The following ghazal of Faizi, the second greatest poet of Hindústán, is often quoted a an example:—

ای خم ابروی تو تیغ جفا　　حلقهٔ گیسوی تو دام بلا
خنجر پهلوی تو تیغ اجل　　غمزهٔ بدخوی تو تیر قضا
بستهٔ بازوی تو ترک ختن　　کشتهٔ آهوی تو شیر ختا
در رخ نیکوی تو نور ازل　　در لب جادوی تو سرّ خدا
فتنه زانوی تو دست هوس　　دوختهٔ ابروی تو چشم هوا
خستهٔ هندوی تو فیضیِ زار　　تشنهٔ داروی تو بهر دوا

which may be [35] فاعلن فاعلاتن فاعلاتن or فعلن فعلاتن فاعلاتن [57], or فاعلن مفتعلن مفتعلن [83], or [89] فعلن مفاعلن فاعلاتن.

Observe that the possibility of scanning these verses according to *four* metres is produced by the liberty which poets have of using the Izáfat; تو *tu*; the *wáw* in words like پهلو; and a final ه, either *long* or *short*. *Vide* also the preface to the *Sihr i Halál* by Ahlí of Shíráz, printed at Cawnpore, 1269 A. H.

92. *Vide* the chapter on the circles.

THE METRE MUSHAKIL (مشاکل).

93. Mushákil i makfúf i maqçúr.

فاعلاتُ مفاعیلُ مفاعیلْ (twice)

یار غم شده ام در شب دیجور   زان سبب که نشد روز محن دور

یار غم ش فاعلات د ام درش مفاعیل ب دیجور مفاعیل ٭ زا سبب ك فاعلات نشد روز مفاعیل محن دور مفاعیل ٭

"I have become the companion of sorrow in the darkness of night, because troubles have not gone away from me." This metre is originally—

فاعلاتن مفاعیلن مفاعیلن (twice).

The first two feet become *makfúf*, and the last *maqçúr*. The word *mushákil* means *similar*; and the metre was thus called, because it resembles the Qaríb, from which it only differs in the position of the foot فاعلاتن. This metre is modern.

REMARKS ON THE METRE MUSHAKIL.

Jámí says:—There are more poems of this metre in the *Pahlawí* dialect, than in that of *Fáris*." He gives a *musamman* form—

خیز و طرف چمن گیر با حریف سمن روی   گاه سنبل تر چین و گاه شاخ سمن بوی

فاعلاتُ مفاعیلُ فاعلاتُ مفاعیلْ   فاعلاتُ مفاعیلُ فاعلاتُ مفاعیلْ

"Rise and enjoy the corner of a flower-bed, together with the *saman*-faced beloved; gather sometimes the fresh *sumbal*, and smell sometimes a *saman* branch." Also two *Murabba'* metres—

1. مکفوف ٭ فاعلاتُ مفاعیلْ (twice) ٭ روزگار خزانست باد سرد وزانست e. g.,
2. محذوف ٭ فاعلاتُ فعولن (twice) ٭ سرو لاله جبینی ماه خانه نشینی e. g.,

THE METRE MUTAQARIB.

94. Mutaqárib i musamman i sálim.

This metre has been called *mutaqárib*, because the watads and the sababs closely *follow each other*; for one sabab stands between two watads. Originally the metre is (8) times فعولن.

اگر سرو من در چمن جا بگیرد   عجب باشد از سرو بالا بگیرد

اگر سر فعولن و من در فعولن چمن جا فعولن بگیرد فعولن ٭

"If my cypress stood on the flower-bed, it would be remarkable, if the cypress were to grow up to her." [Frequent.]

95. MUTAQÁRIB I MUSAMMAN I MAQÇÚR.

فعولن فعولن فعولن فعولْ (twice).

e. g., the verse of the author—

مرا کشت آن مه چو هجران نمود ز مرگم خبر بود ازینم نبود

مرا کش فعولن ت ا مه فعولن چ هجرا فعولن نمود فعول ۔

"My sweetheart killed me, when she went way; I felt my death, but not her going." In this metre the 'arúz and ẓarb are maqçúr, and the other feet sálim. [Frequent.]

96. MUTAQÁRIB I MUSAMMAN I MAHDZÚF.

فعولن فعولن فعولن فعل (twice).

e. g., in the verse of the author—

چو آیم بکویت مکن عیب من که بی اختیارم درین آمدن

چ ایم فعولن بکویت فعولن مکن عی فعولن بمن فعل ۔

"If I go to thy street, do not blame me; for I cannot help going thither." The foot فعولن, when *mahdzúf*, becomes فعو *fa'ú*, for which فعل *fa'ál* is substituted. In this metre, the 'arúz and ẓarb are maḥdzúf, and the other feet sálim.

This metre may be united with the preceding; and *generally*, whenever two metres only differ in this, that one ends in فعول *fa'úl*, and the other in فعل *fa'ál*, both may be used in the same verse. [Frequent.]

97. MUTAQÁRIB I MUSAMMAN I ASLAM.

فعْلن فعولن (4 times)

آشوب جاني شوخ جهاني بی اعتقادی نامهرباني

اٰشو فعْلن بجاني فعولن شوخي فعْلن جهاني فعولن ۔

"Thou art the plague of my life, thou art the greatest tease of the world; thou art faithless, unkind." *Salm* ثلم means *to break off*; and when used as a technical term, it expresses that the letter ف *fé* in فعولن has been thrown away. For عولن *'ólun*, which remains, فعْلن *fa'lun* is substituted. The foot in which the *salm* takes place, is called *aslam* اثلم. In this metre four feet are *aslam* and four *sálim*.

98. MUTAQÁRIB I MUSAMMAN I MAQBÚZ I ASLAM.

فعولُ فعْلن (4 times)

کرم نخواني وزم براني دل حزین را بجای جاني

کرم ب فعولُ خاني فعلن وزمب فعول راني فعْلن ۔

"Whether thou callest me, or rejectest me, thou inspirest my sad heart with life." The foot فعولن, by qabz, becomes فعولُ fa'úlu; vide [16]. In this metre four feet are salam, and four maqbúz. Some have writen verses in this metre consisting of *sixteen* feet, as in the following verse of Khwájah 'Içmat of Bukhárá—

زهے دو چشمت بخون مردم گشاده تیر و کشیده خنجر •
رخ چو ماهت صباح دولت خط سیاهت شب معنبر •

زهے د فعولُ چشمت فعلن بخون فعول مردم فعلن گشاد فعول تیرو فعلن کشید فعول خنجر فعلن •

"Thy eyes are arrows aimed, and daggers directed, against the life of men; thy moonlike cheek is an auspicious morning; thy black line a perfumed night."

99. Mutaqárib i musaddas i sálim.

(6 times) فعولن

ز درد جدائي چنانم که از زندگاني بجانم

ز دردے فعولن جدائي فعولن چنانم فعولن • ک از زن فعولن دگانی فعولن بجانم فعولن

"The grief of separation makes me despair of life." If the 'arúz and zarb were *maqçúr*, the metre would be فعولن فعولن فعول; or if *mahdzúf*, فعولن فعولن فعل.

Remarks on the Metre Mutaqárib.

Nos. [95] and [96] are *Masnawí* Metres. The Musaddas forms are very rarely employed. There are no Murabba' metres. Jámí mentions three additional metres—

1. محذوف • فعولن فعل • (4 times) نگارین من جفا میکند بت چین من خطا میکند

Observe the word play in چین and خطا.

2. اثرم • فعلُ فعولن فعْلُ فعولن (twice) • غمزه ٔ را دل نوازي دلشده را چاره سازي

The reduction of فعولن to عولُ 'úlu, *i. e.*, فعلُ fa'lu, is called *sarm*.

3. اثرم مقصور • فعْلُ فعولن فعْلُ فعولْ (twice)

e. g., اي شب زلفت غالیه ساي وي مه رویت غالیه پوش

THE METRE MUTADÁRIK (متدارک).

100 Mutadárik i musamman i sálim.

This metre has been called *Mutadárik*, because its sababs *feel* its watads, from *tadáruk*, *to feel*, *to follow upon the other*. Some say that Abulhasan i Akhfash, who established it, called it *mutadárik*, because it *follows* the metres established by Khalíl. Ahmad, a writer on prosody, calls it *gharíb* غریب. It consists of فاعلن eight times repeated; as—

حسن و لطف ترا بنده شد مهر و مه　　خط و خال ترا مشک چین خاک ره

حسن لط فاعلن فِ ترا فاعلن بند شد فاعلن مهر مه فاعلن ۔

"Sun and moon have become slaves of thy beauty and grace; the dust of the ground has become the musk gatherer of thy line and mole."

101. Mutadárik i musamman i makhbú'n.

(8 times) فعِلن *fa'ilun.*

چو رخت نبود گل باغ ارم　　چو قدت نبود قد سرو چمن

چ رخت فعلن گلبا فعلن غ ارم فعلن ۔

"The rose of the garden of Iram is not like thy cheek; the cypress of the flower-bed does not come up to thy figure." In this metre, all feet are *makhbún*; *vide* [36].

102. Mutadárik i musamman i maqtú'.

(8 times) فعْلن *fa'lun.*

هردم پیشت دارم زاری　　کز غم تا کی زارم داری

هردم فعْلن دارم فعْلن زاری فعْلن ۔

"Every moment I lay my plaint before thee; how long will you keep me wailing?" By *qaf*, فاعلن becomes فاعلْ *fá'il*, for which فعْلن *fa'lun* is substituted, as it has the tanwín; *vide* [66]. The feet of this metre are *maqtú'*. This metre has also been called *Çautunnáqús*, صوت الناقوس, *the sound of the bell.** The following tradition is from Jábir, the Ançárí:—"I accompanied the Amír ul múminín 'Alí ibn i Abú Tálib on his expedition to Syria. One day we passed a Christian cloister, when on hearing the bell ring, the Amír said, 'Does not the bell sound like this?' At these words he repeated some verses on the transitoriness of the world. The first verse was—"Haqqá, haqqá, haqqá, haqqá; çidqá, çidqá, çidqá, çidqá." Thus it is clear that the sound of a Christian bell is in the metre of a *maqtú' Mutadárik* verse.

103. Mutadárik i musamman i makhbú'n i maqtú'.

(4 times) فاعلن فعْل

سنبل سیه بر سمن مزن　　لشکر حبش بر ختن مزن

سنبلے فاعلن سیه فعل بر سمن فاعلن مزن فعل ۔ لشکرے فاعلن حبش فعل بر ختن فاعلن مزن فعل ۔

* The original metre [100] has been appropriately compared to the رکض الخیل, the *galloping of horses.* Regarding [102] vide p. 20, l. 8.

"Do not cast the black *sumbul*-curl over thy *saman*-flower-face ; do not throw the army of Abyssinia (the moustache) on *Khatan* (your beautiful face)." When فاعلن is *makhbún*, it becomes فعلن *fa'ilun*, which by *qat'* becomes فعل *fa'il*, for which فعل *fa'ál* is substituted.

If the metre Mutadárik be used musaddas, the sálim form will be six times فاعلن *fá'ilun* ; if *makhbún*, six times فعلن *fa'ilun* ; if *makhbún i maqtú'*, six times فعْل *fa'al*.

104. *Vide* the chapter on the circles.

METRES PURELY ARABIC.

105. Tawíl i sálim This metre has been called *tawíl*, because it is *the longest* of all metres, as each verse consists of 48 consonants, *i. e.*, more than any other metre. To understand this, we must remember, that Khalíl fixed each of the following eleven metres as musaddas (or at six feet of seven consonants each, *i. e.*, 42 consonants *per verse*)—the *hazaj, rajaz, ramal, munsarih, muzári', muqtazab, mujtass, sari', khafíf, wáfir*, and *kámil* ; and the metre *mutaqárib* at eight feet of five consonants each, *i. e.*, of 40 consonants *per verse* ; and although the metres *madíd* and *basít* were also fixed by him at eight feet, four of *seven*, and four of *five* consonants, *i. e.*, 48 consonants *per verse*, yet the madíd occurs *majzú* in Arabic poetry, which is the same as *musaddas*, vide [74] ; and so likewise the *basít*, if it does occur *majzú'* ; whilst when used musamman, it occurs *makhbún* in the 'arúz and zarb, *i. e.*, of 46 consonants *per verse*. Others say that this metre was called *Tawíl*, because it never occurs *majzú* as other metres, but always musamman. Others again say that it was called *Tawíl*, because the watads of the several feet stand before the sababs, and a watad is *long* in comparison with a sabab. The metre itself is (4 times) فعولن مفاعیلن ; *e. g.*,

دلارام ما را گر بوعده وفا بودے   بخوبی بدے کآخر تسلی بما بودے

دلارا فعولن مارا گر مفاعیلن بوعدہ فعولن وفا بودے مفاعیلن ۔ بخوبی فعولن بدے کآخر مفاعیلن تسلی فعولن بما بودے مفاعیلن ۔

"If my sweetheart had been faithful in keeping her promise, it would at last have consoled me."

Some have given the name of عریض *'ariz* to the opposite arrangement of the feet of the Tawíl, مفاعیلن فعولن (4 times).

106. Madíd i musamman i sálim. This metre has been called *Madíd*, or the *drawn* one, because it is derived, or drawn, from the Ṭawíl, as shown in the chapter on the circles. Some say, it has been called *Madíd*, because the two sababs فا *fá* and تن *(tun)* of the foot with seven consonants have been drawn to both sides of the intermediate watad (علا *'ilá*). This metre is originally (4 times) فاعلاتن فاعلن.

ای دل پر درد را لعل تو درمان شده　　خاک پایت بندو را چشمهٔ حیوان شده

ای دلے پر فاعلاتن درد را فاعلن لعل تو در فاعلاتن ما شدہ فاعلن ٭

"Thy ruby mouth has healed my sorrowful heart; the dust of thy foot has been to me a source of life." From this verse it is clear, that the Madíd sounds more pleasant than the Ṭawíl. If for فاعلن, we use the *makhbún* form فعلن *fa'ilun*, the metre will be فاعلاتن فعلن (4 times), which does not sound so awkward as the original form.

از میان و دهنش تا توان یک سر مو　　زآن نشان باز مده زین سخن هیچ مگو

از میانو فاعلاتن دهنش فعلن تا توایک فاعلاتن سر مو فعلن ٭

"Do not make a single allusion to her waist and mouth, not even the slightest (*pr.* the head of a hair); say nothing of it." The opposite arrangement of the feet of this metre, فاعلن فاعلاتن (4 times), has been called *'Amíq* عمیق.

107. Basíṭ i musamman i sálim.

Basíṭ means *spread out*; and the metre has thus been called, because sabab i khafífs have been *spread out* in the beginning of each of its feet, *i. e.*, two sababs in the feet of seven, and one sabab in the feet of five consonants. The metre is originally مستفعلن فاعلن (4 times).

ای با وصالت دلم شادان ز دور فلک　　هجر تو بر خاطرم چون بر جراحت نمک

ای با وصا مستفعلن لت دلم فاعلن شادا ز دو مستفعلن رے فلک فاعلن ٭ هجرے تو بر مستفعلن خاطرم فاعلن چو بر جرا مستفعلن حت نمک فاعلن ٭

"My heart, in union with thee, rejoices at the vicissitudes of fate; but absence from thee is to my soul like salt on a wound."

108. *Vide* the chapter on the circles.

109. Wáfir i musamman i sálim.

Wáfir means *copious*; and this metre has thus been called on account of the prevalence of the vowels, of which each of its feet contains five. Others say that the metre got this name, because there are *many* poems written in it. The original metre is مفاعلتن (8 times).

چه شد صنما که سوی کسی بچشم رضا ننگری ز رسم جفا نمیگذری طریق وفا نمی سپری

چشد صنما مفاعلتن کسوی کسے مفاعلتن بچشم رضا مفاعلتن نمی نگری مفاعلتن ۔

"What has happened, my idol, that you cast at no one a glance of satisfaction? you do not desist from your cruel ways, nor do you walk the way of faithfulness."

110. Kámil i musamman i sálim.

Kámil means *complete*; and this name has been given to this metre, because it has been put among the circles in the complete manner in which it occurs. Others say that it was called *kámil* on account of its numerous vowels, because a *complete* verse of it contains 40 mutaharriks; and although the *Wáfir* does likewise consist of 40 mutaharriks, it is never employed in its complete form. Others again say, this metre was called *the perfect*, because its zarb occurs in nine different forms, unlike any other metre.

The metre is originally متفاعلن (8 times).*

نه دلش ز رسم جفا گهی بغلط بسوی وفا رود نه وفای او بدو صد جفا ز دل جفاکشِ ما رود

نہ دلش ز رس متفاعلن مجفا گہی متفاعلن بغلط بسو متفاعلن بوفا رود متفاعلن ۔

"Her heart does not even by mistake leave the ways of cruelty for the road of faithfulness; yet her faithfulness (if but once she were faithful) would never be forgotten by my suffering heart, though enduring hundreds of cruelties."

111. *Vide* the chapter on the circles.

THE RUBA'I METRES.

112. The metres of the *Rubá'í* رباعي (or *dúbaití* دوبيتي, or *taránah* ترانه) are modifications of the metre *Hazaj*. They are purely *Persian*. There are altogether 24 Rubá'í metres, consisting of combinations of the following ten words—1. مفاعيلن, 2. مفعولُ, 3. مفاعلن, 4. مفاعيلُ, 5. فعولُ, 6. فعلْ, 7. فاع, 8. فع, 9. مفعولن, 10. فاعلن.

The last nine are modifications of the 1st., *viz.*, 2. مفعولُ *maf'úlŭ*, akhrab [19]; 3. مفاعلن *mafá'ilun*, maqbúz [16]; 4. مفاعيلُ *mafá'ílŭ*, makfúf [20]; 5. فعولُ *fa'úlŭ*, ahtam اهتم, the word *hatm* هتم being the technical term for the *hazf* (مفاعي *mafá'í*) + the qaṣr (مفاع *mafá'*) [20], فعول *fa'úl* being the substitute for مفاع; 6. فعلْ *fa'al*, majbúb مجبوب, *jabb* (جب) being the technical term used to express that the two sababs of مفاعيلن *mafá'ílun* have been thrown away,

* Salmán of Sáwah has some poems in this metre.

when مفا *mafā* remains, for which فعلْ *fa'al* is substituted; 7. فاع *fā'*, azall ازلّ, *azlal* (ازلل) being the technical term for the *hatm* (مفاع) + *kharm* (فاع), [32]; 8. فع *fa'*, abtar ابتر, *batr* (بتر) being the *jabb* (نعل) + *kharm* (عل *'ūl*), for which فع *fa'* is substituted; 9. مفعولن *maf'ūlun*, by *kharm* [32]; 10. فاعلن *fā'ilun*, by *shatr* [18]. For the better arrangement of the various metres two trees have been invented by Khwájah Hasan Qattán, a famous man of Khurásán, which are called *the tree of the Akhrab*, and *the tree of the Akhram-metres*. *Vide* Fig. 6 and Fig. 7. The former (the *Akhrab-tree*) gives those metres whose first foot is مفعولُ *maf'ūlu*, the *akhrab* form of مفاعيلن; and the latter gives those metres whose first foot is مفعولن *maf'ūlun*, the *akhram* form of مفاعيلن. Each tree contains twelve metres. Any four of the twelve *Akhrab*-metres may be used united in one and the same Rubá'í. Thus also the twelve akhram metres. Some maintain that Rubá'ís containing both akhrabs and akhram metres are *not* good. An example of two metres of the Akhrab-tree are given in the following Rubá'í, which contains the date of the composition of this treatise—

سيفي چه رسالهٔ نوشتي دلکش کش هر که بديد شد دل وجانش خوش
اهل دل ازو چو فيضها مي‌يابند بنويس که هست فيضها تاريخش
٨٩٦

"O Saifi, what a pleasant treatise hast thou written! Every one who reads it, will be glad in heart and soul. As sensible people find in it *every grace* (فيضها), write down the word فيضها as the date of the book."* Some have said that there are ten thousand Rubá'í metres, and have quoted among others مفعولُ مفاعلن فعولن فعلن, with the following example— العاشق في هواك ساهٍ ساهر, "The lover in his love for thee is perplexed and wakeful;" but on examination, it will be found that the metre is one of the twenty-four established metres, and the same as مفعولُ مفاعلن مفاعيلن فع.

Remarks on the Rubá'í metres.

I would refer the reader to the introduction to my edition of the *Risálah i Taránah*, Calcutta, 1867. The following table corrects the wrong Rubá'í metres given by Dr. Forbes, in para. 129 of his Persian grammar; by Gladwin in his 'Dissertations on the Rhetoric, Prosody, and Rhyme of the Persians;' and in nearly every edition on Prosody, lithographed or printed in the East.

* ف + ي + ض + ه + ا = 80 + 10 + 800 + 5 + 1 = 896 A. H., = 1491 A. D.

The 21 Rubá'í Metres are best arranged as follows—

	اخرب						اخرم		
1.	مفعولُ	مفاعيلُ	مفاعيلُ	فعولْ	13.	مفعولن	مفعولُ	مفاعيلُ	فعولْ
2.	مفعول	مفاعيل	مفاعيل	فعل	14.	مفعولن	مفعول	مفاعيل	فعل
3.	مفعول	مفاعيلن	مفعول	فعول	15.	مفعولن	مفعولن	مفعول	فعول
4.	مفعول	مفاعيلن	مفعول	فعل	16.	مفعولن	مفعولن	مفعول	فعل
5.	مفعول	مفاعلن	مفاعيل	فعول	17.	مفعولن	فاعلن	مفاعيل	فعول
6.	مفعول	مفاعلن	مفاعيل	فعل	18.	مفعولن	فاعلن	مفاعيل	فعل
7.	مفعول	مفاعيل	مفاعيلن	فاع	19.	مفعولن	مفعول	مفاعيلن	فاع
8.	مفعول	مفاعيل	مفاعيلن	فع	20.	مفعولن	مفعول	مفاعيلن	فع
9.	مفعول	مفاعيلن	مفعولن	فاع	21.	مفعولن	مفعولن	مفعولن	فاع
10.	مفعول	مفاعيلن	مفعولن	فع	22.	مفعولن	مفعولن	مفعولن	فع
11.	مفعول	مفاعلن	مفاعيلن	فاع	23.	مفعولن	فاعلن	مفاعيلن	فاع
12.	مفعول	مفاعلن	مفاعيلن	فع	24.	مفعولن	فاعلن	مفاعيلن	فع

1. The original Rubá'í metre, No. 1, is a modification of [21].

2. The first twelve metres commence with مفعولُ *maf'úlú*, the last twelve with مفعولن *maf'úlun*.

3. All ending in فعولْ *fa'úl* or فعلْ *fa'al* are preceded by a foot ending in ـُ, and all ending in فاع *fá'* or فع *fa'*, are preceded by a foot ending in ن.

4. The student has only to remember Nos. 1. and 5.; the remaining metres are modifications arising from *the use of the Taskín* between the 3rd and 4th feet, the 2nd and 3rd, and between the 1st and 2nd feet. The Taskín between the 3rd and 4th feet is the only difference between metres 1 to 6 and metres 7 to 12, No. 1 corresponding to No. 7, No. 2 to No. 8, No. 3 to No. 9, &c. . Likewise the Taskín between the 3rd and 4th feet is the only difference between metres 13 to 18 and metres 19 to 24, No. 13 corresponding to No. 19, No. 14 to No. 20; &c. Again, the Taskín between the 1st and 2nd feet is the only difference between metres 1 to 12, and metres 13 to 24, No. 1 corresponding to No. 13, No. 2 to No. 14, &c.

5. No. 3. results from No. 1. by Taskín between the 2nd and 3rd feet; thus also, No. 9 from No. 7; No. 15 from No. 13; No. 21 from 19.

6. The four miçrá's of a Rubá'í may consist of *any four* of the 24 metres. On the whole, the *akhram* metres are rarer, as they commence each with four long syllables.

h
e
n
e
ff
n
a
),
r
re
d
ls

a-
s,
o
o
es

so
d-

ve
or

ad
n.
n-
ill
th
ai
ti,

ON THE CIRCLES AND THE RESOLUTION OF THE METRES.

(Saifi, paragraphs 60, 92, 104, 108, 111.)

[60.] As the three fundamental feet مفاعيلن, مستفعلن, and فاعلاتن, are each composed of a Watad i majmú' and two sabab i khafífs, it follows that the fundamental forms of the Hazaj, Rajaz, and Ramal [14, 33, 41] are *equal* in the number of their mutaḥarrik and sákin consonants; each miçra' of these three metres consisting of 28 letters, *viz.* 16 mutaḥarriks, and 12 sákins. If you therefore put these 28 letters in form of a circle, commencing to read from the first watad and stopping at the last sabab, you get مفاعيلن مفاعيلن مفاعيلن مفاعيلن, *i. e.*, the metre Hazaj. And if you leave out the first watad (مفا), commencing to read from عيلن and ending with مفا, you get عيلن‌مفا عيلن‌مفا عيلن‌مفا عيلن‌مفا, which is evidently the same as 4 times مستفعلن, the metre Rajaz. Lastly, if you leave out مفاعي, commencing to read from لن and ending with مفاعي, you get لن‌مفاعي لن‌مفاعي لن‌مفاعي لن‌مفاعي, which is evidently the same as 4 times فاعلاتن, the metre Ramal; (*vide* Figure 1).

This circle has been called *Mujtalabah*, because *ijtiláb* means *transferring from one place to another*, the feet of the three metres Hazaj, Rajaz, and Ramal having been *transferred* to this circle, the foot مفاعيلن from the Ṭawíl, مستفعلن from the Basíṭ, and فاعلاتن from the Madíd. Others derive the name from *jalb* abundance, because the Hazaj, Rajaz, and Ramal metres are *abundant*.

The Persians also call this circle *Mútalifah* مؤتلفه [*vide* 111], because there exists *ulfat* (الفت), or *relationship*, in the composition of their fundamental feet [each consisting of 1 watad and 2 sababs].

The preceding will explain what is meant by the phrase that *the above three metres* result *from one and the same circle.* The technical name for this *resolution* is فك *fakk*, or تفكيك *tafkík*, which means *opening out*.

[92.] The six metres Sarí', Munsariḥ, Khafíf, Muẓári', Muqtaẓab, and Mujtass, may also be referred to one circle, if their musaddas forms be taken. Write مستفعلن مستفعلن مفعولاتُ in form of a circle. This is the Sarí'. Commence to read from the second مستفعلن, and stop at the first, when you will get مستفعلن مفعولاتُ مستفعلن, which is the Munsariḥ. Again, commence with تفعلن of the second مستفعلن, and stop at مس, when you will get تفعلن‌مف عولاتُ‌مس تفعلن‌مس, which is evidently the same as فاعلاتن مستفعلن فاعلاتن,

the metre Khafíf. And if you commence with علن of the second مستفعلن, and stop at مستف, you will get علن مفعو لاتُ مستف علن مستف, which is evidently the same as مفاعيلن فاعلاتن مفاعيلن, the metre Muzári'. Next, if you commence with مفعولاتُ, and stop at the second مستفعلن, you will get مفعولاتُ مستفعلن مستفعلن, the metre Muqtazab. Lastly, if you commence with عولاتُ and stop at مف, you will get عولاتُ مس تفعلن مس تفعلن مف, which is evidently the same as مستفعلن فاعلاتن فاعلاتن, the metre Mujtass. [*Vide* Fig. 2.]

From this we see that, in the Khafíf and the Mujtass, عولاتُ مس stands for مستفعلن, *i. e.* لاتُ for تفعِ, which تفعِ must therefore be a watad i mafrúq; and also that in the Muzári' لاتُ مستف stands for فاعلاتن, *i. e.* لاتُ for فاعِ, which فاعِ must therefore be a watad i mafrúq. [Hence it is customary to write in the Khafíf and Mujtass مستفعِ لن or مس تفعِ لن, instead of مستفعلن, to avoid the breaking up مس تف علن, the *'ain* being taken to *lun*; and similarly in the Muzári' فاعِ لاتن for فاعلاتن; *vide* [9, 3].

[104.] Khalíl had placed the metre Mutaqárib in a circle by itself, and called the circle, for this reason, *Dáirah i munfaridah*; but Abul Hasan i Akhfash derived from it the metre Mutadárik. If you write 4 times فعولن in form of a circle, you have the metre Mutaqárib; but if you commence to read from the first لن and stop at فعو, you will get لن فعو لن فعو لن فعو لن فعو, which is evidently the same as 4 times فاعلن, the metre Mutadárik. *Vide* Fig. 3. This circle has been called متّفقه *Muttafiqah*, because the feet of its two metres are *uniform* متّفق, as they consist each of five letters, *viz.* of one watad i majmú' and one sabab i khafíf. Some call this circle *Mushtabihah*.

[105.] The Arabic metres Ṭawíl, Madíd, and Basíṭ, may also be referred to one circle. Write down in form of a circle twice فعولن مفاعيلن, which is the metre Ṭawíl. If you leave out فعو, commencing with لن, and ending with فعو, you will get لن مفاعي لن فعو لن مفاعي لن فعو, which is evidently the same as twice فاعلاتن فاعلن, the metre Madíd. Lastly, if you commence with عيلن and stop at مفا, you will get عيلن فعو لن مفا عيلن فعو لن مفا, which is evidently the same as twice مستفعلن فاعلن, the metre Basíṭ. [*Vide* Fig. 4.] This circle has been called *Mukhtalifah*, because the feet of its metres are *different*, some consisting of seven, some of five letters. Others see a *difference* in the feet of the three metres themselves. For *Mukhtalifah* some say *Mukhtalafah*.

[111.] The Arabic metres Wáfir and Kámil may also be referred to one circle. Write 4 times مفاعلتن in form of a circle; this is the metre Wáfir. But if you commence to read from the first علتن and stop at مفا, you will get 4 times علتن مفا, which is evidently the same as 4 times متفاعلن, or the metre Kámil. [*Vide* Fig. 5.] This circle is called *Mútalifah*, because there is الفت *ulfat* (relationship) between the feet, each consisting of seven letters, viz., a watad i majmú' and a fáçilah i çughra. Some call this circle *Mutlafiqah*, which has a similar meaning as *Mútalifah*.

The *five* circles just now explained are those which Khalíl invented. He fixed their names, and laid down fifteen original metres; but he arranged the first circle *(Mujtalabah)* in six *arkán*, because he put down the metres of the circle in their musaddas forms, as has been mentioned under the metre Tawíl [105].

Remarks on the Circles.

The circles will not assist the student in mastering Prosody. They are an attempt made by Khalíl to establish harmony between heterogenous metres; the attempt being so far successful as the circles justify his division of words into watads and fáçilahs. Beyond this, we must look upon the circles as prosodical niceties. Many native writers have felt this, and like Saifí, have preferred first to explain the metres, and to give the circles afterwards as a sort of recapitulation; but there are others who, to the greatest inconvenience of the student, have based the whole science on the circles.

Saifí, in his circles, has excluded the Persian metres Mushákil, Jadíd, and Qaríb, as they were not laid down by Khalíl. Other writers, as Jámí, have given them in their treatises. But they must not be put together with the six metres of [92], as Dr. Forbes has done in paras. 124 and 125 of his Persian grammar; for *not all* of the nine metres of his class III. are musaddas, as will be seen from my Table of metres and the explanation of fig. 13; nor has the Doctor proved that the first two syllables of the first epitrite of the Mushákil are a watad i mafrúq, although he has put them below the two last syllables of the second epitrite of the Munsarih, *i. e.* the فاع of the Mushákil stands below the لُنْ of the Munsarih. A mixture of the western and eastern systems will never do.

Native writers have also tried to substitute straight lines for the circles, trees, &c., but have ultimately retained the circles. Saifí says himself in a marginal note, which the reader is requested to add to [60],

فائده بر خط دائره نوشتن اینست که در خط دائره هر حرفی که بنیاد کنند بر حرف مقدّم براو تمام شود بخلاف آنکه اگر بر خط غیر دائره نویسند ۔ منه ۔

"The advantage of a circle lies in this, that the letter with which you begin a metre, is immediately preceded by the letter in which that metre ends," *i. e.* the advantage of circles consists in this, that we need not transfer syllables, as Dr. Forbes has done in his straight lines, from the beginning of a metre to the end of another. Besides it perplexes a student to see the Rajaz derived from the Hazaj, as in Forbes' grammar, by a transfer of *two* syllables, and the Ramal from the Hazaj by the transfer of *one* syllable only, *no reason being given.* But the reason becomes apparent, when Khalíl's division of words into watads and sababs is used, which the Doctor has not adopted.

Fig. 6 and *Fig.* 7 represent the *Rubá'í* trees.

In conclusion I shall mention three kinds of circles given in other treatises on Prosody.

Fig. 8 gives the same as Fig. 1. The letter م means *mutaharrik*, the ا *sákin.* For the Ramal we get 4 times لی‌مقامی, for which the student is supposed to know the proper word. This system which is given in Shamsuddín's *Hadáiq ussanái'*, is very simple.

Very ingenious is the circle given by Jámí in Fig. 9, which corresponds to Fig. 1; but Jámí calls the circle *Mútalifah.* The verse "My cheek is wet with my heart-blood from yearning for thy wine-coloured lip."

رخم تر شد بخونِ دل   ز شوقِ لعلِ میگونت   has the metre [14].

تر شد بخون دل   زشوق لعل میگونت   رخم   commencing with تر, is [33].

شد بخون دل   ز شوق لعل میگونت   رخم تر   commencing with شد, is [41].

Thus also in Fig. 10, where the Mutaqárib [94] and Mutadárik arise out of مکن با من ای بے وفا این جفا را "Do not commit this act of cruelty, you faithless one." The Mutadárik [100] commences with با من.

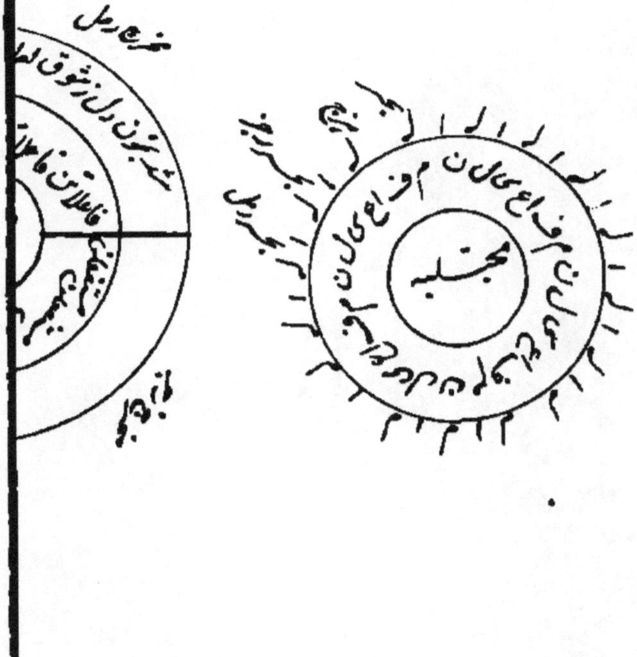

THE TWELVE MODERN METRES.

It was remarked on p. 23 that Khalil laid down *fifteen* metres. The *Mutadárik*, which is ascribed to Akhfash, is not employed by the Persians. Saifí also mentioned two Persian Prosodians, *Buzurjmihr*, who is generally called *Qumí* (from the town of Qum), and *Mauláná Yúsuf* of *Nishápúr*, to whom the metres *Jadíd* and *Qaríb* have been ascribed. A third Prosodian who is occasionally mentioned as a *mushtakhrij*, is *Bahrám of Sarakhs* (a town between Nishápúr and Marw). Later Prosodians also derived new metres from Khalil's circles; but as the new metres were not considered congenial, poets have never made use of them. Of the following twelve, the first three have been given by Saifí. The remaining nine are called *Çarím, Kabír, Nadíl, Qalíb, Hamíd, Çaghír, Açamm, Salím, Hamím*. They are all *musaddas*.

1. مدید مخبون . فاعلاتن فعلن فاعلاتن فعلن [106]
2. عریض . مفاعیلن فعولن مفاعیلن فعولن [105]
3. عمیق . فاعلن فاعلاتن فاعلن فاعلاتن [106]
4. صریم . مفاعیلن فاعلاتن فاعلاتن
5. کبیر . مفعولات مفعولات مستفعلن
6. ندیل . مستفعلن مستفعلن فاعلاتن
7. قلیب . فاعلاتن فاعلاتن مفاعیلن
8. حمید . مفعولات مستفعلن مفعولات
9. صغیر . مستفعلن فاعلاتن مستفعلن
10. اصم . فاعلاتن مفاعیلن فاعلاتن
11. سلیم . مستفعلن مفعولات مفعولات
12. حمیم . فاعلاتن مستفعلن مستفعلن

JÁMÍ'S TREATISE ON RHYME.

With Notes.

Qáfiyah, or *rhyme*, is defined by Persian poets as that which either must be repeated at the end of verses, or which to repeat is agreeable, provided that the repeated part, when pronounced, do not become in meaning independent of the preceding, but be a part of a word, or stand in the place of a part of a word. Some give to the whole last word the name of *qáfiyah*; others restrict this term to the *Rawí* letter (*vide* below).

Radíf is the name given to one or more words which, without alteration, are repeated at the end of all verses. Poems which have a *radíf*, are called *muraddaf*. The introduction of the *Radíf* belongs to the Persians.

The student will find the oriental way of looking at the rhyme very extraordinary, if not perplexing. The difference between our way and the oriental system arises from the fact that orientals, in their grammar, pay neither regard to the division of words into syllables, nor to the accent of words; and their predilection for subtile classifications has led them to analyse the letters of rhyming words rather than to lay down a general rule for rhyming *sounds*.

In order to assist the student in mastering the technical difficulties, I shall apply the Oriental terms to English rhymes.

A. Single accented rhymes. First, words which end in a single consonant, the preceding vowel being short; *e. g.*, fun, sun, &c. These are *perfect* rhymes, because

1. They end in the *same* consonant (*n*).
2. They have before it the *same* vowel (*u*).
3. They have before this vowel *different* consonants (*f*, *s*).
4. Both words have the accent on the rhyming syllable.

This is our general rule for the rhyme; and rhymes which violate one or several of these four conditions, are more or less imperfect. The Persians have only the first and second conditions.

Now the *n* in *fan* and *sun* would be called in Persian the *Rawí* consonant, and the vowel (*u*) before, the *Taujíh* vowel.

Secondly.—Words which (in sound) end in a single consonant with a long vowel before it. *Examples—laugh* (لاف) and *half* (هاف); *sheep* (شیپ) and *deep* (دیپ); *note* (نوت) and *dote* (دوت). In these words, the final پ, ف, and ت, are the *Rawís*, and the preceding ی, و, ا, are called *Ridf*.

Thirdly.—Words that end in two consonants with a short vowel before them. Examples—sand, wand; tint, mint; jump, thump. The last letters (*d, t, p*) are *Rawís*; and the preceding consonants (*n, m*,) are called *Qaid*.

Fourthly.—Words that end in two consonants with a long vowel before them. *Examples*—wield ویلد and field فیلد; bold (بولد) and cold (کولد). The final *d* is the *Rawí*; the long vowels (ی and و) are *Ridfs*; and the second last consonant (*l*) is called *Ridf i zdid*.

The vowels in 2, 3, and 4, are called *Hadzw*.

Fifthly.—Words with grammatical endings, as *bolder, colder*. Observe that the Persians do not look upon them as *double* rhymes. Thus, دیدن and رسیدن rhyme; but as the ن is a mere ending, not radical (*açlí*), the دال is the *Rawí*, and the ن is called *Waçl*. Thus also in *bolder, colder*; the *d* is the *Rawí*, the final *r* the *Waçl*' and the vowel *e*, the *Majrá*. In *boldest, coldest*, *d* is the *Rawí*, *e* the *Majrá*, *s* the *Waçl*, *t* the *Khurúj*. In *belovedst*, the *v* (last radical) is the *Rawí*; *d*, the *Waçl*; *s*, the *Khurúj*; *t*, the *Mazíd*. In *belovedste* (old English plural), the final *e* (*i. e.*, in Persian the consonant ی) is called *Náirah*; and the kasrah which the *t* would have, if *belovedste* be written on Persian characters, is called the *Nafádz*.

B. Double Rhymes. We saw that *bolder, colder*, would not count in Persian, as double rhymes because *er* is a mere grammatical ending. Double rhymes like *mother*, مثر, and *pother*, پثر, are impossible in Persian, because all pyrrhics have in Persian the accent on the last. But *water* واتر and *daughter* داتر are true double rhymes for the Persian, especially because the penultima has a long *accented* a. In fact, a Persian would restrict the word *double rhyme* to those words the penultimas of which have a long Alif. In واتر and داتر, the *r* is the *Rawí*; the long Alif is the *Tásís*, and the intervening *t* is the *Dakhíl*; the Fathah above the د and و is called *Ras*; and the kasrah of the *Dakhíl* ت has the name of *Ishbá'*.

The difference between *Qáfiyah* and *Radíf* is best explained by an example. *Háfiz*, metre [36]—

مطرب خوش‌نوا بگو تازه بتازه نو بنو   بادهٔ دلکشا بجو تازه بتازه نو بنو

The rhyme here lies in *wábigo* and *shábijo*, which words, as Jámí said in his definition of rhyme, ***are not independent in meaning of the other words of the verse***; but ***tázah batázah naw ba naw*** is the *Radíf*, a mere repetition at the end of each verse.

Observe that the word *Radíf* has another meaning. The Diwáns of Arabian and Persian poets are alphabetically arranged according to the last letter of the verses, which is of great service if we have to find out a particular verse. Thus Diwáns commence with poems the verses of which end in *Alif*; then follow the poems with the letter *Bá* at the end of each verse, and so on. Now the final letter of a poem is also called *Radíf*; and the above verse from Háfiz will be found in his Diwán under the Radíf *wáw*.

A. The Consonants of Rhyming Words.

The *Qáfiyah* never extends over more than nine letters, which are given in the following mnemotechnical verse [78]:—

روي وردف و دگر قيد و بعد ازان تاسيس دخيل و وصل و خروج و مزيد و نائره دان

1. *Rawí* is either the last radical *(açlí)* letter of a word in rhyme, or that letter which stands in the place of the *açlí* letter. Thus the *lám* in the following verse [50]—

در ازل نقش تو بر تختهٔ گل ديدهٔ دل ديد و پاي من بے چاره فرورفت بگل

"In the beginning, the eye of my heart saw thy shape on the clay tablet of Fate; and my foot sticks helplessly in the clay."

2. *Ridf* is the name given to the *alif*, *wáw*, and *yá*, which stand before the *Rawí* without an intervening mutaharrik. The vowel before the *Ridf* must be similar to the *Ridf* letter.[1] A *Qáfiyah* which contains the *Ridf*, is called *murdaf*; and if no *sákin* intervenes, the *Qáfiyah* is called *murdaf ba ridf i mufrid*. Thus in the following verse [70]—

اي از بنفشه ساخته گلبرگ را نقاب وز شب طپانچها زده بر روي آفتاب

"O thou who hast thrown a veil of dark violets (curls) over the rose (face), and who hast repelled with night (curls) the face of the sun (thy face)."

But if a *sákin* intervenes between the *Rawí* and the *Ridf*, the *sákin* gets the name of *Ridf i záid*, and the *Qáfiyah* is called *murdaf ba ridf i murakkab*. In such cases, the *Ridf* (the *alif*, *wáw*, or *yá*) is sometimes distinguished by the name of *Ridf i Açlí*. Thus in the following verse (in which ت is the *Rawí*, the خ the intervening *sákin* or *Ridf i záid*, and the preceding Alif the *Ridf* or *Ridf i açlí*) [Rubá' i metre No. I.]—

از بسکه تنم زآتش عشق تو گداخت   نتوان تنم از شمع سحر باز شناخت

" As my frame has melted in the fire of thy love, I mistake my body for the lamp* of the morning."

The Persian language admits of six letters being used as *Ridf i záid*—the خ *kh*, ر *r*, س *s*, ش *sh*, ف *f*, ن *n*.

The following words are examples— ساخت و سوخت و ریخت و کارد و مورد و کاست و پوست و زیست و داشت و یافت و گوشت و کوفت و فریفت و ماند و دانگ.

Now the *yá* and the *wáw* may be either *ma'rúf* (*í*, *ú*, as in *pír* and *núr*), or *majhúl* (*e*, *o*, as in *shor* and *sher*); but it is advisable, if not necessary, to avoid rhymes, one of which has a *ma'rúf Ridf*, and the other a *majhúl Ridf*. Kamál of Içfahán has neglected this rule in the following *Rubá'í* (metres 24, 24, 11, 24), in which he rhymes *neki* with *nazdíkí* and *taríkí*.*

با دل گفتم تو باری ای دل نیکی   کز من دوری بیار من نزدیکی
دل گفت که با دهان و زلفش عمریست   تا میسازم به تنگی و تاریکی

" I said to my heart, 'O heart, thou hast for once been kind to me; for thou hast gone from me and joined the Beloved.' The heart replied, 'O happiness to be near her mouth and her curl! I gladly put up with narrowness and darkness.' "†

But as Arabic words with the *Imálah* are pronounced *majhúl*, we may rhyme them with words that have *majhúl* vowels, as Anwarí has done in the following verse [67]—

تا ماه رویت از من رخ در حجیب دارد   نه دیده خواب دارد نه دل شکیب دارد

" As long as thy face is hidden by the veil, my eye finds no sleep, my heart finds no rest"—where *hijeb* is correctly rhymed with *shikeb*.

[Hence in عین *'ín* (as in *húr i 'ín*), the ی is the *Ridf*, because the vowel of the ع (*Kasrah*) is similar to the *yá*. But in *'ain* عین, the vowel of the ع (*Fathah*) is not similar to the ی, because Fathah corresponds to Alif; hence the *yá* in *'ain* (eye) counts as *Qaid* (*vide* next para.), and not as *Ridf*.

* Lovers light a lamp which is to guide the sweetheart. But the beloved is obstinate and will not come, and the lamp burns in vain till morning.

† This *Rubá'í* is often quoted for its beauty. The mouth of the beloved is small, narrow, and her curls are dark.

* This rule is now-a-days obsolete for the *Írání* Persian, which has discontinued the *majhúl* sounds *e* and *o*; but Túrání and Indian poets still observe it.

But the Rawi may not only be preceded by a sákin *alif*, *yá*, or *wáw*, but also by any other *Sákin* consonants. Such other *sákins* receive the name of *Qaid*, as the *n* in *chang* and *áhang*. The Persian language admits of ten *Qaid* letters—ب *b*, خ *kh*, ر *r*, ز *z*, س *s*, ش *sh*, غ *gh*, ف *f*, ن *n*, ه *h*, as in the following words—

ابر و صبر و تفت و بخت و مرد و درد وبزم و رزم و صست و دست و گشت و دشت
و مغز و نغز و سفت و گفت و پند و بند و چهر و مهر ه

If Arabic words are used in rhyme, the *Qaid* letters ought in both words be the same, as رعد and وعد, فکر *fikr* and بکر *bikr*.*

* Persian Poets allow a slight difference in *Qaid* letters, especially when the difference is apparent to the eye rather than the ear. Thus *Sa'dí* rhymes نهر *nahr* and بحر *bahr*; but he also rhymes عدل *'adl* and فضل *fadl*, which is looked upon as bad, because the Persians pronounce *fazl*.

4. *Tásís* is the name given to an Alif [in the accented *penultima* of a word], between which and the *Rawí* a Mutaharrik intervenes, as موافق and عاشق, *muwáfiq* and *'áshiq*, where the mutaharriks *f* and *sh* intervene between the Alif and the *Rawí q*. When this rhyme goes through a whole poem, the poem is said to possess a *qáfiyah i muassasah*. Thus, in the *Qaçídah* of Kamál of Içfahán, of which the *Matla'* (first verse) is [70]—

اي آنكه لاف ميزني از دل كه عاشقست   طوبي لك ار زبان تو با دل موافقست

"Beware, you mock the lovesick heart—you would be happy indeed, if your words agree with your thoughts."

Persian poets think it nice, if a *Qáfiyah i muassasah* runs through a whole poem the first verse of which has this *Qáfiyah*; but in opposition to the Arabians, they do not think it absolutely necessary.*

* Here the Persian rhyme differs considerably from the English rhyme. We would not rhyme *muwáfiq* with *'áshiq*, but with عافق *'áfiq*. The Persians consider خاور *kháwar* and ياور *yáwar* good rhymes; so مائل *máil* and سائل *sáil*; and تساهل *tasáhul* and تجاهل *tajáhul*. But the consonants intervening between the *Tásís* and *Rawí* may be different, as in موافق and عاشق; کاهل and کامل *kámil*; and though in these words the accent is evidently on the *penultima*, they may even be rhymed with words that have the accent on the *ultima*, *i. e.*, a Persian considers مائل *máil*

and دل *dil*, تسلسل *tasalsul* and بلبل *bulbul*, admissible rhymes. It is not even necessary to keep the *Tásís*; and a Persian poet looks upon خاور *khávar* and گوهر *gauhar* as fair rhymes. The student will observe that in the former cases the accent is violated. To take an English example, a Persian would look upon *wáter* and *detér*, *princes* and *Inverness* as good rhymes. This is barely *Assonance*.

5. *Dakhíl* is the name given to the *Mutaharrik* which intervenes between the *Tásís* and the *Raví*, as the ف and ش in موافق and عاشق.

6. *Waçl* is a letter which is annexed to the *Raví*, as the letter *mím* (pronominal affix) in the following verse [50]—

من بجوی تو هواخواه نسیم سحرم کو ز بوی تو خبر دارد و من بی خبرم

"I envy the morning breeze which wafts away thy perfume. How sad that the breeze perceives thy perfume, and I do not."*

* The Waçl is generally the ي *yá* of abstract nouns; or the ي of the indefinite article; the ي of the second person singular; or pronominal affixes, as م, ت, and ش; or the *Hái Khafí*, as in ناله; the ن of infinitives as in دیدن, in which two last examples (*nálah* and *dídan*) the *lám* and the *dál* are the *Raví* letters.

7. The *Khurúj* is the letter which is annexed to the *Waçl*; as the final *mím* in the following verse [30]—

ما هیچکسان کوی یاریم ما سوختگان خامکاریم

"We are worthless men in the lane of the beloved; we are not consummate lovers."*

* Other examples are—the ي in دیدمی, where the middle *dál* is the *Raví*, the *mím* the *waçl*, and the final *yá* the *khurúj*; or the ت in دیدمست, &c.

8. *Mazíd* is the name given to the letter which is annexed to the *Khurúj*, as the final ش in the following verse [14], (in which the *t* before *shín* is the *Khurúj*, the preceding *sín* the *Waçl*, the preceding *há* the *Raví*; the preceding Alif the *Ridf*, a rhyme of five letters)—

علی عینیه عین الله چه چشمان سیاهستش چه مژگان سنان آسا چه مردافکن نگاهستش

"What black eyes he has—May God's protecting eye rest on his eyes—; what spear-like lashes, what men killing looks!"

9. *Náirah* is the name given to one or more letters annexed to the *Mazíd*, as the *mím* and *shín* in the following verse (Rubá'í metre 12)—

آن مه که بچشم مهر دیدستیمش از جملهٔ نیکوان گزیدستیمش

"That moon which we have beheld with the eye of love, and which we have selected from among the pretty ones."*

* As the Rubá'í is incomplete, the verse has no verb. *Vide* note 4 to my edition of the Rubá'ís of *'Umar-i-Khayyám* (Calcutta, 1870).

Khwájah Naçíruddín of Ṭús in his *Mi'yárulash'ár* gives to everything which stands after the *Waçl* the name of *Radíf*, whether it be an independent word or not.

Observe also that the metre requires *mizhgán* — —, not *mizhagán* ⏑ ⏑ —. The spondaic pronunciation, though even usual in prose, is not given in our dictionaries.

B. The Vowels of Rhyming Words.

The vowels which occur in rhyme are of six kinds. Their technical names are contained in the following verse [90, 89]—

رس و اشباع و حذو و توجیهست   باز مجری و بعد ازوست نفاذ

1. The vowel before the *Tásís* is called *Rass*. As the *Tásís* is an Alif, the *Rass* must be a *Fathah*.

2. The *Ishbá'* is the vowel of the *Dakhíl*, and is generally a *Kasrah*. The *Fathah* and *Szammah* occur likewise. Thus the Fathah in the following verse [by *Zahír i Fáryábí*, metre 71]—

بگذشت ماه روزه بخیر و مبارکی   پرکن قدح ز بادهٔ گلرنگ راوکی

"The month of fasting has passed away under God's blessing; fill again the cup with red, pure wine."*

Or a Szammah, as in the following verse [21]—

ای کشته مرا نرگس شوخت بتغافل   زلف تو گرفتست ز سر رسم تطاول

"Thy bold *Nargis eye* has slain me unawares; thy curl has again adopted cruel turns."

* Observe that *ráwakí* rhymes with *mubáriki*, not *mubárakí*; *vide* below under *Taujíh*.

3. *Hadsw* is the vowel before the *Ridf* and *Qaid*, as the *fathah* above the *káf* and *be* in کار *kár* and بار *bár*; or above the *te* in تخت *takht*. If a *Qáfiyah* in which a *Qaid* occurs, is *mauçúlah*, *i. e.*, if the *Rawí* is followed by a *Waçl*, the *Hadsw* may be different, as in the following Rubá'í of Kamál i Içfahání, in which *áhistah*, *bastah*, and *shustah* rhyme, *t* being the *Rawí*, and the final *h* of these three words the *Waçl* [metre 2, 2, 8, 6]—

گر سوز دلم یک نفس آهسته شود　　از دود دلم راه نفس بسته شود

در دیده ازان آب همي گردانم　　تا هرچه نه نقش تست ازان شسته شود

" If the fire in my heart even for a moment gets low, the smoke (sighs) which rises from my heart suffocates my breath. My eyes water, and my tears wash away everything except thy form "

4. The *Taujíh* is the vowel before a *sákin Rawí*. The *Taujíh* ought to be same in all verses; but when the *Rawí*, in consequence of a *Waçl* following it, becomes *mutaharrik*, the vowel before the *Rawí* may be different; as in a poem by Anwarí, commencing with [45]—

اي مسلمانان فغان از جور چرخ چنبري　　وز نفاق تیرو قصد ماه و سیر مشتري

" O Musalmáns, I complain of the cruelty of the turning orb, of the hypocrisy of Mercury, the untoward aim of the moon, and of the path of Jupiter,"—in which poem *mushtarí*, *admirí*, *'ançurí* rhyme (the *Rawí r* being *mutaharrik*, and accompanied by a *Waçl* (the final ي)."

" Hence پر *par*, a wing, does not rhyme with در *dur* a pearl, because the *Rawí r* is *sákin*, in which case the vowels before must be alike—which is the second condition for a perfect English rhyme. *Vide* under *Iqwá*, p. 88. But Sa'dí rhymes دل *dila*, a heart, with گل *gula* a rose, because the *Rawí* is mutaharrik. The latter would not be admissible in English.

5. The *Majrá* is the vowel of the *Rawí*, and must be the same in all verses of a poem."

" Hence شنبه *shambih* does not rhyme with لنبه *lambah*, because the *Rawí b* has different vowels.

6. *Nafádz* is the name of the vowel of the *Waçl*, when the *Waçl* is followed by a *Khurúj*, as in the following verse (where the *Rawí* of *afkaniyam* and *bishkaniyam* is *n*, the *Waçl* is a *mutaharrik yá*, and the *Khurúj* a *m*), [Rubá'í metres 6, 2]—

تا چند بسنگلاخ غم افکنیم　　وز سنگ ستم شیشهٔ دل بشکنیم

" How long do you cast me on the field of sorrow, and break the bottle of my heart with the stone of your cruelties !"

But in Persian poems, it is not necessary that the *Waçl* should always be *mutaharrik*; it may also be *sákin*, as in the words *nekúwánim* (*vide* p. 13, l. 12,) and *jawánim* in the following verse [30]—

ما عاشق روی نیکوانیم　　دیوانهٔ شکل هر جوانیم

"I am fond of pretty faces, and in love with every youthful figure."

The vowel of the *Khurúj* and the *Mazíd* is likewise called *Nafádz*, as the *mím* and *shín* in the following verse [72]—

تا کی بخون دیده و دل پروریمشان　　از ره برون روند و براه آوریمشان

"How long shall we nourish them with our tears and the blood of our hearts? how often shall they quit the road, and we have to bring them back?"[*]

[*] Jámí says, the *mím* has a vowel; hence we have to pronounce *áwarímishán*, but not *áwarímshán*; just as *jánat* thy life, not *jánt*.*

C. On Faulty Rhymes.

There are four kinds of faulty rhymes. Their technical terms are given in the following *miçrá'* [32]—*Iqwá, Ikfá, Sinád, I'tá.*

1. *Iqwá* denotes a difference in the *Hadzw* and *Taujíh vowels*, as if you would rhyme *jast* and *just*, *dúr* and *daur*, *pur* and *par*, which is bad.[*]

[*] The last letters of these three examples are *Rawís*; the *s* of the first example is the *Qaid*; the *wáw* of the second, the *Ridf*. The vowel in *pur* and *par* is the *Taujíh*; the vowels of the others words are *Hadzw* vowels.

The *Iqwá* is of frequent occurrence.

2. *Ikfá* denotes a change in the *Rawí*, the *Rawí* being interchanged with a letter pronounced with the same part of the mouth, or a part near to it, as when you rhyme احتیاط *iktiyát* (*Rawí* ط) with اعتماد *i'timád* (*Rawí* د); or when letters peculiar to the Persian alphabet are interchanged with the corresponding letters of the Arabic alphabet, as when you rhyme سگ and رگ (*sag* and *rag*) with شك *shakk* or حك *hakk*; or چپ *chap* with طرب *tarab*; or کژ *kazh* with گز *gaz*; or پاچه *páchah* with خواجه *khájah*, &c. Such rhymes are looked upon as very displeasing.[*]

[*] This is looked upon as no fault in English, though against the first condition of a perfect rhyme. We rhyme *fed* and *met*, *nib* and *clip*, *sack* and *bag*.

Other Persian examples would be غیاث *ghiyás* and راس *rás*; صباح *çabáh* and سیاه *siyáh*. Such rhymes cannot occur in Ghazals; in Masnawís greater freedom is allowed. When Sa'di, in the Bustán, rhymes کسب *kasb* with اسپ *asp*, we should write اسب *asb*, according to the I'ránian usage.

* The next two paras. in Jámí have not been translated, because they are of no practical use. The student will find no difficulty in translating them.

3. The *Sinád* is a difference in the *Ridf*, as when you rhyme *zamán* and *zamín*. Arabian poets allow, and frequently employ, the *Sinád*, when the *Ridf* is a *yá* or a *wáw*, as *'amíd* and *'amúd*. [This fault does not occur in Persian.]

4. *I'țá*, or repetition. *I'țá* may be *jalí* (conspicuous), or *khafí* (concealed). *Jalí* examples are *nekútar* rhymed with *zebátar*, or *fusúngar* with *sitamgar*, in which the syllables *tar* and *gar* are merely repeated. So also, if you would rhyme *guftan* and *shanídan*; or plural forms, as *yárán* and *dostán*; or *çifát* and *káinát*; or *lálahá* and *ghunchahá*; or adjective endings, as in *khandán* and *giryán* and *gardán*, *zarrín* and *símín*; or the *yá i tankír*, as *daste* a hand, with *marde* a man; or verbal terminations, as *dihad* and *barad*; and so any other conspicuous repetitions, whether the repetition consist of one or more letters. Poets should never base the rhyme of a *Qaçídah* upon such terminal repetitions; or if they cannot well avoid such rhymes, they should never use them more than twice or three times in the same *Qaçídah*. A limited use has been allowed, and the Persians distinguish such rhymes by the name of *Sháyagán*.

Examples of *Khafí I'țá* are rhymes, as *áb* and *guláb*, which are admissible. Thus, in the following verse, in which *gul áb* rhymes with *guláb* [62]—

ای گل رخسار تو برد زروی گل آب   صحبت گلزارها کرده ببویت گلاب

"Thy rosy cheek has deprived the rose of its splendour, and the society of rosebuds has given thee the perfume of rosewater.""

" If the same words be used in rhyme, but taken in different meanings, we have no defect, but the poetical figure called *Tajnís*.

Another defect in rhyme is called *Tasmín* (تضمین), the rhyme resting on words which, from the meaning of the verse, must be taken to the following *miçrá'* or verse. Thus in the following *Rubá'í* by Amír Khusrau [12, 8, 8, 12]—

در حسن ترا کسی نماند الا   خورشید که هر صبح برون آید تا
خدمت کند و پای تو بوسد اما   نآئی تو بسوی او که تا بوسد پا

"In beauty no one resembles thee, except the sun who rises every morning, in order to serve thee and kiss thy feet;* but thou dost not go to meet him, that he may kiss thy feet." But the Tasmín may be intentional.

A change in rhyme in the middle of a *Qaçídah* or *Qaț'ah* is considered faulty,

* Muhammadans in India like to sleep with their feet towards the East: their head rests thus in the direction of Makkah.

unless the change be designed and pointed out to the reader. Thus in the following *Qaçidah* by Shaikh Âdzari* [78]—

نماز شام که از گردش قضا و قدر   ز بام چرخ بیفتاد خسرو خاور

" When at the time of the evening prayer, according to the order of Providence, the sun, the King of the East, descends from the roof of heaven."

The poet a few verses lower down, continues—

بنای قافیه را یک الف زیاده کنم   بشرط آنکه نگیرند خورده اهل هنر

سوال کردم ازان نوردیدهٔ ابرار   که نی بذات تو آورده کائنات قرار

" I shall now increase the letters of the rhyme by an Alif, provided critics do not object to this fault. I asked him, the beloved of the just, whether he was not the most excellent of all beings."

Such indications of a change in the rhyme are even liked! Observe that in the above verse *qadar*, with the accent on the *ultima*, rhymes with *khâwar*, a word which has the accent on the *penultima*.

Conclusion.

Every rhyme which conforms to the rules, and does not contain anything which is arbitrary, is called *ghair-ma'mûl*, غیرمعمول, *not forced, not practised upon.* But when a rhyme contains anything which is arbitrary, it is termed *ma'mûl*. The latter case is frequently found in compounds with *ast*, as when you rhyme *paidâst* (for *paidâ ast*) with *khwâst* or *râst*. Thus in the following verse [*Rubâ'i metre* 7]—

در آینهٔ روی تو گر گویم راست   انوار تجلّیِ الهی پیداست

" If I am to speak the truth, the rays of God's glory are shining forth from thy face." (For the Tashdid in *tajallí*, *vide* p. 11, 2.)

A more glaring case will be found in a *Qaçidah* by Kamâl of Içfahân, commencing with the verse [70]—

بر تافتست بخت مرا روزگار دست   زآنم نمیرسد بسر زلف یار دست

" Fate has maimed the hand of my luck; hence my hand cannot touch the curl of the sweetheart,"—in which *dast* is a mere *Radîf*, the rhyme being *gâr* and *yâr*. But further on he has the following verse [67, 68].

خصم شقر دلت را قربان کند همی   زآن روی سعد ذابح آهخته کارد ست

" He sacrifices thy timid enemy; and for this reason the *Sa'd i dzâbih* (one of the mansions of the moon) has drawn the knife,"—where *kârdast* stands for

* آذری often wrongly spelt آزری with the z.

kárd ast. But the *d* should belong to *ast*, as the *Qaçídah* has the *Radíf dast.*[16]

[16] Similar examples are شبانه *shabánah* and یا نه *yá nah* (Háfiz); or *parwánah* a moth, and *par wá nah* 'the wing is not open' (Faqír). This separation of words is called *Takhlíl* تخلیل.

The Qaçídah, Ghazal, Qat'ah, Masnawí, Rubá'í, and Takhalluç.

The metre, rhyme, and subject of a poem determine the class to which a poem belongs.

A *Qaçídah* (قصیده) is an ode written in praise (*madh*) of some one, and is a poem of a some length. A *Ghazal* (غزل) is a love poem, much shorter than the preceding, consisting of from five to fifteen verses. For a *Qaçídah* and a *Ghazal*, a poet may choose any metre (except the *Rubá'í* metres). In both the same rhyme goes through the whole poem; and the first *miçrá'* of the first verse, or *matla'*, also rhymes with he second *miçrá'* of the first verse. In point of style, *Qaçídahs* and *Ghazals* must be finished; there ought to be no defects in rhyme, and the language must be pure. All obsolete words, or vulgar expressions, are avoided. Each verse must convey a complete thought. There is no connection between the several verses, which are strung together (نظم) like pearls upon a thread. The thread will make them one necklace; but the value of the necklace lies in the value of each pearl, not in the thread. If two or more verses belong in sense to each other, which occurs oftener in *Masnawís* and *Qat'ahs*, than in *Qaçídahs* and *Ghazals*, the verses are called مقطّع *muqatta'*, which in MSS. is sometimes indicated by a ق being placed in the empty space between the left and the right *Miçrá's* of a poem.

A *Qat'ah*, (قطعه), or as it is pronounced in India, a *Qit'ah*, only differs in rhyme from a *Qaçídah* and *Ghazal*. Moreover a *Qat'ah* may be shorter than a Qaçídah, but must not be less than two verses. If you leave out the first verse of a *Qaçídah* or a *Ghazal*, the remainder is a *Qat'ah*; or if a poet writes a *Qaçídah* and *Ghazal* without rhyming the first *miçrá'* of the first verse with its second *miçrá'*, the poem is a *Qat'ah*. Two or more verses taken from the middle of a *Qaçídah* or a *Ghazal* form a *Qat'ah*. The form of *Qat'ahs* is often chosen for didactic poetry (پند *pand*), as in the *Qat'ahs* of Ibn Yamín; or for verses for children, as the *Niçábuççibyán* by Abú Naçr i Faráhí, &c.

If two poems, whether Ghazals, Qaçídahs, or Masnawís, &c., by different poets, have the same rhyme and metre, the poems are said to be of the same *zamin*, and the later poem is said to be the *jawáb* of the earlier one. Thus the *khamsahs* of Khusrau and Jámi are *jawábs* to the Khamsah of Nizámi, (*vide* below); or the first poem of the Diwán of (Náçir) 'Alí of Agrah,* the great poet of the times of Aurangzeb, is a *jawáb* to the first poem in the Diwán of Háfiz of Shíráz. 'Alí says [14]—

محبّت جادهٔ دارد نهان در خلوت دلها   چو تار سبحه گم گردید این ره زیر منزلها

Love finds a quiet entrance in the recess of the human heart, and there loses its path, as the thread of the rosary loses itself below the beads.

تو چون ساقی شوی درد تنگ ظرفی نمیماند   بقدر بحر باشد وسعت آغوش ساحلها

When Thou, Almighty, hast taken Thy abode in a human heart, its narrowness ceases; the heart expands like an ocean, the shores of which meet in embrace at an infinite distance.

بشمع روشنی این کلبهٔ تار التجا دارد   اگر دل در گداز آید توان حل کرد مشکلها

My gloomy heart yearns for the brightness of Thy glory; and if Thy light melts my heart, its anxieties will dissolve.

تو ره از کثرت اسباب بر خود تنگ میسازی   ادا فهمان چو بوی گل رها کردند محملها

If you cling to the things of the world, you render the road to God narrow; the wise drop all burdens, and rise like the perfume of the rose.

بهفتاد و دو ملّت گردش چشم تو میسازد   بیک پیمانه رنگین کردهٔ یک شهر محفلها

Thou, O God, protectest equally the seventy-two sects of Islám; but thou hast adorned innumerable mansions with one cup (the Qorán).

پس از مردن چو شمع کشته روشن شد حریفانرا   که در هر دیدهٔ بیدار پنهان بود حائلها

It is but after death, as in the case of an extinguished candle, that true friends come to see the screen which surrounds every wakeful eye.†

علی امشب می شیراز در جام و سبو دارد   الا یا ایّها السّاقی ادر کاسا و ناولها

'Alí has to-night Shírázi wine in his cup and jar. Circulate, cup bearer, the goblet and bring it to me.—

The student should compare this poem with the first poem of Háfiz.

Masnawís (مثنوی) are ballads, romances, epics, stories in rhyme. Each miçrá' rhymes with its fellow; but the same rhyme does not go through the whole poem as

* This poet deserves to be better known in Europe than he is at present.

† When a candle is extinguished, its light joins the *kurah i átash*, and finds rest. (The earth is surrounded by excentric spheres (*kurah*), of which each is the house of an element.) As long as the candle burns, the flame is restless; it wants to join the *kurah*; but there are intervening obstacles (*háilhá*). So with the pious man, whose heart yearns for union with God, and never finds rest till after death, when he will see the screen which on earth shut out his eye from the face of the beloved (God).

in *Qaçídahs*, *Ghazals*, and *Qaṭ'ahs*. In *Masnawís* Poets are allowed some freedom in style and rhyme.* The metres for Masnawis are limited to five *bahrs*, called the اوزان پنجگانه *auzán i panjgánah*. They are—the *Hazaj*, *Ramal*, *Sarí'*, *Khafíf*, *Mutaqárib*. With exception of the *Mutaqárib*, all Masnawi metres are *musaddas*. From these five *bahrs*, seven metres have been chosen by Persian poets, as specified below. These metres have been fixed by the usage of the ancient poets, especially by Nizámí.

The *Hazaj*, as native teachers say, is employed for love poetry (عشق); the *Ramal* and *Sarí'* for philosophical poetry (تصوّف and پند); the *Khafíf* for poems of festivity (بزم); the *Mutaqárib* for war-epics (رزم) and poems of festivity (بزم). There are but few exceptions to this rule. Five Masnawis written in these *bahrs*, or in most of these bahrs, constitute a *khamsah*, as the Khamsah by *Nizámí*. To write a *khamsah* in imitation (*jawáb*) of the classics has been, and is, the ambition of many a poet.

The titles of the five Masnawis constituting the *Khamsah i Nizámí* are—

1. *Shírín Khusraw*, written in *Hazaj* (1).
2. *Laili Majnún*, written in *Hazaj* (2).
3. *Makhzanulasrár*, written in *Sarí'* (5).
4. *Haft Paikar*, written in *Khafíf* (6).
5. The two *Sikandarnámahs*, written in *Mutaqárib* (7).

Hence Nizámí's *Khamsah* contains no Masnawí in *Ramal*. Jámí was the first poet that wrote seven Masnawis in the seven metres of the five *bahrs*, viz.,

1. *Yúsuf Zalíkhá*, in *Hazaj* (1).
2. *Laili Majnún*, in *Hazaj* (2).
3. *Salámán Absál*, in *Ramal* (3).
4. *Subhatul Abrár*, in *Ramal* (4).
5. *Tuhfatul Abrár*, in *Sarí'* (5).
6. *Silsilatudzdzahab*, in *Khafíf* (6).
7. *Khiradnámah i Sikandarí*, in *Mutaqárib* (7).

Seven Masnawis written in the seven Masnawí metres constitute a *Sab'ah*. Jámí's *Sab'ah* is often called *Sab'atulhaq*, or *Haft Aurang*. Another famous *Sab'ah* is the *Sab'ah i Sayyárah* by Zalálí.

Khusrau is said to have employed the metres *Rajaz i matwí* (4 times *mufta'ilun*)

* To compose a poem is expressed by *guftan*; hence a poet may be a *Qaçídahgo*, a *Masnawígo*, &c.

and *Mutaqárib i sálim* (4 times *fa'úlun*, [94]) for Masnawis;* but Jámí condemns these two metres as wanting in ease and grace, (*khiffat* and *saláset*).

A few exceptions are worth recording. Firdausi's *Zalikhá*, though a love poem, is written in *Mutaqárib*; hence his *Zalikhá* is disliked. The *Gul i Kushti*, or Rose of Challenge, by Mír Naját, is written in the *Ramal i Musamman*, instead of *musaddas*; but it has escaped the contempt of the critics on account of its philological value, as it embodies many terms of the 'fighting ring.' The Bustán by Sa'dí even is counted by many an exception.

The following are the seven Masnawí metres—

I. *Hazaj.*

1. (فعولن) or مفاعیلن مفاعیلن مفاعیلْ [25]. In this metre are written the *Shírín† Khusrau* by Nizámí, Khusrau, 'Urfí, and Qásimí (Júnábádí); and the *Yúsuf Zalikhá* by Jámí, Názim i Harawí (of Harát), and Ázar (the author of the *Átash-kadah*). This metre is also known under the name of *wazn i shírín khusrau*.

Also, *Farhád Shírín* by Wahshí (completed by Wiçál), *Názir o Manzúr* by Wahshí, the ancient *Wís o Rámín* by Fakhruddín As'ad, *Çifát ul 'Áshiqín* by Hilálí of Astrábád, *Mihr o Mushtarí* by 'Aççár of Tabríz, the ancient *Gulshan i Ráz* by Mahmúd, &c.

2. مفعولن فاعلن فعولن, or (فعولن) مفعولُ مفاعلن مفاعیلْ [30 to 82]. In these metres are written the *Lailí Majnún* by Nizámí, Khusrau, Jámí, Maktabí of Shíráz, Hátifí, Qásimí of Júnábád, Tadzarwí of Abhar, &c.; the *Tuhfatul 'Iráqain* by Kháqání, the *Nal Daman* by Faizí.

II. *Ramal.*

3. فاعلاتن فاعلاتن فاعلن [54 and 65]. In this metre are written—the *Masnawí i Ma'nawí* (by Jaláluddín i Rúmí); *Salámán Absál* by Jámí; the *Pandnámah* of Faríd i 'Attár; the *Mantiq uttair* by Faríd i 'Attár.

4. (فعلان, or فعلن) فاعلاتن فعلاتن فعلات [56 to 59]. Khusrau is said to have been the first that employed this metre for Masnawís. Jámí adopted it for his *Subhatul Abrár*. The first foot occurs occasionally *makhbún*; *vide* the rule p. 45, l. 1. Halákí of Hamadán is also said to have employed this metre. Of all Masnawí metres it is the rarest.

* For his Masnawí entitled *Nuh sipihr*, which, it would appear, contained tales in the usual seven Masnawí metres and the two abovementioned. I have seen no MSS. of this book.

For 4 times *mustaf'ilun* on p. 88, last line, read 3 times *mustaf'ilun*.

† For *Khusrau o Shírín*. In such titles the wáw is generally omitted. Similarly *Lailí Majnún*, *Nal Daman*, &c., for *Nal o Daman*, &c.

Observe that in the preceding Masnawí metre (No. 3) the *Makhbún* form does *not* occur.

III. *The Sarí'.*

5. مفتعلن مفتعلن فاعلن [82 and 83]. Observe that in this metre the last foot فاعلن does *not* occur *makhbún*. In this metre are written—the *Makhzan ul asrár* by Nizámí; the *Matla' ul anwár* and *Qirán us sa'dain* by Khusrau; the *Tuhfat ul ahrár* by Jámí, the *Raudat ul Anwár* by Khwájú of Kirmán; the *Markaz ul Adwár* by Faizí; the *Majma' ul Abkár* by 'Urfí, &c. The beginning verse of Nizámí's *Makhzan* was scanned on p. 55, l. 8 from below.

IV. *The Khafíf.*

6. فاعلاتن مفاعلن فعلات or فعلن [88 to 91]. The first foot may be *makhbún*. Observe that فاعلن *fá'ilun* — ᴗ — does not occur in the last foot. In this metre are written—The *Haft Paikar* by Nizámí; the *Hasht Bihisht* by Khusrau; the *Hadíqah* by Sanáí; the *Silsilat uddzahab* by Jámí (the preface to which contains some valuable information regarding the Masnawís of the Persians); the *Jám i Jam* by Auhadí.

V. *The Mutaqárib.*

7. فعولن فعولن فعولن فعول or فعل [95 and 96]. In this metre are written—the *Sháhnámahs* by Firdausí, Hátifí (in praise of Tímúr), Qásimí of Júnábád (in praise of Sháh Tahmásp), &c.; the two *Sikandarnámahs* by Nizámí; the *Áínah i Sikandarí* by Khusrau; the *Khiradnámah i Sikandarí* by Jámí; the *Bostán* by Sa'dí; and all poems entitled *Sáqínámah*, as the famous *Sáqínámah* by Zuhúrí.

The Rubá'í.

By *Rubá'í* (رباعي, plural رباعيات, in Persian *without* the Tashdíd, from the Arab. رباعي *rubá'í*, *consisting of four*), the Persians denote a short poem of a certain metre and consisting of four hemistichs, *i. e.*, of two distichs, of which three hemistichs, *viz.*, the first, second and fourth, rhyme. Occasionally we find Rubá'ís with four rhymes. The Rubá'í, unlike the *Ghazal*, is not restricted to a particular subject matter. In every good Rubá'í the fourth hemistich, or the whole distich, is either elevated (بلند), or witty and striking (لطيف), or epigrammatical (تيز). The first three hemistichs merely introduce the happy thought of the fourth. This is elegantly expressed by the verse of Mirzá Çáib (metre *Ramal*)—

از رباعي بيت آخر ميزند ناخن بدل   خط پشت لب بچشم ما ز ابرو خوشتر است

"*The last verse of a Rubá'í drives the nail through the heart; the line above the lip is in my opinion better than the eyebrow*"—the two eyebrows being compared to the two upper, and the two sides of the moustache to the two lower hemistichs of a Rubá'í.

For *Rubá'í* we meet occasionally with the names *Chahárbaití* چهاربيتي, *Dubaití* دوبيتي, and *Taránah* ترانه. An Arabic form دبيت *dubait*, plural دبيتات, without a *wáw*, occurs likewise.

'Umar i Khayyám, Abú Sa'íd, Sayyid Muhammad i Fikrí, are well known as *Rubá'í* writers.

Takhalluç.

The name under which a poet is known as a poet is his *takhalluç*. The *takhalluç* is placed after the real name *with the Izáfat*; thus you say *Afzaluddín i Kháqání*. This may be expressed otherwise; *e. g.*, *Afzaluddín Kháqání takhalluç*, without the Izáfat; or *Afzaluddín mutakhalliç bi Kháqání*, with the preposition *bi* and the participle; or *Afzaluddín nám, Kháqání takhalluç*.

In choosing a *takhalluç* poets consult the name of the reigning king, as Sa'dí, who called himself Sa'dí in honor of his sovereign *Atábak Abú Bakr Sa'd*; or they ask their teachers to confer a takhalluç upon them; others take the *takhalluç* from their occupation, as Darwish Bahrám i *Saqqá*, because he was a water-carrier; or Firdausí, because his father was in charge of a garden *(firdaus)*; others take the *takhalluç* from the place where they were born, as *Rúdakí*, the father of Persian poetry (from Rúdak), Jámí from Jám in Khurásán, or *Qudsí* from *Muqaddas*, the epithet of Mashhad. Sometimes poets change their *takhalluç*; thus Faizí called himself towards the end of his life *Fayyází*, when composing the *Nal Daman*, in imitation of the form of the *takhalluç* of his famous brother 'Allámí (Abulfazl).

It is customary with poets to introduce their takhalluç in the last line of *ghazals*; but this custom only obtains from the times of Sa'dí. Before his times, poets either made no use of their *takhalluç*, or introduced it in any verse of the ghazal.

The *Takhalluç*, the Radíf, the Rubá'í, the Ghazal, and the Masnawí, are inventions of the Persians.

Technical terms applied to poems.

Poems or single verses receive peculiar names according to *subject matter* and to *form*.

A. according to subject matter—

1. *Bahárīyah* (بهاريه). A poem in praise of spring.

2. *Dakhl* (دخل), when a poet improves upon a verse of another poet. *Vide* my Aín translation, I, p. 102, note 6.

3. *Fakhriyah* (فخریه), when the poet boasts of his genius.

4. *Firáqiyah* (فراقیه), when the poet complains of separation from the beloved.

5. *Hajw* (هجو), a satire.

6. *Háliyah* (حالیه) or *Shikáyat i rozgár*, when the poet complains of his wretched condition (*hál*).

7. *Kufriyah* (کفریه), when the poet slanders the Prophet, his companions, and uses expressions hostile to the law (*ghair shar'i*).

8. *Marsiyah* (مرثیه). A poem written to the memory of Husain and the battle of Karbalá, generally recited by Shí'ahs during the Muharram. For *Marsiyahs* poets often choose *Tarkíb bands* (*vide* below), the *band* ('chorus') being repeated by the audience.

9. *Mu'ammá* (معمی), a riddle. The riddles of Persian poets are generally so obscure that the poets supply the solutions.

10. *Shahráshob* (شهرآشوب), an invective against the inhabitants of a town.

11. *Shathiyah* (شطحیه), resembles the *Kufriyah*, with this difference that here the heretical phrases are taken metaphorically, no real *kufr* being intended. Thus nearly all çúfic poems are *shathiyáts*, inasmuch as love to God is expressed by desire for wine, and God himself being represented as *sáqí* (pincerna).

12. *Sitáyish i Sakhun* (ستایش سخن). The poet praises the excellence of the gift of speech and poetry. In old Masnawís, we generally find this class of poems in the prefaces.

13. *Táríkh*, *Miçrá's* or whole verses, the letters of which when added according to their numerical value, give the years of an event. A *Táríkh* is called (*a.*) *mutlaq*, when the letters of the *miçrá'*, &c., give exactly the date; (*b.*) *ta'miyah* (تعمیه), when certain numbers are to be added (*dákhilí*) or subtracted (*khárijí*). For examples and other matter, *vide.* p. 8, of the *Miftáhuttawáríkh* (Lucknow edition); *Aín i Akbarí* (my edition, *p.* 280, *l.* 14); *Tabaqát i Náçirí* (Bibl. Indica, *p.* 240).

14. *Wásokht* (واسوخت), *pr.* burning backwards, when the poet returns the pains which the beloved causes him, and threatens that he will go away if the sweetheart continue obstreperous and coquettish. Poems of this kind are generally written in *Ramal i makhbún* [Nos. 49 to 52], and present remarkable difficulties in explanation. Thus—

هوس عشق چو ای سیمبدن خواهی کرد   دل بهر کس که دهی رشك بمن خواهی کرد

When thou, beloved boy, shalt once fall in love, thou wilt be jealous of me, no matter to whom thou givest thy heart. This verse contains the highest eulogy and a threat (*wa'ídkhl*) at the same time. There is no doubt, says the poet, that thou being *my* beloved, art the sweetest in the whole world; hence shouldst thou ever, in the course of time, fall in love, you will have to love an uglier one than I love—this is the threat,—so you had better accept me.

The Diwáns of modern poets are full of *wáscokhts*.

15. *Wiçáliyah* (وصالیه). The poet has reached the object of his wishes, and meets the beloved.

B. According to form—

1. *Musammat* (مسمط). For the different kinds *vide* the *Majma' uççanái'*, or the Dictionary of Technical Terms (printed in the *Bibl. Indica*, p. 667, chiefly taken from the *Majma'*) or the last volume of the Persian Dictionary, entitled *Haft Qulzum*.

2. *Mustazád* (مستزاد). Each line of the poem has a few additional words beyond the length of the metre. The additional words have generally the metre of the last two feet of the poem itself, and have their own rhyme. If a Rubá'í be *mustazád*, the metre of the additional words is subject to all variations of the third and fourth feet of Rubá'í metres; *vide* Badáoni, Bibl. Indica II, p. 273.

3. *Tarjí' band* (ترجیع‌بند). Several ghazals, &c., are joined, and at the end of each, the same line is repeated. The line thus repeated, is called the *band i shi'r* (بند شعر), but has the metre and rhyme of the whole poem. The renowned *Má muqímán* is a *Tarjí' band*. Others may be found in Sa'di's works (Bombay edition, p. 50) among the *Marsiyahs*.

4. *Tarkíb-band* (ترکیب‌بند). It differs from the preceding in this, that the *band* has not the same rhyme as the poem itself, and the several *bands* are different, not merely repeated. The metre of the *bands* is the same as that of the poem. Nor is it necessary that the *bands* themselves should rhyme. For a fine example *vide* the *Tarkíb band* in Badáoni (Bibl. Indica, II, pp. 128 to 132).

Single verses occasionally get separate names, *e. g.*

1. *Shahbait* (شهبیت), the most beautiful verse of a poem.

2. *Maṭla',* the first verse of a *ghazal* or *Qaçídah*.

3. *Gurez* (گریز), or *Takhalluç* (تخلص), or *Iqtiẓáb* (اقتضاب) or turning verse. The poet in the beginning of a *Qaçídah* praises his beloved, and then commences the praise (*madh*) of the Amír, to whom the *Qaçídah* is dedicated.

4. *Fard*, any single verse used as a quotation.

Since the time of Nizámí it has been obligatory for poets to commence *Díwáns*, *Masnawís*, *&c.*, with the *hamd* (حمد), or Praise of God. Then follow the *na't*

(نعت), or praise of the Prophet; the *munájút* (مناجات) or prayer for himself which the poet addressed to God; the *madh i sultán*, or praise of the reigning king; the *sabab i tá'líf* (سبب تاليف), or reason why the book was written; and the *sitáyish i sukhun* (*vide* p. 02, 12).

The collected works of a poet are called *kulliyát* (كليات). It is customary to arrange poems as follows—Qaçídahs, Ghazals, Qaṭ'ahs, Rubá'ís, Masnawís.

In MSS. the *takhallaç* is mostly written in red ink.

Works containing biographical notices on the lives of poets are called *Tadzkirahs* (تذكره).

Hints and Exercises.

The student after having gone through the several metres, may yet find it difficult to discover at a glance the metre of any verse proposed to him. But this difficulty will disappear after a little practice. Moreover, the metres in actual use are few; they have been marked above.

I shall now scan a few verses, in order to show the manner in which native teachers scan. An example had been given above on p. 0. I shall then give the student a few practical hints, which will be of use to him in attempting to discover the metre of any verse, and conclude with a few verses taken from the first chapter of the *Gulistán* the metres of which the student should try to find out himself. If he be unable to do so, let him look to the solutions at the end.

The following verses are taken from the list of poets (تذكره) mentioned by Abulfazl as contemporaries of the Emperor Akbar (1556-1605) in the second book of the *Aín i Akbarí*. The *Nimfathah* (*vide* p. 17) is expressed by an *Italic a*. The nasal n has been left out in scanning. The student ought to be fully acquainted with p. 17.

1. مرا بر ساده لوحيهاي حزني خنده مي‌آيد   كه عاشق گشته و چشم وفا از يار هم دارد

Mará bar sá mafá'ílun, dalauhihá mafá'ílun, yahuzní khan mafá'ílun, damíáyad mafá'ílun, ki'áshiq gasht mafá'ílun, tau chashmé mafá'ílun, wafá az yá mafá'ílun, rá ham dárad mafá'ílun—"*I smile at the simplicity of Huzní; he is in love, and expects his sweetheart to be faithful.*" [14]. *Huzní of Içfahán.*

2. آه ازين سركش كه گر خود را بر آتش ميزنم   غير ازين حرفي نميگويد كه حزني دود چيست

Áhazín sar fá'ilátun, kashkigarkhud fá'ilátun, rá barátash fá'ilátun, mizanam fá'ilun; ghai-razí har fá'ilátun, fé námígo fá'ilátun, yad kihuzní fá'ilátun, dúda chís fá'ilát—"*A sigh over that obstinate sweetheart who, when I throw myself into flames, can but ask, 'Huzní, what is smoke (pain) like?'*"

The hyphen in the first word of the second hemistich shews that there is an *Alif i waçl* (p. 11, l. 1). The first miçrá' is [43]; the second [44].

3. چون سایه همرهیم بهرسو روان شوی   شاید که رفته رفته بما مهربان شوی

Chú sáyá maf'úlú, hamrahíma fá'ilátú, báharsú ravá mafá'ílú, ná shawí fá'ilun; sháyad ki maf'úlú; raftá raftá fá'ilátu, bámámihrba mafá'ílú, bá sháwi fá'ilun—"*Like a shadow I follow you wherever you go; perhaps you may by degrees treat me kindly.*" [71]. *Qásim i Káhí.*

This metre sounds very pleasing, when there is a natural caesura after the second foot—Chúsáya hamrahíma maf'úlu fá'ilátu, &c.

4. شورے شد و از خواب عدم دیده کشودیم   دیدیم که باقیست شب فتنه غنودیم

Shóréshú maf'úlú, dú az khábi mafá'ílú, 'adam dídá mafá'ílu, kushúdím mafá'íl; dídímá maf'úlú, ki báqíst mafá'ílú, shabéfitná mafá'ílu, ghanúdím mafá'íl—"*I heard a noise, and woke up from a sleep of non-existence; I saw the night had not passed, and went again to sleep.*" [20]. *Ghazálí of Mashhad.*

5. امید هست که بیگانگیٔ عرفی را   بدوستیٔ سخنهای آشنا بخشند

Umédu has mafá'ílun, takíbégá fá'ilátun, nagiyyi 'ur mafá'ílun, fírá fa'lun; bádústí mafá'ílun, yi sukhanhá fá'ilátun, yá áshená mafá'ílun, bakhshand fa'lán—"*I hope that people will overlook the strange ways of 'Urfí for the sake of his homely verses.*" [80,81]. *'Urfí of Shíráz.*

6. دم آخر است دشمن بمنش گذار یک دم   که بصد هزار حسرت بتو میگذارم اورا

Dámiákhí fá'ilátú, rasta dushman fá'ilátun, bámánadigú fá'ilátú, zára yakdam fá'ilátun; kibáçad házára hasrat fá'ilátu fá'ilátun, bátú mígusáramúrá fá'ilátu fá'ilátun—"*The last moment is come—O enemy, let me only once embrace her, so that with thousand sighs I may hand her back to thee.*" [46]. *Vide* note to [18]. *Mailí of Herát.*

7. ماییش بهای کم خریدار   نقصان خودیم و زیب بازار

Má bíshá maf'úlú, báháyikam mafá'ílun, khárídár mafá'íl; nuhçáni maf'úlu khudímú zé mafá'ílun, bibázár mafá'íl—"*My value is great, and few can buy me; this is a loss for me, though I am the ornament of the market.*" [30]. *Naziri of Níshápúr.*

8. از امتداد هجران شادم که میتوان کرد   بیگانه‌وار با او آغاز آشنائی

Az imtidádi hijrá maf'úlú fá'ilátun, shádam ki mítuwá kard maf'úlu fá'ilíyán; bégáná wáre bá ú maf'úlu fá'ilátun, ághází áshanáyí maf'úlu fá'ilátun – "*I rejoice in the continuance of our separation: for I become a stranger to her, and can thus again and again make her acquaintance."* [67]. *Qarári of Gílán.*

9. حسن بتان کعبه ایست عشق بیابان او   سرزنش ناکسان خار مغیلان او

Husn i butá mufta'ilun, ka'bé ast fá'ilán, 'ishqe báyá mufta'ilun, báni ú fá'ilun; sarzanishé náká-á mufta'ilun fá'ilun, khárimughí lán i ú mufta'ilun fá'ilun—*The beauty of the fair ones is the ka'bah, love is the road to it, the cruelties of the wretches (the watchers) are the thorns of the road."* [61 and 62]. *Jalálí of Tabríz.*

10. تو هر رنگی که خواهی جامه می پوش   که من آن جلوهٔ قد می‌شناسم

Tú har rangé mafá'ílun, kikháhí já mafá'ílun, mamípósh mafá'íl; ki man á jal mafá'ílun, wáyéqadmí mafá'ílun, shinásam fá'úlun—*" Put on a dress of any colour you like—I know the splendour of your figure."* [25 and 26]. *Tashbíhí of Káshán.*

11. دیدن و نا دیدنش دل میبرد   اینچنین زیبانگاری دیدهٔ

Didanóná fá'ilátun, didanash dil fá'ilátun, mibarad fá'ilun; ichúnínzé fá'ilátun, bánigárí fá'ilátun, didayí fá'ilun—*" My heart breaks whether I see her or not; have you ever seen such a sweetheart?"* [55]. *Kámi of Sabzwár.*

12. به که گدازم و زنو طرح دل دگر نهم   چند رفوگری کند صبر دل دو نیم را

Bih kigudá mufta'ilun, zámúzánau mafá'ilun, tarhidilé digar niham mufta'ilun mafá'ilun; chande rafú garí kunad mufta'ilun mafá'ilun, çabre dilé dunímará mufta'ilun mafá'ilun—*" It is better that I dissolve, and then lay the foundation of a new heart; how often shall I patch up my broken heart?"* [26]. *Faizí.*

13. فیضی از قافلهٔ کعبه‌روان بیرون نیست   اینقدر هست که از ما قدمی در پیش است

Faiziyazqá fá'ilátun, filayé ka' fá'ilátun, baráwá bé fá'ilátun, rú nis fa'lán; inqadar has fá'ilátun, tikiazmá fá'ilátun, qadamé dar fá'ilátun, pishast fa'lán—*" Faizí is not outside the pale of the pilgrims; he is outside, inasmuch as the caravan is a step in advance of him."* [52].

In trying to discover the metre of the verses given below, the student may find the following rules of use.

1. Look at the first two syllables of the verse.

2. If both are *long*, the verse commences, in all probability, with مفعول *maf'úlu.*

3. If both are *short*, take فعلاتن *fa'ilátun* (Ramal).

4. If the first syllable is *short*, and the second *long*, try مفاعلن *mafá'ilun*, مفاعیلن mafá'ílun, and فعولن *fa'úlun.*

5. If the first is *long*, and the second *short*, try فاعلاتن *fá'ilátun*, مفتعلن *mufta'ilun*, فاعلن *fá'ilun*.

6. If the first *rukn* (foot) has been discovered, a knowledge of the *frequent* metres will suggest the metre of the verse.

7. If the first *miçrá'* does not suggest the metre, try the second.

8. Think of the Rubá'í metres. The rhyme shews whether two verses belong to a *Rubá'í*.

9. The student can generally see from the *length* of a verse, whether the metre is *musamman*, or *musaddas*. If the verse looks short, try the *Masnawí* metres. In *Masnawís* the rhyme will be of assistance, as both *miçrá's* rhyme.

Exercises for practice, taken from the first chapter of Sa'dí's Gulistán.

1. وقت ضرورت چو نماند گریز　　دست بگیرد سر شمشیر تیز
2. هر که شاه آن کند که او گوید　　حیف باشد که جز نکو گوید
3. جهان اي برادر نماند بکس　　دل اندر جهان آفرین بند و بس
4. بس نامور بزیر زمین دفن کرده اند　　کز هستیش بروي زمین یك نشان نماند
5. آن شنیدي که لاغر دانا　　گفت روزے بابلهي فربه
6. تا مرد سخن نگفته باشد　　عیب و هنرش نهفته باشد

[پشت من
7. آن نه من باشم که روز جنگ بیني　　این منم کاندر میان خاك و خون بیني سرے
8. اي که شخص منت حقیر نمود　　تا درشتي هنر نپنداري
9. کس نیاید بزیر سایهٔ بوم　　ور هما از جهان شود معدوم
10. نیم نانے گر خورد مرد خدا　　بذل درویشان کند نیمے دگر
11. درختے که اکنون گرفتست پاي　　بنیروي مردے برآید زجاي
12. قرص خورشید در سیاهي شد　　یونس اندر دهان ماهي شد
13. پرتو نیکان نگیرد هر که بنیادش بدست　　تربیت نا اهل را چون گردکان برگنبدست
14. ابر گر آب زندگي بارد　　هرگز از شاخ بید بر نخوري
15. پسر نوح با بدان بنشست　　خاندان نبوتش گم شد
16. داني که چه گفت زال با رستم گرد　　دشمن نتوان حقیر و بیچاره شمرد

ديدیم بسے آب ز سرچشمهٔ خرد　　چون بیشتر آمد شتر و بار ببرد

17. عاقبت گرگ زاده گرگ شود　　گرچه با آدمي بزرگ شود
18. شمشیر نیك ز آهن بد چون کند کسے　　ناکس به تربیت نشود اي حکیم کس

19. زمین شوره سنبل بر نیارد   در او تخم عمل ضایع مگردان
20. بالای سرش ز هوشمندی   می‌تافت ستارهٔ بلندی
21. کودکی کو بعقل پیر بود   نزد اهل خرد کبیر بود
22. توانم آنکه نیازارم اندرون کسی   حسود را چه کنم کو ز خود برنج درست
23. هرکه فریادرس روز مصیبت خواهد   گو در ایام سلامت بجوانمردی کوش
24. همان به که لشکر بجان پروری   که سلطان بلشکر کند سروری
25. پادشاهی که روا دارد ستم بر زیردست   دوستدارش روز سختی دشمن زورآور است
26. ای سیر ترا نان جوین خوش ننماید   معشوق منست آنکه بنزدیک تو زشتست
27. فرقست میان آنکه یارش در بر   با آنکه دو چشم انتظارش بر در
28. از آن کز تو ترسد بترس ای حکیم   وگر با چو او صد برآیی بجنگ
29. ظالمی را خفته دیدم نیم روز   گفتم این فتنه ست خوابش برده به
30. ما را بجهان خوشتر ازین یکدم نیست   کز نیک و بد اندیشه و از کس غم نیست
ای آنکه باقبال تو در عالم نیست   گیرم که غمت نیست غم ما هم نیست
31. قرار بر کف آزادگان نگیرد مال   نه صبر در دل عاشق نه آب در غربال
32. ابلهی کو روز روشن شمع کافوری نهد   زود باشد کش بشب روغن نباشد در چراغ
33. بروی خود در اطماع باز نتوان کرد   چو باز شد بدرشتی فراز نتوان کرد
34. مرغ جائی پرد که چینه بود   نه بجائی رود که چی نبود
35. زر بده مرد سپاهی را تا سر بدهد   وگرش زر ندهی سر بنهد در عالم
36. درین امید بسر شد دریغ عمر عزیز   که آنچه در دلم است از درم فراز آید
37. کوس رحلت بکوفت دست اجل   ای دو چشمم وداع سر بکنید
38. درویش و غنی بندهٔ این خاک درند   آنانکه غنی‌ترند محتاج‌ترند
39. بجاروان توانا و قوت سردست   خطاست پنجهٔ مسکین ناتوان بشکست
40. بنی آدم اعضای یکدیگرند   که در آفرینش ز یک جوهرند
41. آنانکه بکنج عافیت بنشستند   دندان سگ و دهان مردم بستند
کاغذ بدریدند و قلم بشکستند   از دست و زبان حرف‌گیران رستند
42. اگر صد سال گبر آتش فروزد   چو یکدم اندران افتد بسوزد
43. تو بر سر قدر خویش میباش و وقار   بازی و ظرافت بندیمان بگذار
44. بس گرسنه خفت و کس ندانست که کیست   بس جان بلب آمد که برو کس نگریست
45. به بین آن بی‌حمیت را که هرگز   نخواهد دید روی نیکبختی
46 راستی موجب رضای خداست   کس ندیدم که گم شد از ره راست

47. بدریا در منافع بی شمار است   وگر خواهی سلامت برکنار است
48. دوست مشمار آنکه در نعمت زند   لاف یاری و برادرخواندگی
49. منشین ترش تو از گردش ایام که صبر   گرچه تلخست ولیکن بر شیرین دارد
50. یا دربهر دو دست کند خواجه درکنار   یا موج روزی انگندش مرده بر کنار
51. ندانستی که بینی بند بر پای   چو در گوشت نیاید پند مردم
52. اگر ز باغ رعیت ملک خورد سیبی   برآورند غلامان او درخت از بیخ
53. آتش سوزان نکند با سپند   آنچه کند دود دل دردمند
54. حاصل نشود رضای سلطان   تا خاطر بندگان نه جوئی
55. نه هرکه قوت بازو و منصبی دارد   بسلطنت بخورد مال مردمان بگزاف
56. پیش که برآورم ز دستت فریاد   هم پیش تو از دست تو میخواهم داد
57. همچنان در فکر آن بیتم که گفت   پیلبانی برلب دریای نیل
58. هرچه برد برسرم چون تو پسندی رواست   بنده چه دعوی کند حکم خداوند راست
59. صلح با دشمن خود کن وگرت روزی او   در قفا عیب کند در نظرش تحسین کن
60. آنرا که بجای تست هردم کرمی   عذرش بنه ار کند بعمری ستمی
61. یا وفا خود نبود در عالم   یا مگر کس درین زمانه نکرد
62. دریاب کنون که نعمتت هست بدست   کین نعمت ملک میرود دست بدست
63. دوران بقا چو باد صحرا بگذشت   تلخی و خوشی و زشت و زیبا بگذشت
64. خلاف رای سلطان رای جستن   بخون خویش باشد دست شستن
65. غریبی گرت ماست پیش آرد   دو پیمانه آب است و یک چمچه دوغ
66. نه مردست آن بنزدیک خردمند   که با پیل دمان پیکار جوید
67. دو بامداد گر آید کسی بخدمت شاه   سوم هرآینه در وی کند بلطف نگاه
68. چه جرم دید خداوند سابق الانعام   که بنده در نظر خویش خوار میدارد
69. چو کعبه قبلهٔ حاجت شد از دیار بعید   روند خلق بدیدار او بسی فرسنگ
70. قارون هلاک شد که چهل خانه گنج داشت   نوشیروان نمرد که نام نکو گذاشت
71. ماری تو که هرکرا ببینی بزنی   یا بوم که هرکجا نشینی بکنی
72. بدست آهک تفته کردن خمیر   به از دست بستن به پیش امیر
73. عمر گرانمایه درین صرف شد   تا چه خورم صیف و چه پوشم شتا
74. تشنهٔ سوخته در چشمهٔ حیوان چو رسد   تو مپندار که از پیل دمان اندیشد
75. این همه هیچست چون می بگذرد   بخت و تخت و امر و نهی و گیر و دار
76. مرا بمرگ عدو جای شادمانی نیست   که زندگانی ما نیز جاودانی نیست

Solutions to pp. 97 to 99.

1. [82]. The metre shows that نمانَد is the *present*, not the *past* tense. 2. [90]. What is the rhyme? Why is نیکو impossible?—3. [96]. Why not [95]?—4. [70]. The metre shews that نماند is the *past* tense.—5. [90]. The metre shews that لاغر has the *Izáfat*; and generally, the metre will shew the Izáfat in all cases when the *Izáfat* is *long*. This is of great assistance.—6. [31].—7. [45]. The words *roi* and *miyán* have the *Izáfat*, *ob metrum*. 8. [88, 90]. 9. [88, 91]. 10. [55]. 11. [95]. 12. [90]. 13. [44].—14. [90, 88]. Show that the full form اگر would be admissible instead of the form گر, (*vide* p. 11, l. 1).—15. [88, 90]. If we pronounce *binshast*, instead of *binishast*, the metre is [91].—16. A Rubá'í [11, 5, 1, 1]; *vide* p. 68. If in the second *miçrá'* we read *natwíy*, instead of *nátúwíy*, the metre will be 17, which stands opposite to 5.—17. [89].—18. [71].—19. [20]. As the final ن in مکردان is thrown away in scanning, the second miçrá' cannot be [25]; but some Prosodians do not throw away the *nún i ghunnah* at the *end* of *miçrá's*, in which case we would have [25]. The absence of rhyme shews that this verse could not belong to a *masnawí*, but to a Qaçídah or Qaț'ah, &c.—20. [31].—21. [80]. The metre compelled Sa'dí to use کو *ko* for که *kih*, which is short; *vide* p. 13, 5.—22. [79, 78]. 23. [51, 52]. 24. [96]. 25. [44, 45]. 26. [21, 20].—27. Rubá'í metre 12.—28. [95]. Observe that the second *miçrá'* has پر, without the final ن; *vide* p. 11, 8.—29. [54], *mustákhdbiçh*, fá'ilátun.—30. A Rubá'í, of which every *miçrá'* has the same metre [7]. The third has the same rhyme as the second. Observe that the *Alif* of بداندیش falls away.—31. [81].—32. [45, 44].—33 [81].—34. [89]. Regarding the rhyme, *vide* p. 86, *l.* 8.—35. An instructive verse. The first *miçrá'* has the *Taskín*, *bi rá'íd* maf'úlun, for *fá'ilátun*; *vide* p. 44, l. 6. from below. The second *miçrá'* is [52], but the first foot also is *makhbún*; *vide* p. 45, l. 1.—36. [78, 80]. The metre shews that امید cannot have *Tashdíd* above the *mím*.—37. [89, 88], *bikufúdan* mafá'ílun.—38. Rubá'í metres [1, 5].—39. [78 or 81]; *vide* p. 13, l. 12.—40. [95]. Observe the *Alif i Waçl* in کجا.—41. A Rubá'í [11, 11, 7, 11]. The *jazmahs* are required *ob metrum*. The four *miçrá's* rhyme.—42 [20].—43. Rubá'í metres [5, 7], *vide* p. 11, 2 and 3.—44. Rubá'í metres [5, 1].—45. [26].—46. [88]. Why would the spelling مرا be wrong?—47. [25]. The metre shews that *maníf* has not the *Izáfat*. 48. [55].—49. [49, 51], but the first foot is *makhbún*.—50. [70]. It would be wrong to put a *Tashdíd* above the ر in دُر; *Ruťiyafyá* fá'ilátu.—51. [25, 26].—52.

[80, 81]; but if we write زيبع for ازيبع, without the *Alif i waçl*, the metre would be [78]; which is admissible. 53. [82]. 54. [31].—55. [80, 78].—56. Rubá'í metres [11, 7].—57. [54].—58. [61].—59. [51]. 60. Rubá'í metre [0].—61. [90, 88]. The metre of both miçrá's shews that we have to read *nabúd*, and not *nabuwad*; for if we read *nabuwad*, the first *miçrá'* would have the metre [58].—62. Rubá'í metre [5]. 63. Rubá'í metre [11].—64 [26]. 65. [96, 95].—66. [25, 26].—67. [78]. Observe that there are two forms, آلينه *áínah* — — ∪, and آينه *áyinah* — ∪∪. In prose the former is used; in poetry the metre will determine which we have to employ. Observe that Sa'dí employs وی for او, *ob metrum*. 68. [81, 80].—69. [78, 81].—70. [70]. There are two forms, نيكو *níkú* — —, and نكو *nikú*, ∪ —. The former is the prose form; the latter is only used in poetry, or in prose *compounds*, and is here required *ob metrum*. As usual, all printed editions have wrong *níkú*. *Ki míml ní* midd'ild.—71. Rubá'í metre [6].—72. [95].—73. [83].—74. [50, 51]; *khiladdar chush* lá'ilátun. We cannot write چوں with a ں, as in many printed editions, because the foot فاعلن *fá'ilun* cannot occur when the *hashw* is *makhbún*; *vide* p. 45, l. 1.—75. [55, 54]. If you write چو for چوں, the metre may be [83]; for همه is either ∪ — or ∪ ∪. 76. [81]; the metre requires here *'ddú* ∪ —, without the Tashdid.

INDEX.

The numbers refer to the pages.

ابتدا 23
ابتر 67
ابن 12
اثلم 61
اجب *ajabb*, 66
اجتماع دو وتد 26
اخرب 26, 67
اخرم 33, 67
ارکان 18
اذاله 35
ازل *azall*, 67
ازین که meaning, 27*n*.
استخراج 23
اشباع 76, 81
اشتر 27
اشمام 9
اصلم 56
اصم *aşamm*, 73
اصول 18
اضافه 7, 12
انقلاب 93
اقواء 83
اکفاء 83
الف وصل 8, 11
الله metre of, 7
اماله 78
اهتم 66
ایطاء 83, 84
بتر 67
بحور, pl. بحر 22, 24
بسیط 65
بهاریه 91
بيت 20

تاریخ 92
تأسیس 76, 79
تجنیس 84
تخلص 80, 91, 93, 94
تذییل 80
تذکره 94
ترانه 60
ترجیع‌بند 93
ترکیب‌بند 92, 93
تسبیغ 20
تسکین 22, 29, 30, 44, 48, 50, 51, 54, 55, 59, 68
تشدید 7
تضمین 84
تعمیه 92
تفکیک 69
تقطیع 5
تو metre of, 9, 11
توجیه 76, 82
ثلم 61
جب *jabb*, 66
جدع 40
جدید 51, 56
جزء 62
جلی 84
جواب 87
چرچری metre of, 9, 11
چه 9, 13
چ 13
حالیه 92
حذف 76, 81
حروف ساکن final, 15

حروف غیر ملفوظ —— 6, 8
غیر مکتوب —— 6
متحرک —— 15
مد —— 15
حشو 23
حمد 93
حمید 73
حمیم 73
خارجی 92
خبن 36
خرب 28, 67
خرم 33, 67
خروج 70, 80
خط سبز explained, 30 *n.*
خفی 84
خفیف 57, 59
خو in the beginning of words, 9
داخلی 92
دائره 69
دخل 91
دخیل 76, 80
دو metre of, 9, 11
دوبه 60
دوبیتی 66
دوباره 27, 34
رباعی 66
رجز 34, 37
رحمان metre of, 7
ردف 76, 77
ردیف 75, 76
رس 76, 81
رکض الخیل 63
رمل 38, 44
روی *rawí*, 76, 77
زحف 24
زلل 67
زمینی 87
ساکن final, 15
سالم 23
سبب 16, 20
ستایش سخن 92, 94
سریع 55
سلیم 73
سناد 83, 84
سه metre of, 9, 13
شایگان 84
شتر 27
شطحیه 92
شعث 44
شعر 1
شکل 40
شهیده 93
شهرآشوب 92
صریم 73
صغیر 73
صلم 56
ضرب 23
طویل 64
طی 35
عجز 23
عروض 3, 23
عریض 73
عمیق 73
غریب 56, 63
غنه 15
غیر سالم 23
غیر معمول 65
فاصله 16, 20
فخریه 92
فراقیه 92
فرد 93
فک 69
قافیه 75, 76
قبض 26
قریب 51, 56

قصر 29
قطع 42
قلیب 73
قبه 78, 79
کامل 66
کبیر 73
کسف 46, 55
کشف 55
کف 28, 34
کفریه 92
کلیات 94
که 9, 13
کے 13
گریز 93
متحرک 15
متدارک 62, 73
متفقه 70, 71
متقارب 60
مثمن 25
مثنی 37
مجتث 52, 54, 59
مجتلبه 69
مجدوع 46
مجرا 76, 82
مجزوء 53
مجهول 79
محذوف 29
مخبون 36
مختلفه 70
مدید 65, 73
مذال 35
مربع 33, 37
مرثیه 93
مردف 77
مزاحف 24
مزید 76, 80
مسبغ 26
مستزاد 93
مسدس 31, 55
مسمط 93
مشاکل 51, 60
مشتبه 70
مشطور 33
مشکول 40
مشعث 44
مصراع 23
مضارع 48, 50
مضاعف 87
مطلع 23, 93
مطوی 35
معدوله 12
معزول 85
معمی 92
مقبوض 26
مقتضب 51, 52
مقصور 29
مقطوع 42
مکسوف 46, 55
مکشوف 55
مکفوف 28, 34
مناجات 94
منحور 47
منسرح 45, 48
منفرده 70
مؤتلفه 69, 71
موزوں 3
مؤسسه 79
موصوله 81
موقوف 45
نائره 76, 80
نحر 47
ندیل 73
نعت 64
نفاد 76, 82, 83
نون غنه 15
نه 13

ے 13
نیم فتحه 17, 94
ه final, 9, 13
هفتم 66
هجو 92
هزج 25, 33
هسهر 9
همزه 14
و 11, 12 ; final, 12
و *au*, final, 13
واو معدوله 12
واسوخت 92
وافر 65
وتد 18, 20
وزن 4
وصاليه 93
وصل 76, 80
وقف 45
ی final, 10, 11

عروضِ سیفی

بسم الله الرّحمن الرّحیم

الحمد لله الّذي جعل علم العروض میزان الاشعار و الصّلوة علی صاحب دیوان الرّسالة و اهل بیته الاطهار ۔ امّا بعد بدان که باعث برین تالیف آن بود که گاهی با اصحاب از کتبِ عَروض مباحثه کرده میشد ۔ در هر دقیقه نکتهٔ می طلبیدند و بر هر مدّعا دلیلی عقلی یا نقلی می شنیدند که آن نکات و دلائل بتمامها در هیچ کتابِ این فن از تصانیفِ عربي و فارسيِ متقدّمان و متاخّران نبود ۔ بحکمِ آنکه العِلمُ صَیدٌ و الکِتابةُ قَیدٌ خواسته شد که بجهتِ حفظِ آن سخنان رسالهٔ ترتیب داده شود ۔ شعر ۔

که درین سرِّ هر سخن باشد　　　گرچه متن است شرحِ فن باشد

التماس از مستفیدان آنست که چون ازین مائده فائدهٔ بردارند سیفي را بدعاي خیر یاد آرند و بالله التّوفیق ۔

(فصل ۱) در تعریفِ شعر و بیانِ شاعر ۔ بدان که شعر در لغت دانستن و دریافتن است و در اصطلاح سخنی است موزون که دلالت کند بر معنی و قافیه داشته باشد و قائل قصدِ موزونیِ آن سخن کرده باشد ۔ سخن را بموزون قید کرده شد ازان که سخنِ ناموزون را شعر نگویند و سخنِ موزون را بدلالت بر معنی قید کرده شد ازان که سخنِ موزونِ بی معنی را شعر نگویند و قافیه داشته باشد گفته شد ازان که سخنِ موزونِ دال بر معنیِ بیقافیه را نیز شعر نگویند و قائل قصدِ موزونیِ آن سخن کرده باشد گفته شد ازان که اگر کلامی موزون واقع شود و قائل قصدِ موزونیِ آن کلام نکرده باشد آنرا شعر نگویند در اصطلاح ۔ پس آنچه در قرآن و حدیثِ رسول صلّی الله علیه و سلّم موزون

واقع شده است شعر نباشد • قوله تعالی ثمّ اقررتم و انتم تشهدون • ثمّ انتم هؤلاء تقتلون و قوله صلّی اللّه علیه و سلّم الکریم ابن الکریم ابن الکریم ابن الکریم اگرچه در قرآن بر وزن فاعلاتن فاعلاتن فاعلات واقع شده است و در حدیث بر وزن فاعلاتن فاعلاتن فاعلاتن فاعلات امّا چون قائل قصد موزونی آن نکرده است آنرا شعر نمیگویند(۱) و اطلاق شعر بر قرآن و حدیث روا نیست •

و ابو الحسن اخفش نحوی رحمة اللّه علیه گفته است که شاعر بمعنی صاحب شعر است یعنی خداوند شعر همچنانکه تامر بمعنی صاحب تمر است یعنی خداوند خرما • این بر تقدیرے است که شاعر مشتق بود از شعر بمعنی اصطلاحی یعنی کلام موزون چنانکه گفته شد • و اگر شاعر مشتق بود از شعر بمعنی لغوی که مصدر است معنی شاعر داننده و در یابنده باشد • و بعضے گفته‌اند که شاعر را ازان جهت شاعر گویند که او در می یابد نوعے از کلام را و قادر است بر ترکیب آن که آن نوع کلام را غیر او در نمی یابد و قادر نیست بر ترکیب آن • و بعضے از اصحاب تواریخ گفته اند که اوّل کسے که شعر گفت آدم بود صلوٰة اللّه علیه و میگویند که لغت آدم باتّفاق اهل علم سریانی بوده و شعر عربی که بآدم نسبت میکنند ترجمهٔ شعرےست که بلغت سریانی گفته است در مرثیهٔ هابیل دران وقت که قابیل هابیل را کشت • و قاسم ابن سلام بغدادی رحمه اللّه که پیشوای اصحاب تاریخ است گفته است که اوّل کسے که شعر عربی گفته یعرب ابن قحطان بود که از فرزندان نوح پیغامبر است صلوٰة اللّه علیه • و اکثر برانند که اوّل کسے که شعر فارسی گفته است بهرام گور است و بیت اوّلش اینست • شعر •

منم آن پیل دمان و منم آن شیر یله — نام بهرام مرا کنیت من بوجبله

و بعضے گفته‌اند اوّل شعر فارسی ابو حفص حکیم سغدی گفته است (و سغد موضعے از سمرقند است) و بیتش اینست • شعر •

---

(۱) بلکه آنرا نثر مرجّز گویند • منه •

آهوی کوهی در دشت چگونه دودا   چون ندارد یار بی یار چگونه رودا

و بعضی گفته اند که اوّل کسی که در فارسی قصیده گفته است و بنیادِ مدّاحی کرده رودکی بوده است و مطلعِ قصیده مع چند شعرش اینست

بادِ جوی مولیان آید همی   بوی یارِ مهربان آید همی

شاه سرو است و بُخارا بوستان   سرو سوی بوستان آید همی

شاه ماه است و بخارا آسمان   ماه سوی آسمان آید همی

ای بخارا شاد باش و دیر زی   شاه زی تو میهمان آید همی

(فصل ۲) در بیانِ حاجت بعلمِ عروض و واضع و وجهِ تسمیهٔ آن • چون شعر کلامی است موزون و هر موزونی را ناچار است از میزانی تا زیادت و نقصانِ آن بآن میزان توان دانست و میزانِ شعر بعلمِ عروض معلوم میشود پس هر کس که در بابِ شعر دخل میکند خواه بگفتنِ شعر خواه بشناختنِ آن بروی لازم باشد که عروض بداند • و بدان که استخراجِ علمِ عروض خلیلِ ابنِ احمدِ بصری رحمه‌الله کرده است • و چنین میگویند که خلیلِ ابنِ احمد روزی بر دکانِ قصّاری میگذشت • آوازِ کوبهٔ قصّاری شنید و چون آن صوتی بود متجاوب وایقاعی متناسب گفت والله یظهر من هذا شیءٌ یعنی سوگند بخدای که ظاهر میشود ازین صوت چیزی و اورا منشا استخراجِ علمِ عروض همان صوت شد • و در نام کردنِ این علم بعروض اقوال بسیار است • بعضی میگویند که خلیلِ ابنِ احمد در مکّهٔ مبارک (زادها الله تعالی شرفا) بود که باین علم ملهم شد • و یکی از اسمای مکّه عروض است • این علم را باسمِ مکّه خواندند بجهتِ تیمّن و تبرّک • و بعضی گویند عروض بمعنیِ طرف است و چون این علم طرفِ بعضی از علوم بود آنرا عروض نام کردند • و بعضی میگویند که در ترکیبِ این سه حرف که عین و را و ضاد است معنیِ کشف و ظهور است و چون ازین علم ظاهر و پیدا میشود وزنِ صحیح و وزنِ غیرصحیح پس ازین جهت این علم را عروض نام نهادند • و بعضی میگویند که عروض در لغت راهِ کشاده

در کوه است و همچنانکه از راهے که در کوه است بمواضع میتوان رسید این علم نیز طریقِ معرفتِ شعرِ مستقیم و سقیم است و بدانستنِ او بکلامِ موزون و ناموزون میتوان رسید ◦ پس باین مناسبت این علم را عروض نامیدند ◦ و بعضے میگویند که عروض بمعنیِ میغ و ابر است وهمچنانکه در ابر و آنچه ازو پیدا میشود نفعِ بسیار است درین علم نیز نفعِ بسیار است پس باین مشابهت این علم را عروض گفتند ◦ و بعضے میگویند نه چون جزوِ آخرِ مصراعِ اوّلِ بیت را عَروض میگفتند چنانکه بعد ازین معلوم شود و این علم مشتمل است بر معرفتِ آن جزوِ آخر پس این علم را باسمِ آن جزوِ آخر نامیدند چراکه آن جزو کثیر الوقوع است و درمیانِ عروضیان بسیار مذکور میشود که عروضِ این بیت چنین است و عروضِ آن بیت چنان ◦ و بعضے میگویند که عروض فعول است بمعنیِ مفعول یعنی بمعنیِ معروض واین علم را ازان جهت عروض نامیدند که معروض علیهِ شعر است یعنی شعر را بران عرض میکنند تا موزون از ناموزون جدا شود ◦ و بعضے این وجه را ترجیح کرده اند و بعضے وجهِ اوّل را ◦

(فصل ۳) در بیانِ موزون وناموزون و معنیِ تقطیعِ بیت و کیفیّتِ آن ◦ بدان که وزن سنجیدنِ کلام است بمیزانِ بحرے از بحرهای شعر که مقرّر کرده‌اند ◦ پس هرچه بمیزانِ بحرے از بحور راست باشد آن موزون است و آنچه بمیزانِ هیچ بحرے راست نباشد ناموزون است ◦ و این سنجیدن را تقطیع گویند در اصطلاحِ عروضیان ◦ و تقطیعِ بیت چنانست که الفاظے که دران بیت است از یکدیگر جدا سازند بر وجهے که هرمقدارے ازان برابر باشد در وزن باجزای آن بحر که این بیت دران بحر است ◦ و مناسب است بمعنیِ لغویِ تقطیع که پاره پاره کردن است ◦ و در تقطیع عددِ حروف و حرکت و سکون معتبر است و خصوصیّتِ حروف و حرکت که فتحه و کسره و ضمّه است یعنی زبر و زیر و پیش دخل ندارد مثلاً لفظِ طوطی و بلبل بر وزنِ فعلن باشد ◦ و هر حرف که بتلفّظ درآید آن معتبر باشد در تقطیع اگرچه در کتابت نباشد ◦ و هرحرف که بتلفّظ

در نیاید آن معتبر نباشد در تقطیع اگرچه در کتابت باشد • و حروف ملفوظهٔ غیر مکتوبه و مکتوبهٔ غیر ملفوظ بعد ازین بتفصیل بیان کرده خواهد شد • و بسبب آنکه بنای تقطیع بر ملفوظ است نه بر مکتوب میشاید که حروف مصراعی زیاده باشد از مصراعی دیگر با آنکه هر دو مصراع بر یک وزن باشد چنانکه • بیت •

نشست سرورِ اهلِ کرم بمجلسِ خاص • دو خوان سه خوان دو سه خوان خواست خوان چه خوان که خدواست • مصراعِ اوّل بیست و دو حرف است و مصراعِ دوم چهل وسه حرف • و بدان که نونِ تنوین را عروضیان ظاهر میفرمایند تا ملفوظ و مکتوب ارزانِ شعر یکسان باشد و التباس نشود •

(فصل ۴) در بیانِ حروفی که ملفوظ اند و مکتوب نه • ازان جمله یکی الف است که از اشباعِ فتحهٔ الف یعنی از کشیدنِ فتحهٔ او حاصل شود همچو آمد و آید که بر وزنِ فعلن است و در تقطیع دو الف نویسند اوّل متحرّک دوم ساکن بدین صورت اامد فعلن و اايد فعلن • و دیگر واو است که از اشباعِ ضمهٔ واو حاصل شود همچو داود و طاوس که بر وزنِ فعلان است و در تقطیع دو واو نویسند اوّل متحرّک دوم ساکن بدین صورت داوود فعلان و طاووس فعلان • و دیگر یائی است که از اشباعِ کسره حاصل شود چنانکه کسرهٔ منِ بیدل را کشند بر وجهی که بعد از نون یا ملفوظ شود و در تقطیع این یا نوشته شود بدین صورت مني بیدل مفاعیلن • و این یا را یای بطني گویند و بطن در لغت شکم بوده وهمچنین در بعضی از الفاظ عربي الف و واو و یا ملفوظ شود و مکتوب نباشد همچو الفِ الله و هٰذا و ذٰلک و واوِ لهٗ و یاي بهٖ و غیرِ آن • و دیگر حرفی است که در حرفِ مشدّد است همچو خرّم و فرّخ که بر وزنِ فعلن است و در تقطیع آنرا دو حرف نویسند اوّل ساکن دوم متحرّک بدین صورت خررم فعلن فررخ فعلن •

(فصل ٥) در بیانِ الف و واو و ها و یای مکتوبهٔ غیرملفوظه • امّا الف الف وصل است وقتی که درمیانِ مصراع واقع شود و حرکتِ او را بحرف پیش ازو دهند

و الف ملفوظ نشود • ازین جهت او را الفِ وصل میگویند که حرفِ پیش ازو بحرفِ
بعد ازو متّصل میشود در تلفّظ چنانکه • مصراع • روزِ سیفی سیه از کاکلِ مشکین تو شد •
و در تقطیع این الف نوشته نشود بدین صورت روزِ سیفی فاعلاتن سیهزکا فعلاتن کلِ مشکی
فعلاتن نتُشد فَعِلن • و اگر الف ملفوظ شود ساقط نشود در تقطیع چنانکه • مصراع •
بود فریادِ سیفی در غمت از دستِ تنهائی • تقطیعش • بود فریا مفاعیلن دسیفی در
مفاعیلن غمت از دس مفاعیلن تتنهائی مفاعیلن • اما واو بر سه نوع
است یکی واوِ عطف است و آن واوی است که درمیانِ دو کلمه باشد همچو دل و جان
این و آن • و در کلامِ فارسی بیشتر چنانست که ماقبلِ واوِ عطف یعنی حرفِ پیش ازو
بضمّه ملفوظ میشود و واو ملفوظ نمیشود چنانکه • مصراع • دل و دلدار و صبر و طاقت کو •
در تقطیع نوشته نمیشود بدین صورت دلُ دلدا فعلاتن رُصبرُطا مفاعلن قت کو فَعْلن • وگر
واو ملفوظ شود ساقط نشود در تقطیع چنانکه • مصراع • گل و مل میباید و دیدارِ یار •
تقطیعش • گل وصل می فاعلاتن بایدودی فاعلاتن دارِ یار فاعلان • و دیگر واوِ بیانِ
ضمّه است و آن واوی است که دلالت میکند برانکه ماقبلِ او ضمّه دارد مثل دو و تو
و چو و همچو • و بیشتر آنست که این واو ملفوظ نمیشود چنانکه • مصراع •
همچو تو کو در دو سرا دیگری • و در تقطیع نوشته نمیشود بدین صورت همچُتُ کو
مفتعلن در دُسرا مفتعلن دیگری فاعلن • و اگر ملفوظ شود ساقط نشود در تقطیع چنانکه
• مصراع • دیگری در دو سرا کو مثلِ تو • تقطیعش • دیگری در فاعلاتن دو سرا کو
فاعلاتن مثلِ تو فاعلن • دیگر واوِ اشمامِ ضمّه است و آن واوی است که بعد از خای
مفتوح است اما فتحهٔ خا خالص نیست بلکه بوی از ضمّه دارد • و اشمام در لغت
بویانیدن است و ازینجهت او را واوِ اشمامِ ضمّه میگویند چنانکه • مصراع •
خواب و خورِ خواجهٔ من خوش بود • و در تقطیع نوشته نمیشود بدین صورت
خابُ خری مفتعلن خاجیِ من مفتعلن خُش بود فاعلن • و اما ها های بیانِ

حرکت است و آن هائی است که بآخرِ کلمه پیوندد تا دلالت کند برانکه ماقبلِ ها متحرّك است و آن حرکت یا فتحه بود همچو خندهٔ و گریه و نه و مانندِ آن و یا کسره بود همچو که و چه و سه و مانندِ آن • پس اگر این ها درمیانِ مصراع واقع شود و ملفوظ نشود ساقط شود در تقطیع چنانکه گریه کردم فاعلاتن خنده کردی فاعلاتن • و چنانکه کیی گوید مفاعیلن چیی گوید مفاعیلن • و اگر ملفوظ شود بحرکتِ کسره بجای او یا نویسند در تقطیع بدین صورت گریی من مفتعلن خندی او مفتعلن • و اگر درآخرِ مصراع واقع شود در حسابِ حرفِ ساکن باشد چنانکه • مصراع • غنچه پیشِ دهنت لب بسته • تقطیعش غنچ پیشی فاعلاتن دهنت لب فعلاتن بسته فعلن • هاي بسته در برابرِ نونِ فعْلن است • و گاه باشد که این ها درمیانِ مصراع در برابرِ حرفِ ساکنی از میزان واقع شود و ساقط نشود در تقطیع چنانکه • مصراع • خنده چه کنی بگریهٔ من • تقطیعش خنده چ مفعولُ کنی بگر مفاعلن یئی من فعولن •

امّا یا یاي ساکن است که پیش از الفِ متحرّك واقع شود و ملفوظ نشود چنانکه • مصراع • سیفي از عشقِ او جدا منشین • و در تقطیع نوشته نشود بدین صورت سیف از عش فاعلاتن قِ او جدا مفاعلن منشین فعلن • و بعضی این صورت را از قبیلِ اسقاطِ الفِ وصل میدارند و میگویند که حرکتِ الف بیا منتقل میشود و الف ساقط میشود و این مصراع را چنین تقطیع کرده میشود که سیفیز عش فاعلاتن • و مقرّرِ این سخن است آنکه در اکثرِ کتابهای عروضیِ معتمد علیه گفته‌اند که مثالِ یاي مکتوبِ غیرملفوظ نے و کے و چے است اگر بیا نویسند و هیچ مثالِ دیگر نیاورده اند • اگر دربن صورت یا افتادے بایستے که مثالِ دیگر آوردندے که در کلام بسیار واقع است و محتاج نشدندے بمثالے که در غایتِ کمي است • و نیز آنکه اگر اسقاطِ یا را روا داشتندے چه تفاوت میکنند که بعد از یا الفِ وصل باشد یا حرفِ دیگر پس بایستے همچنانکه گفتي احمد رواست که بر وزنِ فاعلاتن باشد گفتي جعفر روا بود که بر وزنِ فاعلاتن بودے • و نیست

وزنِ مفعولاتن است • و اگر یا ملفوظ شود ساقط نشود در تقطیع چنانکه • مصراع •
هست سیفی از دعاگویان ہجو آزارِ او • تقطیعش هست سیفی فاعلاتن از دعاگو
فاعلاتن یانِ ہجو ۱۱ فاعلاتن زارِ او فاعلن •

(فصل ۲) در بیانِ نونِ ساکن و بعضے از حروفِ ساکن مکتوب که در تقطیع ساقط شوند یا متحرک شوند و یا همچنان ساکن معتبر باشند • بدانکه هر نونِ ساکن که بعد از حرفِ مد باشد (و حروفِ مد واوِ ساکنِ ماقبل مضموم و الفِ ساکنِ ماقبل مفتوح و یایِ ساکنِ ماقبل مکسور است) همچو لفظِ چون و جان و چین اگر درمیانِ مصراع واقع شود ساقط شود در تقطیع چنانکه چون کنم و جان کنم و چین روم هر سه عبارت بر وزنِ فاعلن باشد و در تقطیع بدین صورت نوشته شود که چوکنم فاعلن جا کنم فاعلن چی روم فاعلن • و اگر در آخرِ مصراع واقع شود درحسابِ حرفِ ساکن باشد چنانکه • مصراع •
ای تنِ دلجوی تو سروِ روان • تقطیعش ای تنِ دل فاعلاتن جویِ تو سر فاعلاتن وِی روان فاعلات • نونِ روان دربرابرِ تای فاعلات است • و اگر اوّل حرفِ مد باشد و دوم نون نباشد همچو یار و نور و عید و یا دوم نون باشد و اوّل حرفِ مد نباشد همچو امن و عون و عین و یا هیچ کدام نباشد همچو شکر و آن دو ساکن درمیانِ مصراع واقع شوند ساکنِ دوم متحرک شود چنانکه یارِ شو و امنِ جو و شکرگو همه بر وزنِ فاعلن باشد چراکه در اوزانِ شعر دو ساکن درمیانِ مصراع ملفوظ و محسوب نباشند مگر الف و نون که در بجای یک ساکن اند بجهتِ خفّتِ حرفِ مد با نونِ ساکن در تلفّظ • و اگر در آخرِ مصراع واقع شوند در حسابِ دو ساکن باشند چنانکه کوی یار و ملکِ امن و جای شکر همه بر وزنِ فاعلات باشند • و اگر بعد از حرفِ مد دو حرفِ ساکن واقع شوند همچو کارد و گوشت و گشتاسپ و مانندِ آن و درمیانِ مصراع باشند اگر آن دو ساکن در برابرِ یک متحرک باشد ساکنِ اوّل متحرک شود و ساکنِ دوم ساقط شود در تقطیع چنانکه • مصراع • کارد برکش گوشت برگشتاسپ را • تقطیعش کار برکش فاعلاتن گوش

برکش فاعلاتن ناس را فاعلن • و اگر آن دو ساکن در برابر دو متحرک باشند هر دو ساکن متحرک شوند چنانکه • مصراع • رزم شود کارد چو بزم شود گوشت گوه تقطیعش رزم شود مفتعلن کارد چو مفتعلن بزم شود مفتعلن گوشت گو مفتعلن • اگر سه ساکن در آخر مصراع باشند ساکن آخرین ساقط شود در تقطیع چراکه در اوزان شعر هیچ جا سه ساکن جمع نشوند چنانکه • مصراع • تا چو سیفی بنوای شمع صرا سر گرمیست • تقطیعش تا چه سیفی فاعلاتن بنوای شم فعلاتن عصرا سر فعلاتن گرمیس فعلان •

(فصل ۷) بیانِ اجزای میزانِ بیت • بدانکه میزانِ بیت مرکب است از ارکان و ارکان مرکب اند از اصول و اصول که ارکان ازان مرکب است منحصرانند در سه چیز سبب و وتد و فاصله • و سبب بر دو نوع است سببِ خفیف و سببِ ثقیل • سببِ خفیف کلمهٔ دوحرفی را گویند که اوّلِ او متحرّک باشد و دومِ او ساکن همچو لَمْ • و سببِ ثقیل کلمهٔ دوحرفی را گویند که هر دو متحرّک باشد همچو لَکَ • اوّل را خفیف و دوم را ثقیل از بهرِ آن گفتند که یک متحرّک و یک ساکن در گفتن سبکتر است از دو متحرّک و خفیف در لغت سبک است و ثقیل گران • و وتد نیز بر دو نوع است وتدِ مجموع و وتدِ مفروق • وتدِ مجموع کلمهٔ سه‌حرفی را گویند که دو حرفِ اوّلِ او متحرّک بود و حرفِ آخرِ او ساکن همچو علیٰ • و چون هر دو متحرّکِ او بهم پیوسته بود وتدِ مجموع گفته اند که جمع در لغت گرد آوردن است • وتدِ مجموع را وتدِ مقرون نیز گویند و قرن در لغت پیوستنِ چیزی بچیزی بود • وتدِ مفروق کلمهٔ سه‌حرفی را گویند که حرفِ اوّل و آخرِ او متحرّک بود و حرفِ میانه ساکن همچو راسِ • و چون هر دو متحرّکِ او از هم جدا بود وتدِ مفروق گفته اند که فرق در لغت جدا کردن است • و فاصله نیز بر دو نوع است فاصلهٔ صُغریٰ و فاصلهٔ کُبریٰ • فاصلهٔ صغریٰ کلمهٔ چارحرفی را گویند که سه حرفِ اوّلِ او متحرّک بود و حرفِ آخر ساکن همچو جبلٍ با تنوین • و فاصلهٔ کبریٰ کلمهٔ پنج‌حرفی را گویند که چهار اوّلِ او متحرّک بود و حرفِ آخر ساکن

همچو سمكةً با تنوين • و چون صغري در لغت خردتر است و كبري بزرگتر پس كلمهٔ چهارحرفي را صغري و كلمهٔ پنج حرفي را كبري گفتن مناسب است •

و ابراهيم ابن عبد الرحيم عروضي كلمهٔ چهارحرفي را فاصله ميگويد بصادِ بے نقطه وكلمهٔ پنج حرفي را فاضله ميگويد بضادِ با نقطه بجهتِ آنكه بيك حرف زياده است از فاصله و فضل در لغت افزون آمدن بود • و ابن خبّاز ميگويد هردو را فاضله گويند بضادِ بانقطه و اوّل را بصغري و دوم را بكبري قيد كنند همچنانكه فاصله بصادِ بے نقطه را قيد ميكنند • و بعضے فاصله را از اصول نمي‌شمارند و فاصلهٔ صغري را مركّب از سببِ ثقيل و سببِ خفيف ميدارند و فاصلهٔ كبري را مركّب از سببِ ثقيل و وتدِ مجموع • و مثالِ مجموعِ ابن شش اصل بعربي ابن تركيب است كه لم أرَ علي رأسِ جبلٍ سمكةً • و در فارسي هريك ازين دو تركيب از سرِ كوي وفا قدمے نگذري • جز رخِ اهلِ صفا بكسے ننگري بتقديمِ وتدِ مفروق بر وتدِ مجموع •

(فصل ٨) در بيانِ وجه تسميهٔ بيت و اجزاي آن • بدانكه بيت را ازان جهت بيت گويند كه بيت در لغت خانه است و بيتِ شعر را به بيتِ شعر تشبيه كرده اند يعني خانهٔ كه از صوف و پلاس بود و ابوالعلا معرّي رحمه الله كه از اكابرِ شعراي عرب است گفته است الحسنُ يظهر في البيتين رونقُه بيتٌ من الشَعر و بيتٌ من الشِعر يعني رواج و خوبي در دو بيت ظاهر ميشود يكے بيتِ شعر و يكے بيتِ شعر • و بعضے گفته اند كه وجهِ مشابهت ميانِ ابن دو بيت عزّت و اعتبار است يعني همچنان كه خانه را پيشِ مردم عزّت و اعتبار است بيتِ شعر را نيز پيشِ مردم عزّت و اعتبار است چنانكه درميانِ عرب مشهور است كه رُبّ بيتِ شِعر خيرٌ من بيت تبر يعني بسا بيتِ شعري كه بهتر است از خانهٔ زر • و بعضے گفته اند كه وجهِ مشابهت آنست كه همچنان كه خانه بر وضع و شكلے مخصوص است كه هرگاه كه آن وضع تغيّر مي يابد خانه برحالِ خود نمي‌ماند بيت نيز بر وضعے مخصوص است كه هرگاه

آن وضع تغیّر می‌یابد ناموزون می‌شود و بیت نمي‌ماند • و بعضے گفته‌اند که وجهِ مشابهت آنست که همچنان که خانه را ابتدائے است که ازانجا در مي‌آیند و انتهائے که بآنجا ساکن می‌شوند بیت را نیز ابتدائے و انتهائے است • و بعضے وجهِ مشابهت آنرا ساخته اند که همچنان که مخدّراتِ صوریّه در خانه نشیمنِ خود ساخته جلوه‌گر می‌باشند در بیت نیز مخدّراتِ معاني از پسِ پردهٔ عبارت جلوه‌گر اند • و بعضے گفته اند که همچنان که صاحبِ خانه را بخانه آنسے و قرارے هست صاحبِ بیت را نیز به‌بیتِ خود الفتے و خرسندي هست • و چون بیت‌را بخانه تشبیه کردند و خانهٔ عربانِ صحرانشین مرکّب از ریسمان و میخ و ستون و پلاس است و بلغتِ عرب سبب ریسمان‌بود و وتد میخ و فاصله ستونِ خیمه پس نامِ اجزای بیت را بنامِ اجزای خانه خواندند و جزوِ دوحرفي را سبب و سه حرفي‌را وتد و چهارحرفي‌را فاصله و پنج حرفي‌را فاضله گفتند ازان جهت که کلمهٔ دوحرفي بسببِ کميِ حرف ضعیف تر است از کلمهٔ سه‌حرفي و کلمهٔ سه‌حرفي ضعیف‌تراست از کلمهٔ چهارحرفي همچنانکه ریسمان ضعیف تراست از میخ و میخ از ستون • و بعضے گفته اند که فاصله در لغت جدائي میانِ دو دامنِ خیمه است و نیز فاضله بضادِ با نقطه در لغت پلاسے بود که خانه‌را باو پوشانند پس فاضله باین‌معني یکے از اجزای خانه باشد بلکه جزوِ اعظمِ خانه •

(فصل ۹) در بیانِ ارکانِ اصلی بحور • بدان که ارکانے که بحور ازان مرکّب است منحصرست در هشت فعولن فاعلن مفاعیلن مستفعلن مفاعلتن متفاعلن فاعلاتن مفعولاتُ بضمِّ تا • و ازین هشت رکن دو رکن خُماسی یعنی پنج حرفي که فعولن و فاعلن است مرکّب است از وتدِ مجموع و سببِ خفیف • پس اگر وتدِ مجموع مقدّم باشد بر سببِ خفیف فعولن شود و اگر بر عکس بود یعنی سبب خفیف مقدّم باشد بر وتدِ مجموع فاعلن شود چه شك نیست که چون لن را بر فعو مقدّم سازي و چنین گوئي که لن‌فعو بر وزنِ فاعلن باشد یا علن را بر فا مقدّم سازي و چنین گوئي که علن‌فا

بر وزنِ فعولن باشد • و هر یک ازین دو رکن مرکّبست از سه متحرّک و دو ساکن • و از شش رکنِ باقی که سُباعی اند یعنی هفت‌حرفی دو رکن که آن مفاعیلن و مستفعلن است مرکّبست از وتدِ مجموع و دو سببِ خفیف • پس اگر وتدِ مجموع مقدّم باشد بر هر دو سببِ خفیف مفاعیلن شود و اگر بر عکس بود یعنی هر دو سببِ خفیف مقدّم باشد بر وتدِ مجموع مستفعلن شود چه شک نیست که چون عیلن بر مفا مقدّم سازی و عیلن‌مفا گوئی بر وزنِ مستفعلن باشد و یا علن بر مستف مقدّم سازی و علن‌مستف گوئی بر وزنِ مفاعیلن باشد • و در بحرِ مجتثّ و در بحرِ خفیف مستفعلن را مرکّب دارند از وتدِ مفروق و دو سببِ خفیف بر وجهی که وتدِ مفروق درمیانِ دو سببِ خفیف باشد و عینِ او را از لام جدا نویسند باین صورت مستفع لن تا معلوم شود که مس سببِ خفیف است و تفعِ وتدِ مفروق است و لن سببِ خفیفه و سرّ این که تفعِ این مستفعلن و فاعِ فاعلاتن که در بحرِ مضارع است وتدِ مفروق است آنجا که بحورِ دائرهٔ مشتبهه را از یکدیگر جدا کرده شود ظاهر خواهد شد ان‌شاء‌الله تعالی • و هر یک ازین دو رکن [یعنی مستفعلن و مفاعیلن] مرکّب است از چهار متحرّک و سه ساکن • و دو رکنِ دیگر که آن مفاعلتن و متفاعلن است مرکّبست از وتدِ مجموع و فاصلهٔ صغری • پس اگر وتدِ مجموع مقدّم باشد بر فاصلهٔ صغری مفاعلتن شود و اگر بر عکس بود یعنی فاصلهٔ صغری مقدّم باشد بر وتدِ مجموع متفاعلن شود چه شک نیست که چون علتن را بر مفا مقدّم سازی و علتن‌مفا گوئی بر وزنِ متفاعلن باشد و یا علن را بر متفا مقدّم سازی و علن‌متفا گوئی بر وزنِ مفاعلتن باشد • و هر یک ازین دو رکن مرکّبست از پنج متحرّک و دو ساکن • و دو رکنِ دیگر که آن فاع‌لاتن و مفعولاتُ باشد مرکّبست از وتدِ مفروق و دو سببِ خفیف • پس اگر وتدِ مفروق مقدّم باشد بر هر دو سببِ خفیف فاع‌لاتن شود و اگر بر عکس بود یعنی هر دو سببِ خفیف مقدّم باشد بر وتدِ مفروق مفعولاتُ شود چه شک نیست که چون لاتن را بر

فاع مقدّم ساري و لاتن فاعِ گوئي بر وزنِ مفعولاتُ باشد و یا لاتُ را بر مفعو مقدّم ساري و لاتُ مفعو گوئي بر وزنِ فاعلاتن باشد ۰ و این فاعلاتن است که در بحر مضارع میباشد و عین لورا از لام جدا می نویسند تا معلوم شود که فاع وتدِ مفروق است و لاتن دو سببِ خفیف ۰ و فاعلاتن را در غیرِ بحرِ مضارع مرکّب دارند از وتدِ مجموع و دو سببِ خفیف بر وجه که وتدِ مجموع درمیانِ دو سببِ خفیف باشد و برین تقدیر فاعلاتن موافقِ مفاعیلن و مستفعلن میشود در اجزا ۰ هریک ازین دو رکن مرکّبست از چهار متحرّک وسه ساکن ۰

و این ارکان را که بحسبِ صورت هشت اند و بحسبِ اعتبار ده افاعیل و تفاعیل و مفاعیل و افعال و مثل و امثال و اجزا و ارکان و موازین و اوزانِ عروضی می خوانند ۰ و در اصولِ اوزانِ عروضي هیچ رکن از پنج حرف کمتر و از هفت حرف بیشتر نیامده است ۰

(فصل ۱۰) در بیانِ عددِ بحور ۰ بدان که بحوری که از تکرارِ ارکان یا از ترکیب بعضی ببعضی حاصل میشود نوزده است طویل مدید بسیط وافر کامل هزج رجز رمل منسرح مضارع مقتضب مجتث سریع جدید قریب خفیف مشاکل متقارب متدارک ۰ و ازین نوزده بحر پنج بحرِ اوّل یعنی طویل و مدید و بسیط و وافر و کامل خاصهٔ عرب است باین معني که شعرای عجم از فارسي و ترکي گویان دران بحور شعر کمتر گویند از جهتِ آنکه اگر گویند نامطبوع آید ۰ شاید که ناموزون نماید اگرچه موزون باشد چنانکه ظاهر خواهد شد آنجاکه بیانِ این بحور کرده شود ان شاء الله تعالی ۰ و سه بحر خاصهٔ عجم است که عرب دران شعر نگویند و آن جدید و قریب و مشاکل است ۰ و یازده بحرِ دیگر مشترک است میانِ عرب و عجم ۰

(فصل ۱۱) در بیانِ وجهِ تسمیهٔ مصراع و اجزای آن ۰ بدان که اکثر برانند که شعر کم از یک بیت نباشد و هر بیتی دو مصراع باشد ۰ و نیمهٔ بیت را مصراع ازان سبب گویند که مصراع در لغت یک طبقه و یک پاره بود از درِ دوطبقه ۰ و وجهِ مشابهت میانِ بیت و درِ دو طبقه آن است که همچنان که از درِ دوطبقه هر کدام طبقه را که

خواهند بار و فراز توان کرد بے دیگرے و چون هر دو را بهم فراز کنند بلکه در باشد از بیت نیز هرکدام مصراع را خواهند خوانند بے دیگرے و چون هر دو بهم پیوسته خوانند یک بیت باشد • ورکنِ اوّلِ مصراعِ اوّل را صدر گویند ورکنِ آخرِ مصراعِ اوّل را عروض و رکنِ اوّلِ مصراعِ دوم را ابتدا گویند و رکنِ آخرِ مصراعِ دوم را ضرب و هر رکنے که درمیانِ صدر و عروض در آید یا درمیانِ ابتدا و ضرب باشد آنرا حشو خوانند• و معنیِ صدر اوّل است و معنیِ ابتدا آغاز و چون اوّلِ بیت را صدر نام کردند اوّلِ مصراعِ دوم را ابتدا نامیدند تا امتیاز و فرقے باشد میانِ نامِ این دو رکن اگرچه آنچنان نیز می باشد که عکسِ این کردندے و اوّلِ بیت را ابتدا گفتندے واوّلِ مصراعِ دوم را صدر • و عروض گفتنِ رکنِ آخرِ مصراعِ اوّل بجهتِ آن است که عروض در لغت ستونِ خیمه است و همچنان که بنای خیمه و ثباتِ آن بر ستون است بنای بیت نیز برین رکن است که تا این رکن قرار نیابد و مصراع بار تمام نشود معلوم نمیشود که بیت در کدام بحر است و بر چه وزن است • و ضرب گفتنِ آخرِ مصراعِ دوم بجهتِ آنست که ضرب در لغت بمعنیِ نوع و مثل است و ضرب مثل و مانندِ عروض است درین که هر دو آخرِ مصراع اند• و نیز اواخرِ ابیات مثلِ یکدیگر اند بجهتِ رعایتِ قافیه در همه • و حشو در لغت آگینِ بالش است • پس اجزای میان را حشو گفتن مناسب باشد •

(فصل ۱۲) در بیانِ رکنِ سالم و غیرسالم • بدان که رکن سالم می‌باشد و غیرسالم • رکنِ سالم آنست که همچنانکه در اصلِ وضع واقع شده است همچنان باشد بے زیاده و نقصان • و رکنِ غیرسالم آنست که درو تغیّرے واقع شود یا بزیادت کردنِ چیزے برو یا بکم کردنِ چیزے ازو امّا زیادت چنان که درمیانِ لام و نونِ مفاعیلن مثلا الف زیاده سازي و مفاعیلان گوئي امّا نقصان چنان که نون و حرکتِ لامِ مفاعیلن را بیندازي و مفاعیلْ گوئي • و رکنِ غیرسالم را مزاحف گویند و تغیّرے که در رکن واقع شود آنرا زحاف گویند بکسرِ زا • و زحاف جمعِ زحف است بفتحِ زا و سکونِ حا •

و زحف در لغت از اصل دور افتادن است چنانکه سهمِ زاحف گویند تیرے را که از نشانه بیکسو افتد و شک نیست که چون رکنے تغیّر یابد از اصلِ خود دور افتد • و عادتِ عروضیان چنین است که این تغیّر را زحاف گویند بلفظِ جمع نه زحف بلفظِ مفرد •

(فصل ۱۳) در بیانِ بحوره بدان که بحر در لغت دریاست و در اصطلاحِ عروضیان هر طائفه و پارهٔ از کلامِ موزون را که مشتمل است بر چند انواعِ شعر آنرا بحر خوانند بجهتِ آنکه همچنان که دریا مشتمل است بر انواعِ چیزها از دُر و مرجان و نبات و حیوان هر بحرے از بحورِ عروض نیز مشتمل است بر چند نوعِ شعر چنانکه بعد ازین معلوم شود • و بعضے گفته‌اند که وجهِ مشابهت آنست که همچنان که کسے که در دریا افتاد حیران و سرگردان میشود کسے که در بحرِ شعر افتاد بجهتِ تغیّراتے که در ارکانِ عروض واقع است متحیّر میشود و در تردّد می‌افتد که این چه تغیّراست واین چه وزن •

بحرِ هزج •

(۱۴) بحرِ هزجِ مثمّنِ سالم • این بحر را ازان جهت هزج گویند که هزج در لغت آوازِ با ترنّمِ خوش‌آینده است • و عرب بیشتر اشعارے که بآوازِ خوش در سرودها میخوانند درین بحر است • و بعضے گفته‌اند هزج گردانیدنِ آواز است و هر رکنِ این بحر را در اوّل وتدِ مجموع است و از پیِ آن دو سببِ خفیف و این صدا میکند مدِّ صوت و گردانیدنِ آواز را • پس ازین جهت این بحر را هزج نام کردند • و مثمّن ازان جهت گویند که هشت رکن دارد و هشت بعربی ثمانیه است • و سالم ازانجهت گویند که در ارکانِ او زحاف و تغیّر واقع نیست • و اصلِ این بحر هشت بار مفاعیلن است • مثالش مؤلّف گوید

دلا وصفِ میانِ نازکِ جانانِ من گفتی نکو گفتی حدیثی از میانِ جانِ من گفتی

تقطیعش دلا وصفی مفاعیلن میانی نا مفاعیلن زکی جانا مفاعیلن نمن گفتی مفاعیلن • نکو گفتی مفاعیلن حدیثی از مفاعیلن میانی جا مفاعیلن نمن گفتی مفاعیلن •

(۱۵) بحرِ هزجِ مثمّنِ مسبّغ • مفاعیلن مفاعیلن مفاعیلن • مفاعیلان دو بار • مثالش مؤلّف گوید • شعر •

بزاری میدهم جان و نمی پرسد مرا جانان مسلمانی نمیدانم کجا شد ای مسلمانان

تقطیعش • بزاری می مفاعیلن دهم جانو مفاعیلن نمی پرسد مفاعیلن مرا جانان مفاعیلان • مسلمانی مفاعیلن نمیدانم مفاعیلن کجا شد ای مفاعیلن مسلمانان مفاعیلان •

و تسبیغ در اصطلاحِ عروضیان زیاده کردنِ الف بود درمیانِ سببِ خفیف که در آخرِ رکن است • و چون در لن که در مفاعیلن است الف زیاده سازی مفاعیلان شود • و آن رکن را که تسبیغ درو واقع است مسبّغ گویند بضمِّ میم و تشدیدِ با و فتحِ او • و مسبّغ گفتنِ این وزن ازان جهت است که عروض و ضربِ او مسبّغ است و چون تسبیغ در لغت تمام کردن است زیاده کردنِ الف را بر رکن تسبیغ گفتن مناسب است • و اگر مصراعی ازین وزن با مصراعی از وزنِ گذشته جمع شود بیت ناموزون نمیشود باین مقدار تفاوت • و همچنین هر جا که تفاوت نباشد میانِ دو وزن مگر باین که در آخرِ یکی نون باشد و در آخرِ دیگری الف و نون از اجتماعِ آن دو وزن بیت ناموزون نشود •

(۱۶) بحرِ هزجِ مثمّنِ مقبوض • مفاعلن هشت بار • مثالش • شعر •

دلم برون شد از غمت ز دل برون نشد زبون شدم که بود کو ز دستِ غم زبون نشد

تقطیعش • دلم برو مفاعلن شد ز غمت مفاعلن غمت ز دل مفاعلن برو نشد مفاعلن • زبو شدم مفاعلن کبود کو مفاعلن ز دست غم مفاعلن زبون نشد مفاعلن • قبض در اصطلاح انداختنِ حرفِ پنجمِ ساکن است و چون یای مفاعیلن بیفتد مفاعلن بماند • و آن رکن را که قبض درو واقع است مقبوض گویند بجهتِ آنکه حرف ازو گرفته شده است و قبض در لغت گرفتن است • و مقبوض گفتنِ این وزن بآنجهت است که همه ارکانِ او مقبوض اند • و همچنین در رکنی اگر زحافی واقع است آن وزن را باسمِ آن رکن خوانند • همچنانکه اگر در رکن شتر واقع است آن وزن را اشتر گویند و اگر در رکنی خرب واقع است آن وزن را

اخرب گویند و برین قیاس اسم آن رکن که تغیّر درو واقع است یا بصیغهٔ اسم مفعول باشد همچو مسبّغ و مقبوض یا بر وزن افعل همچو اشتر و اخرب •

(۱۷) بحرِ هزجِ مثمّنِ مقبوضِ مسبّغ • مفاعلن مفاعلن مفاعلن مفاعلان دو بار • مثالش • پری ندارد ای صنم بروشنی جبین چنین • بشر دهد ازین بسر که به بود زحورِ عین تقطیعش • پری ندا مفاعلن ردی صنم مفاعلن بروشنی مفاعلن جبی چنین مفاعلان • بشر دهد مفاعلن ازی بسر مفاعلن که به بود مفاعلن زحور عین مفاعلان • اینجا عروض و ضرب مقبوضِ مسبّغ است چراکه چون مفاعیلن را قبض و تسبیغ کنند مفاعلان شود و باقی ارکان مقبوض اند •

(۱۸) بحرِ هزجِ مثمّنِ اشتر • فاعلن مفاعیلن چهار بار • مثالش • سرو من دمی بنشین خانه را گلستان کن پلک دو جام می درکش دور نوش گردان کن تقطیعش • سرو من فاعلن دمی بنشی مفاعیلن خان را فاعلن گلستا کن مفاعیلن • پلک د جا فاعلن م می درکش مفاعیلن دور نوفاعلن ش گردا کن مفاعیلن • شتر در اصطلاح انداختنِ میم و یای مفاعیلن است تا فاعلن بماند • و آن رکن را که شتر درو واقع است اشتر گویند بجهتِ آنکه شتر در لغت نقصان وعیب است و چون از کلمهٔ حرفی از اوّل و حرفی از میانه افتاد آن کلمه نقصان پذیرفت و معیوب شد • و اینجا چهار رکن اشتر است و چهار رکن سالم •

(۱۹) بحرِ هزجِ مثمّنِ اخرب • مفعولُ مفاعیلن • چهار بار • مثالش •

دل بار بجوش آمد جانانِ که می آید بیمار بهوش آمد درمان که می آید

تقطیعش • دل بار مفعولُ بجوشامد • مفاعیلن جانان مفعولُ کمی آید مفاعیلن • بیمار مفعولُ بهوشامد مفاعیلن درمان مفعولُ کمی آید مفاعیلن • خرب در اصطلاح انداختنِ میم ونونِ مفاعیلن است تا فاعیلُ بماند مفعولُ بضمّ لام بجای آن نهند چراکه عادتِ عروضیان چنین است که چون از رکنی چیزی بیندازند و آنچه ماند لفظِ مستعمل نباشد

لفظِ مستفعلن که بر وزنِ اوست بجای او نهند بجهتِ حسنِ عبارت • و مراد از وزنِ پیشِ عروضیان آنست که حرفِ متحرّک در برابرِ متحرّک باشد و حرفِ ساکن در برابرِ حرفِ ساکن چنانکه گذشت در بیانِ تقطیع که لفظِ طوطی و بلبل بر وزنِ فعلن است • و آن رکن را که خرب درو واقع است اخرب گویند بجهتِ آنکه خرب در لغت ویران کردن است و چون اوّل و آخرِ چیزے نماند ویرانیِ تمام باو راه یابد • و این جا چهار رکن اخرب است و چهار رکن سالم •

(۲۰) هزجِ مثمّنِ اخربِ مکفوفِ مقصور • مفعولُ مفاعیلُ مفاعیلُ مفاعیلْ

در بارهٔ مناکش مؤلّف گوید • شعر •

تا چند مرا در غمِ او پند توان گفت چیزے که بجائے نرسد چند توان گفت

تقطیعش • تا چند مفعولُ مرا در غمِ مفاعیلُ م او پند مفاعیلُ توا گفت مفاعیلْ چیزے که مفعولُ بجائے ن مفاعیلُ رسد چند مفاعیلُ توا گفت مفاعیلْ • کفّ در اصطلاح انداختنِ حرفِ هفتمِ ساکن بود و چون نونِ مفاعیلن بیفتد مفاعیلُ بماند بضمِّ لام • و آن رکن را که کفّ درو واقع است مکفوف گویند بجهتِ آنکه کفّ در لغت در نوردیدنِ دامنِ پیراهن است و افتادنِ حرفِ آخرِ کلمهٔ سباعی را به پیچیدنِ کنارِ دامن تشبیه کرده اند چراکه همچنانکه پیراهن بسببِ پیچیدنِ کنارِ دامن و دوختنِ آن اندکے کوتاه میشود کلمهٔ سباعی نیز از افتادنِ حرفِ آخر اندکے کوتاه میشود • و قصر در اصطلاح انداختنِ حرفِ ساکن است از سببی که در آخرِ رکن باشد و ساکن کردنِ متحرّکِ آن سبب • و چون از لن که در مفاعیلن است نون را بیندازی و لام را ساکن سازی مفاعیلْ شود • و آن رکن را که قصر درو واقع است مقصور گویند بجهتِ آنکه قصر در لغت کوتاه کردن است و چون از آخرِ کلمه حرفی و حرکتی بیفتد کلمه کوتاه شود • و اینجا صدر و ابتدا اخرب است و حشوها مکفوف و عروض و ضرب مقصور •

(۲۱) هزجِ مثمّنِ اخربِ مکفوفِ محذوف • مفعولُ مفاعیلُ مفاعیلُ فعولن

در باره مثالش مؤلف گوید • شعر •

ای شیخ مرا راه خرابات نمودي   مشغواست دلم باده کرامات نمودي

تقطیعش ای شیخ مفعولُ مرا راه مفاعیلُ خرابات مفاعیلُ نمودي فعولن مشغواس مفعولُ دلم باد مفاعیلُ کرامات مفاعیلُ نمودي فعولن • و حذف در اصطلاح انداختن سبب خفیف است از آخر رکن و چون از مفاعیلن لن را بیندازي مفاعی بماند فعولن بجای آن نهند بجهت آنکه چون لام و نون مفاعیلن افتاد لفظ مهمل باقي ماند پس لفظ مستعمل که بر وزن اوست بجای آن نهادند چنانکه گذشت در خرب و تا ممکن است لفظ با تنوین بجای آن لفظ بنهند که موافق استعمال کلام عرب شود • و آن رکن را که حذف در و واقع است محذوف گویند و محذوف در لغت اسپ دُم بریده است • و اینجا صدر و ابتدا اخرب و حشوها مکفوف و عروض و ضرب محذوف است •

و از اجتماع این دو وزن بیت ناموزون نشود و همچنین هرجا که تفاوت نباشد میان دو وزن مگر باین که رکن آخر یکی مفاعیلْ باشد و رکن آخر دیگرے فعولن از اجتماع آن دو وزن بیت ناموزون نشود •

(٢٢)   هزج مثمن مکفوف مقصور • مفاعیلُ مفاعیلُ مفاعیلُ مفاعیلْ

در باره مثالش • شعر •

زهے حسن و زهے روی و زهے نور و زهے نار زهے خطّ و زهے خال و زهے سور و زهے سار

تقطیعش زهے حسنُ مفاعیلُ زهے رویُ مفاعیلُ زهے نورُ مفاعیلُ زهے نار مفاعیلْ زهے خطُّ مفاعیلُ زهے خالُ مفاعیلُ زهے سورُ مفاعیلُ زهے سار مفاعیلْ • اینجا عروض و ضرب مقصور است و باقی ارکان مکفوف •

(٢٣)   هزج مثمن مکفوف محذوف • مفاعیلُ مفاعیلُ مفاعیلُ فعولن

در باره مثالش • شعر •

مرا عشق دوتا کرد بهنگام جواني   چرا بار نبردي تو ز حالم چو بداني

تقطیعش مرا عشق مفاعیلُ دلا کرد مفاعیلُ بهنگامِ مفاعیلُ جوانی فعولن چرا یار مفاعیلُ نپرسیدُ مفاعیلُ زحالم چ مفاعیلُ بدانی فعولن • اینجا عروض و ضرب محذوفست •

(۲۴) هزجِ مسدّسِ سالم • مفاعیلن شش بار • مثالش • شعر •

قناعت گنجِ آباد است اگر دانی ازو تا میتوانی رو نگردانی

تقطیعش قناعت گن مفاعیلن ج آبادس مفاعیلن نگردانی مفاعیلن • باقی بهمین قیاس میدان • و این وزن را مسدّس ازان جهت گویند که شش رکن دارد •

(۲۵) هزجِ مسدّسِ مقصور • مفاعیلن مفاعیلن مفاعیلْ دو بار • مثالش مؤلّف گوید • شعر •

یکی از دردمندانِ تو مائیم بیا تا دردمندیها نمائیم

تقطیعش یکی از در مفاعیلن دمندانی مفاعیلن تمائیم مفاعیلْ • باقی بهمین قیاس میدان • اینجا عروض و ضرب مقصور است و باقیِ ارکان سالم •

(۲۶) هزجِ مسدّسِ محذوف • مفاعیلن مفاعیلن فعولن دو بار • مثالش مؤلّف گوید • شعر •

دلا در عشقِ زنجِ ما کشیدی کرم کردیّ و زحمتها کشیدی

تقطیع دلا درعش مفاعیلن قزنجِ ما مفاعیلن کشیدی فعولن • باقی بهمین قیاس میدان • اینجا عروض و ضرب محذوف است و باقیِ ارکان سالم •

(۲۷) هزجِ مسدّسِ مکفوفِ مقصور • مفاعیلُ مفاعیلُ مفاعیلْ دو بار • مثالش • بتا خیز و بیار آن میِ خوشبوی که همرنگ بود با گلِ خودروی

تقطیعش بتا خیزُ مفاعیلُ بیارِ آم مفاعیلُ بخشبوی مفاعیلْ • باقی بهمین قیاس میدان • اینجا عروض و ضرب مقصور است و باقیِ ارکان مکفوف •

(۲۸) هزجِ مسدّسِ مکفوفِ محذوف • مفاعیلُ مفاعیلُ فعولن دو بار • مثالش •

دلازارِ جفاکارِ نگاری جز آزارِ دلم کار نداری

تقطیع دلازار • فاعیلُ مفاکار مفاعیلُ نگاری فعولن • باقی بهمین قیاس میدان • اینجا عروض و ضرب محذوف است • و از اجتماعِ این دو وزن بیت ناموزون نشود زیراکه رکنِ آخرِ یکی مفاعیلْ و رکنِ آخرِ دیگرے فعولن است •

(٢٩) بحرِ هزجِ مسدّسِ اخربِ مقبوض • مفعولُ مفاعلن مفاعیلن دو باره مثالش

ای از مژهٔ تو رخنه در جانها ای دردِ تو کیمیای درمانها

تقطیعش ای ازم مفعولُ ژهٔ تورخ مفاعلن ندرجانها مفاعیلن • باقی بهمین قیاس میدان • اینجا صدر و ابتدا اخرب است و حشو مقبوض و عروض و ضرب سالم •

(٣٠) هزجِ مسدّسِ اخربِ مقبوضِ مقصور • مفعولُ مفاعلن مفاعیلْ • دو بار • مثالش مؤلّف گوید • شعر •

گفتی لبِ من چو انگبین است خود گو مزه در کجای اینست

تقطیعش گفتی ل مفعولُ بمن چ ان مفاعلن گبینست مفاعیلْ • خد گو م مفعولُ زدرکجا مفاعلن ی اینست مفاعیلْ • اینجا صدر و ابتدا اخرب است و حشوها مقبوض و عروض و ضرب مقصور است •

(٣١) هزجِ مسدّسِ اخربِ مقبوضِ محذوف • مفعولُ مفاعلن فعولن دو بار • مثالش مؤلّف گوید معمّا باسمِ خان •

تا عشقِ پری‌رخان گزیدم از روزِ خوشی نشان ندیدم

تقطیعش تا عشق مفعولُ پری رخا مفاعلن گزیدم فعولن • باقی بهمین قیاس میدان • اینجا عروض و ضرب محذوف است و صدر و ابتدا اخرب و حشو مقبوض •

(٣٢) هزجِ مسدّسِ اخرمِ اشترِ مقصور • مفعولن فاعلن مفاعیلْ دو بار • مثالش •

صد بارم بیش اگر کشی زار برخیزم تا کشی دگر بار

تقطیعش صدبارم مفعولن بیشگر فاعلن کشی زار مفاعیلْ • باقی بهمین قیاس میدان • خرم در اصطلاح انداختنِ میمِ مفاعیلن است تا فاعیلن بماند مفعولن بجای آن نهند

چنانکه دانستی که چون لفظِ غیر مستعمل باقی ماند لفظِ مستعمل بجای وی نهند ۰ و آن رکنی را که خرم درو واقع است اخرم گویند بجهتِ آنکه خرم در لغت دیوارِ بینی را بریدن است و انداختنِ میمِ مفاعیلن را ببریدنِ بعضے از بینی تشبیه کرده انده اینجا صدر و ابتدا اخرم است و حشو اشتر و عروض و ضرب مقصوره و اگر عروض و ضرب محذوف باشد وزنِ او اینچنین بود که مفعولن فاعلن فعولن ۰ و از اجتماعِ این چهار وزن بیت ناموزون نشود چنانکه از اوزانِ رباعی معلوم خواهد شد ان شاءالله تعالیٰ ۰

بحرِ رجز*

(۳۳) بحرِ رجزِ مثمنِ سالم ۰ این بحر را ازان جهت رجز گویند که رجز در لغت اضطراب و سرعت است و عرب بیشتر اشعارے که در معرکها و جنگها و در مفاخرت از مردانگیِ خود و قومِ خود میخوانند درین بحر است و در چنین اوقات آواز مضطرب و حرکات سریع می باشد پس ازین جهت این بحر را رجز نام کردند ۰ و بعضے گفته اند که رَجز بفتحِ را و سکونِ جیم شترے را گویند که در رفتن لرزد و چون حرکت کند باز ساکن شود و در اوّلِ ارکانِ این بحر دو سببِ خفیف است و بعد از هر حرکت سکونے پس باین مناسبت این بحر را رجز گویند ۰ و اصلِ این بحر هشت بار مستفعلن است ۰ مثالش مؤلف گوید ۰ شعر ۰

تا کی غمِ دل گفتنم در خانه با دیوارها خواهم زد از بے طاقتی فریاد در بازارها

تقطیعش تا کی غمے مستفعلن دل گفتنم مستفعلن در خان با مستفعلن دیوارها مستفعلن ۰ باقی تقطیع بهمین نوع دان ۰

(۳۴) رجزِ مثمنِ مذال ۰ مستفعلن مستفعلن مستفعلن مستفعلان دو بار ۰ مثالش

یارب چه شد کان ترکِ ما ترکِ محبّان کرده است آسودگانِ وصل را رنجورِ هجران کرده است

تقطیعش یارب چشد مستفعلن کا ترکِ ما مستفعلن ترکے محب مستفعلن

باگرد است مستفعلان • باقي تقطيع بهمين نوع بدان • اذاله در اصطلاح زياده كردن الف بود بر وتد مجموع آخر ركن پيش از ساكن آن وتد و چون پيش از نون علن كه در مستفعلن است الف زياده سازي مستفعلان شود و آن ركن را كه اذاله درو واقع است مذال گويند بضم ميم • و اذاله در لغت دامن فروگذاشتن است و زياده كردن الف را بفراز كردن دامن تشبيه كرده اند • اينجا عروض و ضرب مذال است و باقي اركان سالم •

(۳۵) رجز مثمن مطوي • مفتعلن هشت بار • مثالش • شعر •

ميشكفد گل بچمنها ز نسيم سحري وه چه شود گر نفسي پهلوي ما باده خوري

تقطيع ميشكفد مفتعلن گل بچمن مفتعلن ها ز نسي مفتعلن مي سحري مفتعلن • باقي تقطيع بهمين نوع دان • وطي در اصطلاح انداختن حرف چهارم ساكن است • و چون از مستفعلن فا را بيندازند مستعلن بماند مفتعلن بجاي آن بنهند بجهت آنكه فاي فعل افتاد ولفظ مهمل باقي ماند لفظ مستعمل بجاي آن نهند چنانكه گذشت • و آن ركن را كه طي درو واقع است مطوي گويند ازانكه طي ثوب در لغت ته كردن جامه است و اين گرفتن حرف چهارم را از كلمهٔ سباعي كه ميانهٔ اوست تشبيه كرده اند بگرفتن ميانهٔ جامه و ته كردن آن • و اينجا همه اركان مطوي اند و اگر عروض و ضرب مطوي مذال باشد وزن او چنين بود كه مفتعلن مفتعلن مفتعلن مفتعلان چراكه چون مفتعلن مطوي را اذالت كنند مفتعلان شود •

(۳۶) رجز مثمن مطوي مخبون • مفتعلن مفاعلن چهار بار • مثالش •

بار خدنگ شوق زد عشق در آب و خاك ما نطع حريف صحت شد دامن چاك چاك ما

تقطيع بار خدن مفتعلن گ شوق زد مفاعلن عشق درا مفتعلن بخاك ما مفاعلن • باقي بهمين نوع دان • و خبن در اصطلاح انداختن حرف دوم ساكن است • و چون از مستفعلن سين را بيندازي متفعلن بماند مفاعلن بجاي آن بنهند و آن همچنانكه دانستي كه چون لفظ غير مستعمل باقي ماند لفظ مستعمل بجاي آن نهند •

و آن رکن را که خبن درو واقع است مخبون گویند • و خبن ثوب در لغت آنست که از نیمهٔ بالای جامه چیزے را در شکنند و بدوزند تا جامه کوتاه شود • و اینجا چهار رکنِ مطوی مقدّم است بر چهار رکنِ مخبون •

(۳۷) رجز مثمّنِ مخبونِ مطوی • مفاعلن مفتعلن چهار بار • مثالش •

فغان کنان هرسحرے بکوی تو میگذرم   چو نیست ره سوی تو ام ببام و در میگذرم

تقطیع فغاکنا مفاعلن هر سحرے مفتعلن بکوی تو مفاعلن میگذرم مفتعلن • باقی تقطیع بهمین نوع بدان • و اینجا چهار رکنِ مخبون مقدّم است بر چهار رکنِ مطوی •

(۳۸) رجزِ مسدّسِ سالم • مستفعلن شش بار • مثالش مؤلّف گوید

ساقی بعشرت کوش در دورانِ گل   مگذار از کف جام تا پایانِ گل

تقطیعش ساقی بعش مستفعلن رت کوش در مستفعلن دوران گل مستفعلن • باقی تقطیع بهمین نوع بدان •

(۳۹) رجزِ مسدّسِ مطوی • مفتعلن شش بار • مثالش • شعر •

نیست مرا جز تو نگارا دگرے   می نکنی هیچ بحالم نظرے

تقطیع نیس مرا مفتعلن جز تنگا مفتعلن را دگرے مفتعلن • باقی تقطیع بهمین نوع بدان •

(۴۰) رجزِ مسدّسِ مخبون • مفاعلن شش بار • مثالش • شعر •

کنون که گردد از بهار خوش هوا   فزون شود بهر دل اندرون صفا

تقطیع کنون که گر مفاعلن دد ز بها مفاعلن رخش هوا مفاعلن • باقی بهمین نوع بدان • و می شاید که شش مفاعلن را هزجِ مسدّسِ مقبوض دارند همچنان که میشاید که هشت مفاعلن را از رجزِ مثمّنِ مخبون دارند • وضابطه آنست که چون یک وزن را از دو بحر توان داشت از هر بحرے که آن وزن آسانتر گرفته میشود ازان بحر داشتن اولی است و شک نیست که مفاعلن را از مفاعیلن گرفتن آسانتر است ازان که از مستفعلن گیرند • ازینجهت مثمّنِ این وزن را در هزج آورده اند و مسدّسِ هزج را در رجز •

بحرِ رمل *

(۴۱) رملِ مثمنِ سالم • این بحر را ازانجهت رمل گویند که رمل در لغت حصیر بافتن است • و چون ارکانِ این بحر را وتدے درمیانِ دو سبب است و دو سبب درمیانِ دو وتد گویا که اوتادِ او را باسباب بافته اند همچنانکه حصیر را بریسمانها می‌بافند • و بعضے گفته اند که رمل نوعے از سرود است و آن نوع درین وزن واقع است پس ازینجهت این بحر را رمل نامیده اند • و بعضے گفته اند که رمل را از رملان گرفته‌اند و رملان بفتحِ را و میم در لغت دویدن شتر بود بشتاب و براسطهٔ آن که سببِ خفیفِ آخر رکنِ اوّلِ او پیوسته است بسببِ خفیفِ رکنِ دومِ او در خواندنِ آن سرعت و شتابي است پس بدین سبب این بحر را رمل خوانند • و اصلِ این بحر هشت بار فاعلاتن است • مثالش • شعر •

شغلِ دل بردن که توداري نباشد دلبرےرا خوابِ‌بندیهای چشمت کم بود جادوگرےرا

تقطیع شغل دل بر فاعلاتن دن کتودا فاعلاتن ری نباشد فاعلاتن دلبرے را فاعلاتن • باقي بهمین قیاس میدان •

(۴۲) رملِ مثمنِ مسبّغ • فاعلاتن فاعلاتن فاعلاتن فاعلیان دو بار • مثالش

تا بکی گریم بزاري همچو ابرِ نو بهاران از سرِ اندوه و حسرت در فراقِ گلعذاران

تقطیع تابکي گر فاعلاتن یم بزاري فاعلاتن همچ ابرے فاعلاتن نوبهاران فاعلیان • تسبیغ همچنانکه دانستی زیاده کردنِ الف است بر سببِ خفیفِ آخرِ رکن و چون در تن که در فاعلاتن است الف زیاده سازند فاعلاتان شود فاعلیان بدو یا بجای آن بنهند بجهتِ آنکه تای تانیث درمیانِ کلمه واقع نشود در غیرِ تثنیه • وانیجا عروض و ضرب مسبّغ است و باقيِ ارکان سالم • و از اجتماعِ این دو وزن بیت ناموزون نشود و همچنین هرجاکه تفاوت نباشد میانِ دو وزن مگر باین که رکنِ آخرِ یکے فاعلاتن باشد و رکنِ آخرِ

دیگرے فاعلیان از اجتماع این دو وزن بیت ناموزون نشود ۔ همچنین است حال فعلاتن با فعلیان ۔

(۴۳) رمل مثمن مخبون ۔ فعلاتن هشت بار ۔ مثالش ۔ شعر ۔

شکرت را شد اگرچه سپهر مرتب مگسے نیز نخواهم که کند سایه بران لب

تقطیع شکرت را فعلاتن شد اگرچه فعلاتن سپهر مر فعلاتن ر مرتب فعلاتن ۔ باقی تقطیع را بهمین نوع دان ۔ خبن همچنانکه دانستی انداختن حرف دوم ساکن است پس چون الف فاعلاتن بیفتد فعلاتن بماند ۔ و اینجا همه ارکان مخبون اند ۔ و اگر صدر و ابتدا سالم باشد وزن او چنین بود که فاعلاتن فعلاتن فعلاتن فعلاتن ۔ و از اجتماع این دو وزن بیت ناموزون نشود و همچنین هر جا که تفاوت نباشد میان دو وزن مگر باین که رکن اول یکے فاعلاتن باشد و رکن اول دیگرے فعلاتن از اجتماع آن دو وزن بیت ناموزون نشود ۔ و بعضے رمل مخبون را بر شانزده رکن بنا کرده اند چنانچه خواجه عصمت الله بخاری رحمه الله فرماید ۔ شعر ۔

رنگ رخسار و دُر گوش و خط و خدّ و قد و عارض و خال و لبت ای سرو پری روی سمی بر شفق و کوکب و شام و سحر و طوبی و گلزار بهشت است و بلال و طرف چشمهٔ کوثر

تقطیع رنگ رخسا فاعلاتن ر دُرے گو فعلاتن شخطوخد فعلاتن دُ قد و عا فعلاتن رضخالو فعلاتن لبتے سر فعلاتن و پری رو فعلاتن یسمی بر فعلاتن ۔ شفقو کو فعلاتن کبشامو فعلاتن سحر وطو فعلاتن بیگلزا فعلاتن ر بهشتس فعلاتن تبلالو فعلاتن طرفے چش فعلاتن مے کوثر فعلاتن ۔

(۴۴) رمل مثمن مقصور ۔ فاعلاتن فاعلاتن فاعلاتن فاعلات دو بار ۔ مثالش مؤلف گوید ۔ شعر ۔

هر کجا بینم مہے با عاشق خود مهربان انفتد از بے مهری ماه خودم آتش بجان

تقطیع هر کجا بی فاعلاتن نم مهے با فاعلاتن عاشقے خد فاعلاتن مهربان فاعلات ۔ باقی

تقطیع را برین قیاس بدان • و قصر همچنانکه دانستی انداختنِ حرفِ ساکن است از سببی که در آخرِ رکن باشد و ساکن کردنِ متحرّکِ آن سبب • پس چون از فاعلاتن نون را بیندازند و تای را ساکن سازند فاعلاتْ شود • بعضی فاعلان بجای آن بنهند بجهتِ خفّتِ لفظ • و اینجا عروض و ضرب مقصور است و باقیِ ارکان سالم •

(۴۵) رملِ مثمّنِ محذوف • فاعلاتن فاعلاتن فاعلاتن فاعلن در بار • مثالش مؤلّف گوید • شعر •

هرکرا بینم سخن با او ز هرجا میکنم ٭ تا کند ذکرِ تو صد تقریب پیدا میکنم

تقطیع هرکرا بی فاعلاتن نم سخن با فاعلاتن او ز هرجا فاعلاتن میکنم فاعلن• باقیِ تقطیع برین قیاس• حذف همچنانکه دانستی انداختنِ سببِ خفیف است از آخرِ رکن پس چون تن را از فاعلاتن بیندازند فاعلا بماند فاعلن بجای آن بنهند بجهتِ آنکه چون آخرِ رکن ساکن شود و لفظِ با تنوین بجای آن توان ماند نقل کنند بلفظِ با تنوین و چون فاعلن را از فاعلاتن بگیرند محذوف گویند • و اینجا عروض و ضرب محذوفست •

و از اجتماعِ این دو وزن بیت ناموزون نشود و همچنین هرجا که تفاوت نباشد میانِ دو وزن مگر باین که رکنِ آخرِ یکی فاعلاتْ باشد و رکنِ آخرِ دیگری فاعلن از اجتماعِ این دو وزن بیت ناموزون نشود •

(۴۶) رملِ مثمّنِ مشکولِ سالم الضّرب و العروض• فعلاتُ فاعلاتن چهار باره مثالش

تدری بخند و از رخ قمری نمای ما را ٭ سخنی بگوی و از لب شکری نمای ما را

تقطیع تدری ب فعلاتُ خند از رخ فاعلاتن قمری نم فعلاتُ مای ما را فاعلاتن• باقی تقطیع برین قیاس • و شکل اجتماعِ خبن و کف است و چون بخبن الفِ فاعلاتن بیفتد و بکف نونِ او فعلاتُ بماند بضمِّ تا • و آن رکن را که شکل درو واقع است مشکول گویند بجهتِ آنکه شکل در لغت دست و پای بشکیل بستن است و چون الف و نون از دو طرفِ فاعلاتن بیفتد آن مدِّ صوت که پیش ازین بود نماند همچنانکه اسپ را بعد از شکیل

گردش آن رفتار که دارد نمی‌ماند • و اینجا چهار رکن مشکول است و چهار رکن سالم •

(۴۷) رملِ مثمنِ مسبّغ • فعلاتُ فاعلاتن فعلاتُ فاعلیان دو بار • مثالش

صنم و خیالِ یارِی شب و روز با جوانان ز خطِ خوشِ تو با خود رقمِ خیال خوانان

تقطیعش مصرع فعلاتُ یال یاری فاعلاتن شبُ روز فعلاتُ با جوانان فاعلیان • باقیِ تقطیع بدین قیاس • و اینجا عروض و ضرب مسبّغ است •

(۴۸) رملِ مثمنِ مخبونِ مسبّغ • فاعلاتن فعلاتن فعلاتن فعلیان دو بار • مثالش

روزگاریست که در خاطرم آشوبِ فلانست روزگارم چو سرِ زلفِ پریشانش ازانست

تقطیعش روزگاریـ فاعلاتن ست که درخا فعلاتن طرم آشو فعلاتن بفلانست فعلیان • باقیِ تقطیع بدین قیاس • اینجا صدر و ابتدا سالم است و حشوها مخبون و عروض و ضرب مخبونِ مسبّغ • و اگر صدر و ابتدا نیز مخبون باشد وزنِ او چنین بود که فعلاتن فعلاتن فعلاتن فعلیان •

(۴۹) رملِ مثمنِ مخبونِ مقصور • فاعلاتن فعلاتن فعلاتن فعلاتْ دو بار • مثالش مؤلّف گوید • شعر •

چارهٔ هجرِ تو سازم بوصالِ دگران آه تا چند کشم بی تو وصالِ دگران

تقطیع چارهٔ هج فاعلاتن رتو سازم فعلاتن بوصالِ فعلاتن دگران فعلاتْ • باقیِ تقطیع بدین قیاس • چون فاعلاتِ مقصور را خبن کنند فعلاتْ بماند •

(۵۰) رملِ مثمنِ مخبونِ محذوف • فاعلاتن فعلاتن فعلاتن فَعِلن بکسرِ عین دو بار • مثالش مؤلّف گوید • شعر •

گرچه مقصود بلی دل و دین ست مرا هیچ‌غم نیست که مقصود همین ست مرا

تقطیع گرچ مقصو فاعلاتن د بلی دل فعلاتن ولدینس فعلاتن ت مرا فعلن • باقیِ تقطیع بدین قیاس • چون فاعلنِ محذوف را خبن کنند فعلن شود •

(۵۱) رملِ مثمنِ مخبونِ مقطوع • فاعلاتن فعلاتن فعلاتن فعْلن بسکونِ عین

دو بارہ مثالش مؤلف گوید • شعر •

ساخت برگ طرب و عیش مهیّا نرگس   تا کشد با میٔ و نی ساغر مهیا نرگس

تقطیعش • ساخ برگے فاعلاتن طرب وعی فعلاتن ش مهیا فعلاتن نرگس فعلن • باقی تقطیع برین قیاس • و قطع در فاعلاتن باصطلاح انست که سبب خفیف آخر اورا که تن است بیندازند و از وتد مجموع او که علا است حرف ساکن اورا که الف است هم بیندازند و حرف پیش از الف را که لام است ساکن سازند • پس فاعل شود فعلن بجای آن بنهند بجهت آنکه چون آخر رکن ساکن شد نقل کردند با لفظ با تنوین چنانکه گذشت در حذف فاعلاتن • و آن رکن را که قطع درو واقع است مقطوع گویند • و قطع در لغت بریدن است و چون این زحاف در وتد است و انداختن چیزے از وتد که میخ است بریدن میباشد این زحاف را قطع گفتن مناسب بود •

(۵۲)   رمل مثمن مخبون مقطوع مسبّغ • فاعلاتن فعلاتن فعلاتن فعلان

دو بارہ مثالش مؤلف گوید • شعر •

پیش ازین گرچه بسے رخ گل میدیدیم   چون گل روی تو دیدیم ازو واچیدیم

تقطیع پیشزی گر فاعلاتن چهبسے فعلاتن رخ گل می فعلاتن دیدیم فعلان • باقی تقطیع برین قیاس • چون فعلن مقطوع را تسبیغ کنند فعلان شود •

و از اجتماع این چهار وزن با یکدیگر بیت ناموزون نشود • و همچنین هر جا که تفاوت نباشد میان چند وزن مگر بآن که یکے را رکن آخر او فعلات باشد و دیگرے را فعلن و دیگرے را فعلن و دیگرے را فعلان از اجتماع این اوزان بیت ناموزون نشود •

(۵۳)   رمل مسدّس سالم • فاعلاتن شش بارہ مثالش • شعر •

ای نگارین روی دلبر ز آن سائی   رخ مکن پنهان چو اندر جان سائی

تقطیع ای نگاری فاعلاتن روی دلبر فاعلاتن زان سایی فاعلاتن • باقی تقطیع برین قیاس •

(۵۴)   رمل مسدّس مقصور • فاعلاتن فاعلاتن فاعلات دو بارہ مثالش

مؤلّف گوید معمّا باسم سهراب ● ● شعر ●

تا لبِ او دید سیفي در شراب　　از مثلّث مینماید اجتناب

تقطیعش تا لبی او ناعلاتن دید سیفي ناعلاتن در شراب ناعلات ● باقي تقطیع برین قیاس ●
اینجا عروض و ضرب مقصور است و باقي ارکان سالم ●

(۵۵)　رملِ مسدّسِ محذوف ● ناعلاتن ناعلاتن ناعلن دو بار ● مثالش
مؤلّف گوید ● ● شعر ●

گفت زاهد از بهشتم دِه خبر　　گفتمش زنهار نامِ دِه مبر

تقطیع گفت زاهد ناعلاتن از بهشتم ناعلاتن ده خبر ناعلن ● باقي تقطیع برین قیاس ●
اینجا عروض و ضرب محذوف است ●

(۵۶)　رملِ مسدّسِ مخبونِ مقصور ● ناعلاتن فعلاتن فعلات دو بار ● مثالش

شکرین لعلِ تو کانِ نمک است　　گرچه شکّر نه مکانِ نمک است

تقطیعش شکری لع ناعلاتن لت کانے فعلاتن نمکست نعلات ● باقي تقطیع برین قیاس ●
اینجا صدر و ابتدا سالم است و حشو مخبون و عروض و ضرب مخبونِ مقصور ●

(۵۷)　رملِ مسدّسِ محذوف ● ناعلاتن فعلاتن فَعِلن بکسرِ عین دو باره مثالش

گر سخن زان لب چون نوش شود　　پسته را خنده فراموش شود

تقطیعش گر سخن را ناعلاتن لب چو نو فعلاتن ش شود فعلن ● باقي تقطیع برین
قیاس ● اینجا عروض و ضرب مخبونِ محذوف است ●

(۵۸)　رملِ مسدّسِ مخبونِ مقطوع ● ناعلاتن فعلاتن فعْلن بسکونِ عین در باره مثالش

مردمي نرگسِ او میداند　　جادوئی غمزهٔ او میخواند

تقطیعش مردمي نر ناعلاتن گس او می فعلاتن داند فعلن ● باقي تقطیع برین قیاس ●
اینجا عروض و ضرب مقطوع است ●

(۵۹)　رملِ مسدّسِ مخبونِ مقطوعِ مسبّغ ● ناعلاتن فعلاتن فعْلان در باره ● مثالش

ای که روي تو حیاتِ جان ست   دیده جایت شد و جاي آن است

تقطیع ای ک روئی فاعلاتن تحیاتے فعلاتن جانست فعْلن ۰ و اینجا عروض و ضرب مقطوعِ مسبّغ است ۰

(فصل ۶۰) در بیانِ فکِّ بحورِ گذشته ۰ چون هریك از مفاعیلن و مستفعلن و فاعلاتن مرکّب است از وتدِ مجموع و دو سببِ خفیف پس حروف و حرکات و سکناتِ اصلِ این سه بحر که هزج و رجز و رمل است برابر باشد چنانکه یك مصراعِ هر بحر بیست و هشت حرف باشند شانزده متحرّک و دوازده ساکن ۰ و پس اگر این بیست و هشت حرف را بر خطِّ دائره نویسي و از وتدِ مجموع آغاز کني و بر سببِ خفیف دوم تمام سازي و گوئي که مفاعیلن مفاعیلن مفاعیلن مفاعیلن بحرِ هزج باشد و اگر مفا گذاري و از عیلن آغاز کني و بر مفا تمام سازي وگوئي عیلن مفا عیلن مفا عیلن مفا عیلن مفا بروزنِ چهار بار مستفعلن شود که بحرِ رجز است و اگر مفاعي را گذاري و از لن آغاز کني و بر مفاعي تمام سازي و گوئي لن مفاعي لن مفاعي لن مفاعي لن مفاعي چهار بار فاعلاتن شود که اصلِ بحرِ رمل است ۰ و آنکه میگویند که این سه بحر از یك دائره بیرون می آید باین معني است که بیان کرده شد ۰ و این بیرون آمدن را فك و تفکیكِ بحور گویند و تفکیك در لغت از هم گشادن است ۰

و صورتِ دائره این است ۰   [شکل ۱]

و این دائره را مجتلبه بفتحِ لام ازین جهت گویند که اجتلاب در لغت چیزے از جائے بجائے بردن است و ارکانِ این سه بحر را از بحورِ دائره مختلفه گرفته اند مفاعیلن را از بحرِ طویل و مستفعلن را از بحرِ بسیط و فاعلاتن را از بحرِ مدیده و بعضے گفته اند جلاب بسکونِ لام و فتحِ او در لغت کثرت و بسیار است ۰ انواعِ این سه بحر بسیار است پس باین مناسبت این دائره را مجتلبه گفتنده و عجم این دائره را موتلفه نامیده اند بجهت آنکه این سه رکن را بیکدیگر الفتي و موافقتي هست در ترکیب چنانچه گذشت در بیانِ اجزاي ارکان ۰

بحرِ منسرح *

(٦١) بحرِ منسرحِ مثمّنِ مطوئ موقوف ‌• مفتعلن فاعلان چهار بار •
مثالش مؤلّف گوید • شعر •

آنکه دلم صیدِ اوست میرشکار منست   دست بخونم نگار کرده نگار منست

تقطیع انکدلم مفتعلن صید اوس فاعلان میر شکا مفتعلن رــه منست فاعلن • باقی تقطیع بربن قیاس • اصلِ این بحر مستفعلن مفعولاتُ است بضمّ تا چهار بار • امّا چون مستفعلن را طی کنند مفتعلن شود چنانکه گذشت در بحرِ رجز • و وقف در لغت باز ایستادن بود و در اصطلاح ساکن کردنِ حرفِ متحرّکِ هفتم است و آن رکن را که وقف درو واقع است موقوف گویند چون تای مفعولاتُ را بوقف ساکن سازند و واو را بطی بیندازند مفعلاتْ شود فاعلان که لفظِ مستعمل است بجای آن بنهند • و اینجا چهار رکن مطوی است و چهار رکن مطوی موقوف • و این بحر را ازان جهت منسرح گویند که انسراح در لغت آسانی و روانی است و چون در ارکانِ این بحر سببها مقدّم اند بر وتد آسانتر گفته میشود • و بعضے گفته اند انسراح در لغت از جامه بیرون آمدن است و این بحر در نقصانِ ارکان بحدّے میرسد که آنچه بر وزنِ دو رکنِ اوست مّن یشتری البازنجانَ که بروزنِ مستفعلن مفعولاتُ است در اشعارِ عرب آنرا بیتِ تمام میدارند و این نقصان و اقتصار را بیرون آمدن از جامه تشبیه کرده اند و این بحر را منسرح گفته •

(٦٢) منسرحِ مثمّنِ مطوئ مکسوف • مفتعلن فاعلن چهار بار •
مثالش مؤلّف گوید • شعر •

ای زرخت روشنی خانهٔ چشمِ مرا   چشم و چراغِ همه خواجهٔ هردو سرا

تقطیعش ای زرخت مفتعلن روشنی فاعلن خانئی چش مفتعلن ے مرا فاعلن •

باقي او برين قياس فهم کن • کسف در لغت پي باشنه بريدن بود و در اصطلاح انداختن حرف هفتم متحرک است و آن رکن را که کسف درو واقع است مکسوف گويند و چون تاي مفعولات را بکسف و واو اورا بطي بيندازند مفعلا بماند • نقل کنند بلفظ با تنوين که فاعلن است و چون فاعلن را از مفعولات بگيرند مطوي مکسوف گويند • و اينجا چهار رکن مطوي است و چهار رکن مطوي مکسوف • و اگر در حشو مطوي موقوف بود و عروض و ضرب مطوي مکسوف وزن او چنين بود که مفتعلن فاعلان مفتعلن فاعلن واگر عکس اين بود يعني در حشو مطوي مکسوف باشد و عروض و ضرب مطوي موقوف وزن او چنين بود که مفتعلن فاعلن مفتعلن فاعلان • و از اجتماع اين چهار وزن گذشته که غير وزن اصلي اند بيت ناموزون نشود •

(٩٣) منسرح مثمن مطوي مجدوع • مفتعلن فاعلات مفتعلن فاع دو باره مثالش

من نشنيدم که خط بر آب نويسند آيت خوبي بر آفتاب نويسند

تقطيعش من نشني مفتعلن دم که خط فاعلات راب نوي مفتعلن سند فاع • باقي تقطيع برين قياس • چون واو مفعولات را بطي بيندازند مفعلات بماند فاعلات که لفظ مستعمل است بجاي آن بنهند • و جدع در لغت بيني بريدن است و در اصطلاح انداختن هر دو سبب خفيف اول و ساکن کردن تاي مفعولات بود لات شود فاع بجاي آن بنهند • و قياس آن بود که فعل بسکون عين بجاي او نهادندي اما چون فعل ثقيل بود دو حرف اول ميزان را که فا و عين است گرفتند و الف در ميان گذاشتند و بجاي لات نهادند تا رعايت خفت و حروف ميزان کرده باشند بقدر امکان و آن رکن را که جدع درو واقع است مجدوع گويند • و مولانا شمس الدين محمد قيس رازي رحمه الله که مقتدا است درين فن گفته است که اين اسم اين زحاف را الحق فيصحي • و اينجا عروض و ضرب مجدوع است و باقي ارکان مطوي •

(٩٤) منسرح مثمن مطوي منحور • مفتعلن فاعلات مفتعلن فع دو باره مثالش

چون غم هجران او نداشت نهایت عاقبت اندوه عشق کرد سرایت

تقطیعش چو غم هج مفتعلن ران لو ن فاعلاتُ داشت نها مفتعلن یت فع • باقيِ او برین قیاس فهم کنيِ • نحر در اصطلاح انداختنِ هردو سبب و تامي مفعولاتُ بود لا بماند فعْ بجاي آن نهند که دو حرفِ اوّلِ میزان است • و بعضے بجای سبب خفیفے که از رکنے باقيِ ماند فُلْ بضمّ فا بنهند چراکه دو حرفِ میزان است و فل در کلام عرب بمعنيِ نفل می آید و فع مستعمل نیست • و آن رکن را که نحر درو واقع است منحور گویند • و نحر در لغت گلو بریدن است گویا ازین رکن رمقے بیش نمانده است بجهتِ بسیاريِ انداختنِ حرف ازو • اینجا عروض و ضرب منحور است • و از اجتماعِ این دو وزن بیت ناموزون نشود •

(۶۵) منسرحِ مسدّسِ مطويّ • مفتعلن فاعلاتُ مفتعلن دو بار • مثالش

شاهِ جهان باد تا زمانه بود کز کرمش خلق شادمانه بود

تقطیعش • شاهِ جها مفتعلن باد تاز فاعلاتُ ما نبود مفتعلن • باقيِ او برین قیاس فهم کنيِ • اینجا همه ارکان مطويّ اند •

(۶۶) منسرحِ مسدّسِ مقطوع • مفتعلن فاعلاتُ مفعولن دو بار • مثالش

بس که بصورت اسیر شد جانم گر بگذاريِ گریخت نتْوانم

تقطیعش بس که بصو مفتعلن رت اسیر فاعلاتُ شد جانم مفعولن • باقيِ او زین قیاس فهم کنيِ • قطع در غیرِ فاعلاتن باصطلاح آنست که از وتدِ مجموع حرفِ ساکن بیندازند و حرفِ پیش ازو را ساکن سازند پس چون مستفعلن را قطع کنند مستفعلْ شود مفعولن که لفظِ با تنوین است بجاي آن نهند و چون مفعولن را از مستفعلن بگیرند مقطوع گویند

بحر مضارع *

(۶۷) بحرِ مضارعِ مثمّنِ اخرب • مفعولُ فاعلاتن چهار بار • مثالش مؤلّف گوید معمّا باسم بها •

سیفی گدا ازان شد در شهرِ آن پریرو   تا روزهای دوران آید بجانبِ او

تقطیع سیفیک مفعولُ دا ازا شد فاعلاتن در شهر مفعولُ اا پریرو فاعلاتن • میدان طریقِ تقطیع باقی برین قیاس • اصلِ این بحر مفاعیلن فاعلاتن است چهار باره اما چون مفاعیلن را خرب کنند مفعولُ شود بضمِّ لام چنانکه گذشت در بحرِ هزج • وابنجا چهار رکن اخرب است و چهار رکن سالم • و این بحر را ازانجهت مضارع گویند که مضارعت در لغت مشابهت است و این بحر مشابهِ بحرِ منسرح است دران که جزوِ دوم این هردو بحر مشتمل است بر وتدِ مفروق چرا که جزو دوم این بحر فاع لاتن است و او مشتمل است بر فاع و جزوِ دومِ منسرح مفعولاتُ است بضمِّ تا و او مشتمل است بر لاتُ • و خلیلِ ابنِ احمد که واضعِ این فن است گفته است که این بحر را بواسطهٔ مشابهت به بحرِ هزج مضارع خوانده و وجه مشابهت اینست که در ارکانِ هردو بحر اوتاد مقدّم اند بر اسباب •

(۶۸)   مضارعِ مثمنِ اخربِ مسبّغ مفعولُ فاع لاتن مفعولُ فاعلیان دو باره • منالش مؤلف گوید   • شعر •

گر اعتقادِ آن مه با ما کم و زیاد ست   ماییم و مهرِ رویش مقصود اعتقاد ست

تقطیع گر اعت مفعولُ قاد اا مه فاعلاتن باما ك مفعولُ مو زیاد ست فاعلیان • طریقِ تقطیع باقی برین قیاس • وچون فاعلاتن را تسبیغ کنند فاعلیان شود چنانکه گذشت در بحرِ رمل •

(۶۹)   مضارعِ مثمنِ اخربِ مکفوف • مفعولُ فاعلاتُ مفاعیلُ فاعلاتن دو باره منالش   • شعر •

دل بے رخِ تو صورتِ جان را نمی شناسد   جان بے لبِ تو گوهرِ کان را نمی شناسد

تقطیعش دل بے ر مفعولُ خے تو صور فاعلاتُ تِ جان را ن مفاعیلُ می شناسد فاعلاتن • طریقِ تقطیع باقی برین قیاس • و چون فاعلاتن و مفاعیلن را کف کنند فاعلاتُ و مفاعیلُ شود بضمِّ آخرِ هردو چنانکه دانستی که کف انداختنِ حرفِ هفتمِ ساکن است • و اینجا صدر و ابتدا اخرب است و حشوها مکفوف و عروض و ضرب سالم •

(۷۰) مضارع مثمن اخرب مکفوف مقصور • مفعول فاعلات مفاعیل فاعلات دو بار • مثالش مؤلف گوید • شعر •

بازم هوای آن لب میگون گرفته است   معلوم میشود که مرا خون گرفته است

تقطیعش بازم ه مفعول وای آل فاعلات ب میگوگ مفاعیل رفت است فاعلات • طریق تقطیع باقی برین قیاس • چون فاعلاتن را قصر کنند فاعلات شود چنانکه گذشت در بحر رمل •

(۷۱) مضارع مثمن اخرب مکفوف محذوف • مفعول فاعلات مفاعیل فاعلن دو بار • مثالش مؤلف گوید معما باسم حسین • شعر •

سیفی بریر وشی که تو دیوانهٔ ازو   خواهی مسخر تو شود جز دعا مگو

تقطیعش سیفیب مفعول ری وشی ک فاعلات تدیوان مفاعیل ی ازو فاعلن • طریق تقطیع باقی برین قیاس • چون از فاعلاتن تن را حذف کنند فاعلا شود فاعلن بجای او نهند چنانکه گذشت در بحر رمل •

(۷۲) مضارع مثمن مکفوف مقصور • مفاعیل فاعلات مفاعیل فاعلات دو بار • مثالش

گر آن طرهٔ هست مشک بما چون نداد بوی   ور آن چهره هست ماه چرا درکشید روی

تقطیع گرا طرر مفاعیل هست مشک فاعلات بما چون مفاعیل داد بوی فاعلات • طریق تقطیع باقی برین قیاس • اینجا عروض و ضرب مقصور است و باقی ارکان مکفوف • و اگر عروض و ضرب محذوف باشد وزن او چنین بود مفاعیل فاعلات مفاعیل فاعلن •

(۷۳) مضارع مثمن اخرب مکفوف • مفعول فاعلات مفاعیلن دو بار • مثالش •

ای نازنین که ماه منی امشب   رحمی بکن چو شاه منی امشب

تقطیعش ای ناز مفعول نین که ماه فاعلات منی امشب مفاعیلن رحمی ب مفعول کن چشاه فاعلات منی امشب مفاعیلن • اینجا عروض و ضرب سالم است • و اگر عروض و ضرب محذوف باشد وزن او چنین بود که مفعول فاعلات فعولن چراکه چون مفاعیلن را حذف کنند فعولن شود چنانکه گذشت در بحر هزج •

بحرِ مقتضب *

(۷۴) مقتضبِ مثمنِ مطوي • فاعلاتُ مفتعلن چهار بار • مثالش

یا لبت چه می طلبم بادهٔ نزدِ جان چه بود با رخت چه مه گرم بنده پیشِ خان چه بود

تقطیعش یا لبتچ فاعلاتُ می طلبم مفتعلن باد نزد فاعلاتُ جا چبود مفتعلن • برین قیاس باقي را فهم کني • اصلِ این بحر مفعولاتُ مستفعلن است چهار بار امّا چون مفعولاتُ را طی کنند فاعلاتُ شود چنانکه گذشت در بحرِ منسرح و چون مستفعلن را طی کنند مفتعلن شود چنانکه گذشت بتکرار • و اینجا همه ارکان مطوي اند • و این بحر را ازانجهت مقتضب گویند که اقتضاب در لغت بریدنِ چیزے است از چیزے و این بحر را از بحرِ منسرح بریده اند و گرفته چراکه الفاظ و ارکانِ این هر دو بحر یکے است واختلاف همین در ترتیب است و بس همچنانکه دانستي که اصلِ منسرح مستفعلن مفعولاتُ است چهار بار • و بعضے گفته اند که این بحر در شعرِ عرب البتّه مجزو می آید و مجزو بیتے را گویند که عروض وضربِ او بیندازند و جزو بفتحِ جیم و سکونِ زاي با نقطه در لغت بریدن است •

(۷۵) مقتضبِ مثمنِ مطويِ مقطوع • فاعلاتُ مفعولن چهار بار • مثالش

وقت را غنیمت دان آن قدر که بتواني حاصل از حیات ای جان یکدم است تا داني

تقطیعش وقت را غ فاعلاتُ نیمت دا مفعولن آنقدرک فاعلاتُ بتواني مفعولن • باقي را برین قیاس فهم کني • چون مستفعلن را قطع کنند مفعولن شود چنانکه گذشت در بحرِ منسرح • و اینجا چهار رکن مطوي است و چهار رکن مقطوع •

بحرِ مجتث *

(۷۶) بحرِ مجتثِ مثمنِ مخبون • مفاعلن فعلاتن چهار بار • مثالش

ز دور نیست میسّر نظر بروي تو مارا چه دولتست تعالی الله از قدِ تو قبا را

تقطیعش ز دور ني مفاعلن ست میسر نعلاتن نظر بروِ مفاعلن یتو مارا فعلاتن چه دولتس مفاعلن

تقطیع فعلاتن لبهز قدے مفاعلن تلبارا فعلاتن • اصلِ این بحر مستفعلن فاعلاتن است چهار بار • امّا چون مستفعلن را خبن کنند مفاعلن شود چنانکه گذشت در بحرِ رجز و فاعلاتن را خبن کنند فعلاتن چنانکه گذشت در بحرِ رمل • و اینجا همه ارکان مخبون اند • و این بحر را ازان جهت مجتث گویند که اجتثاث در لغت از بیخ برکندن است • و مقتضی این بحر را که مستفعلن فاعلاتن فاعلاتن آمده است از بحرِ خفیف گرفته اند و برآورده چراکه الفاظ و ارکانِ این هر دو بحر یکی است و اختلاف بآنست که اینجا مستفعلن مقدّم است بر هر دو فاعلاتن و در بحرِ خفیف مستفعلن در میانِ دو فاعلاتن است چنانکه معلوم خواهد شد • و اسمِ مقتضب و مجتث اگرچه در معنی بهم نزدیک اند امّا چون آن بحر را مقتضب نام کردند این بحر را مجتث نامیدند از برای امتیاز در نام چنانکه گذشت در اسمِ صدر و ابتدا • و باید که این سخن بر خاطر باشد تا اگر ذیلِ این چیزے بیاید احتیاج بتکرار نباشد •

(۷۷) مجتثِ مثمنِ مخبونِ مسبغ • مفاعلن فعلاتن مفاعلن فعلیان دو بار • مثالش • شعر •

دلم که سوخت ز عشقت چراغِ جانِ منست آن غبار کز تو رسد نورِ دیدگانِ منست آن

تقطیعش دلم کسو مفاعلن خت ز عشقت فعلاتن چراغ جا مفاعلن نمنستان فعلیان • قیاس گیر بتقطیع ازین بباقی شعر • چو فاعلاتن را خبن و تسبیغ کنند فعلیان شود چنانکه گذشت در بحرِ رمل •

(۷۸) مجتثِ مثمنِ مخبونِ مقصوره مفاعلن فعلاتن مفاعلن فعلات دو باره مثالش مؤلّف گوید • شعر •

زبسکه دردِ تو در جانِ ناتوانِ منست هلاکِ من طلبد هرکه مهربانِ منست

تقطیع زبس کدر مفاعلن دتو درجا فعلاتن ننا توا مفاعلن نمنست فعلات • قیاس گیر بتقطیع ازین بباقی شعر • چون فاعلاتن را خبن و قصر کنند فعلات شود چنانکه گذشت

در بحر رمل ٭

(۷۹) مجتث مثمن محذوف ٭ مفاعلن فعلاتن مفاعلن فعِلن بکسر عین دو بار ٭ مثالش مؤلّف گوید ٭ شعر ٭

شفا چو در قدم نسحف مبتلای ترا   برون خرام که درد سے مباد پای ترا

تقطیع شفا چدر مفاعلن قدمے نس فعلاتن نمبتلا مفاعلن یترا فعِلن ٭ قیاس گیر بتقطیع این بباقی شعر ٭ چون فاعلاتن را خبن و حذف کنند فعلن شود بکسر عین چنانکه گذشت در بحر رمل ٭

(۸۰) مجتث مثمن مخبون مقطوع ٭ مفاعلن فعلاتن مفاعلن فعْلن بسکون عین دو بار ٭ مثالش مؤلّف گوید ٭ شعر ٭

اگرچه یار مرا نیست رسم دلداری   بدین خوشم که ندارد بدیگرے یاری

تقطیعش اگرچیا مفاعلن ر مرا نی فعلاتن س رسم دل مفاعلن داری فعْلن ٭ قیاس گیر بتقطیع این بباقی شعر ٭ و چون فعلاتن را قطع کنند فعْلن شود بسکون عین چنانکه گذشت در بحر رمل ٭

(۸۱) مجتث مثمن مقطوع مسبّغ ٭ مفاعلن فعلاتن مفاعلن فعْلان دو بار ٭ مثالش مؤلّف گوید ٭ شعر ٭

چه گویم از سر مستی لبت می نابست   سرنیم از سخن ما که عالم آبست

تقطیعش چگویمز مفاعلن سر مستی فعلاتن لبت می مفاعلن نابست فعْلان ٭ سرنیم از مفاعلن سخنے ما فعلاتن کعالمے مفاعلن آبست فعلان ٭ و چون فعْلن مقطوع را مسبّغ کنند فعْلان شود چنانکه گذشت در بحر رمل ٭

بحر سریع ٭

(۸۲) سریع مطوی موقوف ٭ مفتعلن مفتعلن فاعلان دو بار ٭ مثالش مؤلّف گوید معمّا باسم رستم ٭ شعر ٭

دل که ز خوبان همه غم دیده است   بیشتر از عمر ستم دیده است

تقطیع دل ک ز خو مفتعلن با هم غم مفتعلن دید است فاعلن ۰ باقی تقطیع چنین نوع دانی ۰ اصلِ این بحر مستفعلن مستفعلن مفعولاتُ است بضمّ تا دو باره امّا چون مستفعلن را طی کنند مفتعلن شود چنانکه گذشت بتکرار و مفعولاتُ را طی و وقف کنند فاعلان شود چنانکه گذشت در بحرِ منسرح ۰ و اینجا عروض و ضرب مطوی موقوف است و باقی ارکان مطوی ۰ و این بحر را ازانجهت سریع گویند که سرعت در لغت شتاب کردن است و چون درین بحر اسباب بیشتر اند از اوتاد زودتر گفته میشود ۰ پس باین مناسبت این بحر را سریع گفتند ۰

(۸۳) سریعِ مطوی مکسوف ۰ مفتعلن مفتعلن فاعلن دو بار ۰ مثالش مؤلف گوید معمّا باسمِ میربابا ۰ شعر ۰

کی بود آن دم که ببزمِ وفا   می بدلِ ما کشد آن دلربا

تقطیع کی بود آ مفتعلن دم ک ببز مفتعلن مِ وفا فاعلن ۰ باقی تقطیع همین نوع دانی ۰ چون مفعولاتُ را طی و کسف کنند فاعلن شود چنانکه گذشت در بحرِ منسرح ۰ و اینجا عروض و ضرب مطوی مکسوف است ۰

بحرِ جدید ۰

(۸۴) بحرِ جدیدِ مخبون ۰ فعلاتن فعلاتن مفاعلن دو باره ۰ مثالش ۰ شعر ۰

چو قدت گرچه صنوبر کشد سرے   نبود چون قدِ سروت صنوبرے

تقطیع چقدت گر فعلاتن چصنوبر فعلاتن کشد سرے مفاعلن ۰ نبود چو فعلاتن قد سروت فعلاتن صنوبرے مفاعلن ۰ اصلِ این بحر فاعلاتن فاعلاتن مستفعلن است دو باره امّا چون فاعلاتن را خبن کنند فعلاتن شود و مستفعلن را خبن کنند مفاعلن شود چنانکه هردو گذشت بتکرار ۰ و این بحر را ازانجهت جدید گویند که جدید در لغت نو است و این بحر از جملهٔ بحورِ مستحدث است یعنی نو پیدا کرده شده است ۰ ازینجهت این بحر را بحرِ غریب نیز نامیده اند ۰ و میگویند که این بحر را بزرجمهر پیدا کرده است ۰

بحرِ قریب *

(۸۵) بحرِ قریبِ مکفوف ۔ مفاعیلُ مفاعیلُ فاعلاتن دو بار ۔ مثالش مؤلّف گوید • شعر •

خداوندِ جهان‌بخش شاهِ عادل   شهنشاهِ جهان‌بخت رادِ کامل

تقطیع خداوند مفاعیلُ جهان‌بخش مفاعیلُ شاه عادل فاعلاتن • شهنشاه مفاعیلُ جهان‌بخت مفاعیلُ راد کامل فاعلاتن • اصل این بحر مفاعیلن مفاعیلن فاعلاتن دو بار است امّا چون مفاعیلن راکف کنند مفاعیلُ شود بضمّ لام چنانکه گذشت بتکرار • اگر عروض و ضرب مقصور باشد وزنِ او چنین بود مفاعیلُ مفاعیلُ فاعلات چراکه چون فاعلاتن را قصر کنند فاعلات شود چنانکه گذشت بتکرار • و اگر عروض و ضرب محذوف باشد وزنِ او چنین بود مفاعیلُ مفاعیلُ فاعلن چراکه چون فاعلاتن را حذف کنند فاعلن شود چنانکه گذشت بتکرار • و این بحررا ازانجهت قریب گویند که قریب درلغت نزدیک است و این بحر از جملهٔ بحورِ مستحدث است و درین نزدیکی پیدا شده است • ومیگویند که مولانا یوسفِ عروضیِ نیشاپوری که اوّل کسے که در فارسی تصنیفِ علمِ عروض کرده است اوست این بحر را پیدا کرده است بعد ازانکه خلیلِ ابنِ احمد وضعِ بحور کرده بود بدویست سال • وبعضے گفته‌اند که ارکانِ این بحر بارکانِ بحرِ هزج و مضارع قربے دارد ازانجهت این بحر را قریب گفتند •

(۸۶) قریبِ اخربِ مکفوف • مفعولُ مفاعیلُ فاعلاتن دو باره مثالش

تا طبعِ رهی برقرار باشد   مدّاحِ درِ شهریار باشد

تقطیعش تا طبع مفعولُ رهی برق مفاعیلُ رار باشد فاعلاتن مدداح مفعولُ درے شهر مفاعیلُ یار باشد فاعلاتن • و چون مفاعیلن را خرب کنند مفعولُ شود و چون کف کنند مفاعیلُ شود بضمِّ لام در هردو چنانکه گذشت بتکرار • وایجا صدر و ابتدا اخرب است و حشو مکفوف و عروض و ضرب سالم • و اگر عروض و ضرب مقصور باشد وزنِ او چنین

بود که مفعولُ مفاعیلُ فاعلاتْ و اگر عروض وضرب محذوف باشد وزن او چنین بود که مفعولُ مفاعیلُ فاعلن ٭

بحرِ خفیف ٭

(۸۷) بحرِ خفیفِ مخبون ٭ فاعلاتن مفاعلن فعلاتن دو بار ٭ مثالش

ای صبا بوسه زن زمین درِ او را ورنرنجد لبِ چو شکر اورا

تقطیعش ای صبا بو فاعلاتن سه زن زمین مفاعلن در او را فعلاتن ٭ ور نرنجد فاعلاتن لبِ چشکر مفاعلن کر او را فعلاتن ٭ اصلِ این بحر فاعلاتن مستفعلن فاعلاتن است دو بار ٭ امّا چون مستفعلن را خبن کنند مفاعلن شود و فاعلاتن را خبن کنند فعلاتن شود چنانکه گذشت هر دو بتکرار ٭ و اینجا صدر و ابتدا سالم است و باقیِ ارکان مخبون ٭ و اگر صدر و ابتدا نیز مخبون باشد وزن او چنین بود که فعلاتن مفاعلن فعلاتن و اگر عروض و ضرب مخبونِ مسبّغ باشد فعلیان بود چنانکه گذشت در بحرِ رمل و مجتث ٭ و این بحر را ازانجهت خفیف گویند که سبکترینِ بحرها است در وزن چراکه در هر رکنِ او دو سبب خفیف محیط است بوتد و بدین سبب ارکان سبک شده اند ٭ و بعضی گفته که این بحر سبکترینِ بحور است بدین معنی که نامهای دراز که حروف بسیار دارد و در هیچ بحر آوردنِ آن ممکن نیست درین بحر میتوان آورد ٭ همچنانکه گفته اند

خواجه عبد الرّحمنِ ما در کتابت همچو عبد الحمیدِ ابن العمید ست

تقطیع خاج عبدر فاعلاتن رحمان ما مستفعلن درکتابت فاعلاتن ٭ همچ عبدل فاعلاتن حمید اب مفاعلن نل عمید ست فاعلیان ٭

(۸۸) خفیفِ مخبونِ مقصور ٭ فاعلاتن مفاعلن فعلاتْ دو بار ٭ مثالش

ماه رویا بخونِ من مشتاب کشتیِ عاشقان که دید سراب

تقطیعش ماه رویا فاعلاتن بخون من مفاعلن مشتاب فعلاتْ ٭ باقی بدین قیاس بدان ٭ چون فاعلاتن را خبن و قصر کنند فعلاتْ شود چنانکه گذشت بتکرار ٭

(٨٩) خفیفِ مخبونِ محذوف • فاعلاتن مفاعلن فَعِلن بکسرِ عین دو بار • مثالش مؤلّف گوید • شعر •

گفتمش چیست بی تو چارهٔ ما رفت در قهر و گفت مرگ و بلا

تقطیعش گفتمش چی فاعلاتن ست بی تُچا مفاعلن رهٔما فَعِلن • باقی بدین طریق بدان • چون فاعلاتن را خبن و حذف کنند فَعِلن شود بکسرِ عین چنانکه گذشت بتکرار •

(٩٠) خفیفِ مخبونِ مقطوع • فاعلاتن مفاعلن فعْلن بسکونِ عین دو بار • مثالش مؤلّف گوید • شعر •

با تو کی دردِ ما توان گفتن این سخن را کجا توان گفتن

تقطیعش باتکی در فاعلاتن د ما توا مفاعلن گفتن فعلن • باقی بدین قیاس بدان • و چون فاعلاتن را قطع کنند فعْلن شود بسکونِ عین چنانکه گذشت بتکرار •

(٩١) خفیفِ مخبونِ مقطوعِ مسبّغ • فاعلاتن مفاعلن فعْلان دو باره مثالش مؤلّف گوید معمّا بلسم دارد • شعر •

از طبائع هرانچه موجود ست آدمی زان میانه مقصود ست

تقطیعش ازطبایع فاعلاتن هرانچه مو مفاعلن جودست فعلان • آدمی زا فاعلاتن میانه مق مفاعلن صودست فعلان • چون فعلن مقطوع را تسبیغ کنند فعلان شود چنانکه گذشت بتکرار •

(فصل ٩٢) در بیانِ ذاتِ بعضی از بحورِ گذشته • بدان که شش بحر که سریع و منسرح وخفیف و مضارع و مقتضب و مجتث اند وقتی که مسدّس الاجزا باشند یعنی هریک ازانها شش رکن باشند از یک دائره بیرون می آیند چراکه چون مستفعلن مستفعلن مفعولاتُ را که بحرِ سریع است بخطِ دائره تو بحی و از مستفعلن دوم آغاز کنی و بر مستفعلنِ اوّل تمام سازی و گوئی مستفعلن مفعولاتُ مستفعلن بحرِ منسرح باشد و اگر از تفعلن مستفعلن دوم آغاز کنی و بر مسی او تمام سازی و گوئی که تفعلن مفعولاتُ مس تفعلن مس بر وزنِ فاعلاتن

مستفعلن فاعلاتن شود که بحرِ خفیف است • و اگر از علن مستفعلن دوم آغاز کنی و بر مستف لن تمام سازی و گوئی که علن مفعولاتُ مستفع لن مستف بر وزنِ مفاعیلن فاعلاتن مفاعیلن شود که بحرِ مضارع است و اگر از مفعولاتُ آغاز کنی و بر مستفعلن دوم تمام سازی و گوئی مفعولاتُ مستفعلن مستفعلن بحرِ مقتضب باشد • و اگر از عولاتُ آغاز کنی و بر مف تمام سازی و گوئی عولاتُ مس تفعلن مس تفعلن مف بر وزنِ مستفعلن فاعلاتن فاعلاتن شود که بحرِ مجتث است • و ازین بیان ظاهر شد که تفع که در مستفعلن بحرِ خفیف و مجتث است عوضِ لاتُ است که وتدِ مفروق است پس او نیز وتدِ مفروق باشد • و همچنین ظاهر شد که تاع که در فاعلاتن بحرِ مضارع است عوضِ لاتُ است پس او نیز وتدِ مفروق باشد • صورتِ دائره اینست • [شکل ۴]

و این دائره را مشتبهه گویند بکسرِ با ازانجهت که بعضے ارکانِ بحورِ او مشتبه اند بیکدیگر چراکه مستفعلن که در بحرِ خفیف و بحرِ مجتث است مرکّب است از وتدِ مفروق و دو سببِ خفیف و مستفعلن که در بحورِ دیگر است مرکّب است از دو سببِ خفیف و وتدِ مجموع و همچنین فاع لاتن که در بحرِ مضارع است مرکّب است از وتدِ مفروق و دو سببِ خفیف و فاعلاتن که در غیر اوست مرکّب است از دو سببِ خفیف و وتدِ مجموع • و بعضے این دائره را دائرهٔ وتد نامیده اند بجهتِ آنکه وتدِ مفروق واقع نیست مگر درهمین •

بحرِ مُشاکل •

(۹۳) بحرِ مشاکلِ مکفوفِ مقصور • فاعلاتُ مفاعیلُ مفاعیلْ دو باره • مثالش

یارِ غم شده‌ام در شبِ دیجور   زآن سبب که نشد روزِ محن دور

تقطیعش. یارِ غم ش فاعلاتُ ده ام در ش مفاعیلُ ب دیجور مفاعیلْ • زان سبب ک فاعلاتُ نشد روز مفاعیلُ محن دور مفاعیلْ • اصل این بحر فاعلاتن مفاعیلن مفاعیلن است دو باره امّا چون فاعلاتن و مفاعیلن را کف کنند فاعلاتُ و مفاعیلُ شود بضمّ آخرِ هر دو چنانکه گذشت بتکرار • و چون مفاعیلن را قصر کنند مفاعیلْ شود بسکونِ لام چنانکه گذشت در بحرِ هزج •

و این بحر را ازانجهت مُشاکل گویند که مشابه و موافقِ بحرِ قریب است در ارکان چراکه الفاظِ هردو یکیاست و اختلاف بآنست که اینجا فاعلاتن مقدّم است بر هردو مفاعیلن و در بحرِ قریب موخّر است از هردو • مشاکله در لغت مشابهت و موافقت است • و این بحر نیز از بحورِ مستحدث است •

بحرِ متقارب •

(۹۴) بحرِ متقاربِ مثمّنِ سالم • این بحر را ازانجهت متقارب گویند که ارکان و اسبابِ او بهم نزدیک اند چراکه هر وتدے را سببی در پی است • و تقارب در لغت بیکدیگر نزدیک شدن است • و بعضی گفته اند که این بحر را ازانجهت متقارب گویند که اوتادِ او بیکدیگر نزدیک‌اند چراکه درمیانِ هر دو وتد یک سببِ خفیف است • و اصلِ این بحر هشت بار فعولن است • مثالش • شعر •

اگر سروِ من در چمن جا بگیرد عجب باشد ار سرو بالا بگیرد

تقطیع اگر سر فعولن و من در فعولن چمن جا فعولن بگیرد فعولن • باقیِ تقطیع برین قیاس •

(۹۵) متقاربِ مثمّنِ مقصور • فعولن فعولن فعولن فعولْ دو بار • مثالش مؤلّف گوید • شعر •

مرا کُشت آن مه چو هجران نمود ز مرگم خبر بود ازینم نبود

تقطیعش مرا کُش فعولن ت آنمه فعولن چ هجرا فعولن نمود فعولْ • باقیِ تقطیع برین قیاس •
چون فعولن را قصر کنند یعنی حرفِ ساکنِ سبب او را که نون است بیندازند و حرفِ متحرّکِ آن سبب که لام است ساکن سازند فعولْ شود • و اینجا عروض و ضرب مقصور است و باقیِ ارکان سالم •

(۹۶) متقاربِ مثمّنِ محذوف • فعولن فعولن فعولن فعَلْ دو باره مثالش مؤلّف گوید • شعر •

چرآیم بکویت مکن عیبِ من که بے اختیارم دَرین آمدن

تقطیعِ ایم فعولن بکوبت فعولن مکن می فعولن بمن فَعَل • باقی تقطیع برین قیاس •
چون فعولن را حذف کنند یعنی سببِ خفیفِ آخرِ او را که لن است بیندازند فعو بماند فَعَل بجای آن بنهند که مستعمل است • و اینجا عروض و ضرب محذوفست و باقی ارکان سالم • و از اجتماعِ این دو وزن بیت ناموزون نشود و همچنین هرجا که تفاوت نباشد میانِ دو وزن مگر باین که رکنِ آخرِ یکی فعول باشد و رکنِ آخرِ دیگری فعل از اجتماعِ این دو وزن بیت ناموزون نشود •

(۹۷) متقاربِ مثمنِ اثلم • فعلن فعولن چهار بار • مثالش • شعر •

آشوبِ جانی شوخِ جهانی — بی اعتمادی نامهربانی

تقطیعش آشو فعلن بجانی فعولن شوخی فعلن جهانی فعولن • باقی تقطیع برین قیاس •
ثَلَم در لغت رخنه شدن بود و در اصطلاح انداختنِ فای فعولن است عولن بماند فعلن بجای آن بنهند بجهتِ افتادنِ فا • و آن رکن را که ثلم درو واقع است اثلم گویند • و چون فعلن را از فعولن بگیرند اثلم گویند • و اینجا چهار رکن اثلم است و چهار رکن سالم •

(۹۸) متقاربِ مثمنِ مقبوضِ اثلم • فعولُ فعلن چهار بار • مثالش

کرم بخوانی ورم برانی — دلِ حزین را بجای جانی

تقطیع کرم ب فعولُ خانی فعلن ورم ب فعولُ رانی فعلن • باقی تقطیع برین قیاس •
چون فعولن را قبض کنند یعنی حرفِ پنجمِ ساکنِ او را که نون است بیندازند فعولُ بماند بضمِّ لام و اینجا چهار رکن مقبوض است و چهار رکن اثلم • و بعضی مقبوضِ اثلم را بر شانزده رکن بنا کرده‌اند چنانکه خواجه عصمت الله بخاری رحمة الله علیه فرماید مثالش

زهی دو چشمت بخون مردم گشاده تیر و کشیده خنجر •
رخ چو ماهت صباحِ دولت خطِ سیاهت شبِ معنبر •

تقطیع زهی د فعولُ چشمت فعلن بخون فعولُ مردم فعلن گشاد فعولُ تیر و فعلن کشید فعولُ خنجر فعلن • باقی تقطیع برین قیاس •

(۹۹) متقاربِ مسدّسِ سالم • فعولن شش بار • مثالش • شعر •

زدردِ جدائی چنانم ‌ ‌ ‌ ‌ که از زندگانی بجانم

تقطیع ز دردے فعولن جدایی فعولن چنانم فعولن • که از زن فعولن دگانی فعولن بجانم فعولن • و اگر عروض و ضرب مقصور باشد وزنِ او چنین بود که فعولن فعولن فعولْ دو بار واگر عروض و ضرب محذوف باشد وزنِ او چنین بود که فعولن فعولن فعَلْ •

بحرِ متدارك •

(۱۰۰) بحرِ متدارکِ مثمنِ سالم • این بحر را ازان جهت متدارک گویند که اسباب او دریافته است اوتاد را و تدارک در لغت دریافتن و پیوستن است • و بعضے گفته اند که چون ابوالحسنِ اخفش این بحر را پیدا کرد و پیوست به بحرهای که خلیلِ ابنِ احمد پیدا کرده بود متدارک نام کرد • و احمدِ عروضی این بحر را غریب نام کرده است • و اصلِ او فاعلن است هشت بار • مثالش • شعر •

حسن و لطفِ ترا بنده شد مهر و مه ‌ ‌ ‌ ‌ خطّ و خالِ ترا مشك چین خاك ره

تقطیع حسن لط فاعلن فِ ترا فاعلن بنده شد فاعلن مهرُ مه فاعلن • باقی زینسان میدان •

(۱۰۱) متدارکِ مثمنِ مخبون • فعِلن بکسرِ عین هشت بار • مثالش

چو رخت نبود گلِ باغِ ارم ‌ ‌ ‌ ‌ چو قدت نبود قدِ سروِ چمن

تقطیعش چو رخت فعلن گلبا فعلن غ ارم فعلن • باقی زینسان میدان • چون فاعلن را خبن کنند فعلن بماند بکسرِ عین چنانکه گذشت در بحرِ رمل • اینجا همه ارکان مخبون اند •

(۱۰۲) متدارکِ مثمنِ مقطوع • فعْلن بسکونِ عین هشت بار • مثالش

هردم پیشت دارم زاری ‌ ‌ ‌ ‌ کز غم تا کی زارم داری

تقطیعش هردم فعْلن پیشت فعلن دارم فعلن زاری فعلن • باقی زینسان میدان • چون فاعلن را قطع کنند یعنی از وتدِ مجموعِ او که علن است حرفِ ساکن را بیندازند که نون است و متحرّکِ پیش ازو را که لام است ساکن سازند فاعلْ شود • فعْلن که لفظ

یا تنوین است بجای آن بنهند • و اینجا همه ارکان مقطوع اند • و این بحر را صوت الناقوس نیز گویند • از جابر انصاري رضي الله عنه روایت است که گفت در راه شام با حضرت امیر المؤمنین و امام المتقین علي ابن ابی طالب کرم الله وجهه بودم و بر دیرے میگذشتیم • ترسائی ناقوس مینواخت • چون آن حضرت آواز ناقوس شنیدند فرمودند که ناقوس چنین میگوید و چند بیت در شان فنای دنیا خواندند • و اول ابیات این است حقا حقا حقا حقا صدقا صدقا صدقا صدقا

پس معلوم شد که صوت الناقوس مشابه متدارک مقطوع است •

(۱۰۳) متدارک مثمن مخبون مقطوع • فاعلن فعلن چهار بار • مثالش

سنبلِ سیه بر سمن مزن لشکرِ حبش بر ختن مزن

تقطیع سنبلے فاعلن سیه فعلن بر سمن فاعلن مزن فعلن • لشکرے فاعلن حبش فعلن بر ختن فاعلن مزن فعلن • چون فاعلن را خبن وقطع کنند فعل شود بکسر عین فعْل بفتح عین بجای آن بنهند بجهت خفت لفظ •

و متدارک مسدس اگر سالم الاجزا باشد وزن او فاعلن بود شش بار و اگر مخبون الاجزا باشد فعلن شود شش بار و اگر مخبون مقطوع الاجزا باشد فعْلن بود شش بار

(فصل ۱۰۴) در بیان فلک دو بحر گذشته • بدانکه خلیل ابن احمد بحر متقارب را در یک دائره نهاده است و آنرا منفرده نام کرده بجهت آنکه یک بحر است • و ابوالحسن اخفش ازین دائره بحرِ متدارک را استخراج کرده است بر قیاس دائرهای بحور دیگر چرا که چون چهار فعولن را بر خط دائره نویسي و از فعو آغاز کني و بر لن تمام سازي و گوئي فعولن فعولن فعولن فعولن بحرِ متقارب باشد و اگر فعو را گذاري و از لن آغاز کني و بر فعو تمام سازي و گوئي که لن فعو لن فعو لن فعو لن فعو بر وزن چهار فاعلن باشد که بحر متدارک است و صورت دائره اینست [شکل ۳]

و این دائره را متفقه گویند بکسر فا ازانجهت که ارکان بحور این دائره متفق اند

یکدیگر بدین معنی که همه خُماسي اند و مرکّب از وتدِ مجموع و سببِ خفیف • بعضے این دائره را مشتبهه نامیده اند •

بحرِ طویل •

(۱۰۵) بحرِ طویلِ سالم • این بحر را ازانجهت طویل گویند که طویل در لغت دراز را گویند و این بحر درازترینِ بحرهای شعرِ عرب است چراکه یک بیتِ او چهل و هشت حرف است و هیچ بحرِ دیگر بدین درجه نمیرسد • و بیانش اینست که خلیل ابنِ احمد هر یک ازین یازده بحر را که هزج و رجز و رمل و منسرح و مضارع و مقتضب و مجتث و سریع و خفیف و وافر و کامل است بر شش رکنِ سُباعي وضع کرده است که چهل و دو حرف باشد و بحرِ متقارب را بر هشت رکنِ خماسي وضع کرده است که چهل حرف باشد • و اگرچه بحرِ مدید و بحرِ بسیط را نیز بر چهار رکنِ سباعي و چهار رکنِ خماسي که چهل و هشت حرف باشد وضع کرده است امّا بحرِ مدید در شعرِ عرب البتّه مجزو می آید (و مجزو بیتی را گویند که عروض و ضربِ او بیفتد چنانکه گذشت در بحرِ مقتضب) پس مدید نیز مسدّس شود و بسیط اگر مجزو آید مسدّس شود و اگر مثمّن باشد البتّه عروض و ضربِ او مخبون می آید پس چون بخبن از عروض و ضربِ او دو حرف بیفتد چهل و شش حرف ماند • و بعضے گفته اند این بحر را ازانجهت طویل گویند که مجزو نیاید و هرگز از هشت رکن کمتر نیست بخلافِ بحورِ دیگر • و بعضے گفته اند که این بحر را طویل ازان گویند که در ارکانِ او اوتاد مقدّم اند بر اسباب و وتد طویل است نسبت بسبب • و اصلِ این بحر فعولن مفاعیلن است چهار بار • مثالش

دلارامِ ما را گر بوعده وفا بودے بهَرِ بُدے کآخر تسلّي بما بودے

تقطیع دلارا فعولن ما را گر مفاعیلن بوعده فعولن وفا بودے مفاعیلن • بهرے فعولن بدے کآخر مفاعیلن تسللي فعولن بما بودے مفاعیلن • و بعضے عکسِ طویل را یعنی مفاعیلن فعولن را چهار بار بحرِ عریض و مقلوبِ طویل نامیده اند •

بحرِ مدید *

(١٠٦) بحرِ مدیدِ مثمّنِ سالم ٭ این بحر را ازانجهت مدید گویند که مدّ در لغت کشیدن است و این بحر را از طویل کشیده آید و بیرون آورده چنانکه از دائرهٔ معلوم خواهد شده ٭ و بعضے گفته‌اند که این بحر را ازانجهت مدید گویند که دو سبب در دو طرف ارکانِ سباعیِ او کشیده شده است تا در اوّلِ رکن و تن در آخر ٭ و بعضے گفته اند که ارکانِ سباعیِ او در گردِ ارکانِ خماسیِ او کشیده شده است ٭

و اصلِ این بحر فاعلاتن فاعلن است چهار بار ٭ مثالش ٭ شعر ٭

ای دلِ بردرد را لعلِ تو درمان شده خاک پایت بنده را چشمهٔ حیوان شده

تقطیع ای دلے بر فاعلاتن درد را فاعلن لعل تو در فاعلاتن ما شده فاعلن ٭ و ظاهر است که بحرِ مدید بطبع اقرب است از طویل و اگر فاعلن را خبن کنند و چنین گویند که فاعلاتن فَعِلن چهار بار تمام از ثقل بیرون آید ٭ مثالش ٭ شعر ٭

از میان و دهنش تا توان یك سرِ مو زان نشان بار مده زین سخن هیچ مگو

تقطیع از میانو فاعلاتن دهنش فعلن تا توا یك فاعلاتن سرمو فعلن ٭ و بعضے عکسِ مدید را یعنی فاعلن فاعلاتن چهار بار بحرِ عمیق نامیده اند ٭

بحرِ بسیط *

(١٠٧) بحرِ بسیطِ مثمّنِ سالم ٭ این بحر را ازانجهت بسیط گویند که بسط در لغت گسترانیدن است و در اوّلِ هر رکنِ سباعیِ او دو سببِ خفیف گسترانیده شده است و بعضے گفته اند که در ارکانِ او اسباب گسترانیده شده است سباعی را دو سبب خماسی را یك سبب ٭ و اصلِ این بحر مستفعلن فاعلن است چهار بار ٭ مثالش ٭ شعر ٭

ای با وصالت دلم شادان ز دَورِ فلك هجرِ تو بر خاطرم چون بر جراحت نمك

تقطیع ای با وصا مستفعلن لت دلم فاعلن شادا ز دو مستفعلن رے فلك فاعلن ٭ هجرے تُ بر مستفعلن خاطرم فاعلن چو بر جرا مستفعلن حت نمك فاعلن ٭

(فصل ۱۰۸) در بیانِ فکِّ سه بحرِ گذشته • بدان‌که این سه بحر که طویل و مدید و بسیط است از یک دائره بیرون می آیند چراکه چون دو فعولن مفاعیلن را بر خطِ دائره نویسی و از فعولن آغاز کنی و بر مفاعیلنِ دوم تمام سازی و گوئی که فعولن مفاعیلن فعولن مفاعیلن بحرِ طویل باشد• و اگر فعو را گذاری و از لن آغاز کنی و بر فعو تمام سازی و گوئی که لن مفاعی لن فعو لن مفاعی لن فعو بر وزنِ دو فاعلاتن فاعلن شود که بحرِ مدید است • و اگر از عیلن آغاز کنی و بر مفا تمام سازی و گوئی که عیلن فعو لن مفا عیلن فعو لن مفا بر وزنِ دو مستفعلن فاعلن شود که بحرِ بسیط است • و صورتِ دائره اینست [شکل ۴]

و این دائره را مختلفه گویند بکسرِ لام ازانجهت که ارکانِ بحورِ این دائرهٔ مختلف اند بعضے خماسی و بعضے سباعی • بعضے گفته اند چون ارکانِ سباعیِ این سه بحر مختلف بودند این دائره را مختلفه گفتند • و بعضے این دائره را مختلفه نامیده اند بفتحِ لام •

بحرِ وافر *

(۱۰۹) بحرِ وافرِ مثمّنِ سالم• این بحر را ازانجهت وافر گویند که درین بحر حرکات بسیار است چراکه هر رکنِ او مشتمل است بر پنج متحرّک و وفور بضمّ را و ضمّ فا در لغت بسیاری است • و بعضے گفته اند که این بحر را وافر ازان گویند که اشعارِ عرب درین بحر بسیار است • و اصلِ این بحر مفاعلتن است هشت بار • مثالش

چه شد صنما که سوی کسے بچشمِ رضا نمینگری
ز رهِ جفا نمیگذری. طریقِ وفا نمی سپری

تقطیع چشد صنما مفاعلتن کسوی کسے مفاعلتن بچشم رضا مفاعلتن نمی نگری مفاعلتن • هم برین قیاس باقی دان •

بحرِ کامل •

(۱۱۰) بحرِ کاملِ مثمّنِ سالم• این بحر را ازانجهت کامل گویند که حرکاته

در دائره وضع کرده اند همچنان تمام آمده است • و کمال در لغت تمامی است • و بعضی گفته اند که چون حرکاتِ این بحر بسیار بوده اورا کامل گفتند چراکه یک بیتِ تمامِ او مشتمل است بر چهل متحرّک • و اگرچه اصلِ بحرِ وافر نیز مشتمل است بر چهل متحرّک امّا او تمام مستعمل نیست • و بعضی گفته اند که این بحر را ازانجهت کامل گویند که ضربِ او بر نُه وجه می‌آید و ضروبِ هیچ بحرِ دیگر این مقدار نیست • و اصلِ این بحر متفاعلن است هشت باره مثالش • شعر •

نه دلش ز رسمِ جفا گهی بغلط بسوی وفا رود نه وفای او بدوصد جفا ز دلِ جفاکشِ ما رود

تقطیع ن دلش ز رس متفاعلن مجفا گهی متفاعلن بغلط بسو متفاعلن یوفا رود متفاعلن • همبرین قیاس کن دیگر •

(فصل ۱۱) دربیانِ فکِّ دو بحرِ گذشته • بدان که بحرِ وافر و بحرِ کامل از یک دائره بیرون می‌آیند چراکه چون چهار مفاعلتن را بر خطِ دائره نویسی و از مفا آغاز کنی و بر علتن تمام سازی و گوئی مفاعلتن مفاعلتن مفاعلتن مفاعلتن بحرِ وافر شود • و اگر از علتن آغاز کنی و بر مفا تمام سازی و گوئی که علتن مفا علتن مفا علتن مفا علتن مفا بر وزنِ چهار متفاعلن شود که بحرِ کامل است وصورتِ دائره اینست [شکل ٥]

و این دائره را مؤتلفه گویند بکسرِ لام ازانجهت که ارکانِ بحورِ این دائره را بهم الفت و مناسبتی هست باین معنی که همه سُباعی اند ومرکّب از وتدِ مجموع و فاصلهٔ صغری • و بعضی این دائره را متّفقه نامیده اند و معنی ایتلاف و اتّفاق بهم نزدیک است •

و معلوم باشد که این پنج دائره که درین رساله آورده شد دوائرے است که خلیل ابنِ احمد وضعِ آن کرده است و نام نهاده و پانزده بحرِ اصل استخراج کرده امّا دائرهٔ اوّل را که مجتلبه است بر شش رکن نهاده است بجهتِ آنکه بحورِ این دائره را مسدّس الاجزا وضع کرده است همچنانکه گذشت در وجهِ تسمیهٔ بحرِ طویل •

(فصل ۱۱۲) در بیانِ اوزانِ رباعي؛ بدانکه وزنِ رباعي که آنرا دوبیتی و ترانه نیز گویند از بحرِ هزج بیرون می‌آید • و آنرا عجم پیدا کرده اند • و بر بیست و چهار نوع آورده • مجموعِ این بیست و چهار وزن از ده لفظ مرکّب است یکی مفاعیلنِ سالم که هزجِ سالم از تکرارِ آن حاصل میشود چنانکه گذشت • دوم مفعولُ اخرب چنانکه دانستي که چون مفاعیلن را خرب کنند مفعولُ شود بضمِّ لام • سوم مفاعلن مقبوض چنانکه دانستي که چون مفاعیلن را قبض کنند مفاعلن بماند • چهارم مفاعیلُ مکفوف چنانکه دانستي که چون مفاعیلن را کف کنند مفاعیلُ بماند بضمِّ لام • پنجم فعولْ اهتم و هتم در اصطلاح اجتماعِ حذف و قصر است در مفاعیلن • چون بحذف لن از مفاعیلن بیفتد و بقصر یا بیفتد و عین ساکن شود مفاعْ بماند فعولْ بجای آن بنهند بجهتِ افتادنِ لام • و آن رکن را که هتم درو واقع است اهتم گویند و هتم در لغت دندان پیشین شکستن است و چون فعولْ را از مفاعیلن بگیرند اهتم گویند • ششم فعلْ مجبوب و جب در لغت خصي کردن است و در اصطلاح انداختنِ هردو سببِ مفاعیلن است مفا بماند فعلْ بجاي آن بنهند بجهتِ افتادنِ عین ولام و آن رکن را که جب درو واقع است مجبوب گویند و چون فعلْ را از مفاعیلن بگیرند مجبوب گویند • هفتم فاعْ ازلّ و زلل در لغت بی‌گوشتي رانِ و نصفِ پایانِ زنان است و در اصطلاح اجتماعِ هتم و خرم است و چون از مفاعِ اهتم میم بیفتد بخرم فاع بماند و چون فاع را از مفاعیلن بگیرند ازل گویند • هشتم فعْ ابتر و بتر در لغت دنباله بریدن است و در اصطلاح اجتماعِ جب و خرم است و چون از مفای مجبوب میم بیفتد بخرم فا بماند فعْ بجاي آن بنهند که دو حرفِ اوّلِ میزان است و چون فعْ را ازمفاعیلن بگیرند ابتر گویند • نهم مفعولن اخرم چنانکه دانستي که چون مفاعیلن را خرم کنند مفعولن شود • دهم فاعلن اشتر چنانکه دانستي که چون مفاعیلن را شتر کنند فاعلن بماند • و از براي ضبطِ این اوزان خواجه حسنِ قطّان که از ائمّهٔ خراسان بوده است دو شجره ساخته یکی را شجرهٔ اخرب گویند و دیگرے را شجرهٔ اخرم • امّا شجرهٔ اخرب

آن است که رکنِ اوّلِ او مفعولُ بود و شجرهٔ اخرم آنکه رکنِ اوّلِ او مفعولن باشد و شجرهٔ اخرب بر دوازده نوع می‌آید و صورتش اینست [شکل ۶]

و از اجتماعِ این دوازده وزن با یکدیگر رباعي ناموزون نشود ۰

و شجرهٔ اخرم نیز بر دوازده نوع می‌آید و صورتش اینست [شکل ۷]

و از اجتماعِ این دوازده وزن نیز با یکدیگر رباعي ناموزون نشود ۰ و بعضی گفته اند که اوزانِ شجرهٔ اخرب را با اوزانِ شجرهٔ اخرم جمع کردن نیکو نیست ۰ مثالِ دو وزن از شجرهٔ اخرب در تاریخِ نوشتنِ رساله ۰ رباعی ۰

سیفی چه رسالهٔ نوشتی دلکش کش هرکه بدید شد دل و جانش خوش

اهلِ دل ازو چو فیضها می یابند بنویس که هست فیضها تاریخش

۸۹۶

تقطیعش سیفی چ مفعولُ رسالهٔ مفاعلن نوشتی دل مفاعیلن کش نع ۰ کش هرک مفعولُ بدید شد مفاعلن دل و جانش مفاعیلن خش نع ۰ اهلِ د مفعولُ لزو چو في مفاعلن ضها می یا مفاعیلن بند فاع ۰ بنویس مفعولُ کهست في مفاعلن ضها تاري مفاعیلن خش فع ۰ بعضي گفته اند که اوزانِ رباعي بده هزار میرسد و ازانجمله اینست که مفعولُ مفاعلن فعولن فعلن واین را مثال آورده که العاشقُ في هواكِ ساهٍ ساهرْ تقطیعش العاش مفعولُ قفي هوا مفاعلن کساهن فعولن ساهر فعلن ۰ وشک نیست که این مصرع را چنین تقطیع میتوان کرد که العاش مفعولُ قفي هوا مفاعلن کساهن سا مفاعیلن هرفع ۰

و صلّى اللّٰه على خير خلقه محمّد

و آله و عترته و ذرّياته

و اصحابه اجمعين ۰

رسالهٔ قافیهٔ ملّا جامي

بسم الله الرّحمن الرّحيم •

(۱) بعد از تیمّن بموزون‌ترین کلامے که قافیه‌سنجانِ انجمنِ فصاحت بدان تکلّم کنند اعني سپاس و ستایشِ حضرتِ واهب العطایات جلّ جلاله عن احاطة کُنهِ کماله • و پس از توسّل بمطبوع‌ترین مقالے که عندلیبانِ چمنِ بلاغت بدان ترنّم نمایند اعني درود و تحیّهٔ سرورِ کائنات صلّی الله و صلواته الزّکیّات علیه و آله • نموده می‌شود که این مختصرے است وافي بقواعدِ قوافي که بموجبِ اشارتِ بعضے از اجلّهٔ اصحاب واعزّهٔ احباب صورتِ تحریر و سِمتِ تقریر می یابد • امیدواري بعنایتِ بے‌غایتِ حضرتِ باري چنانست که بسعادتِ اِصغا محظوظ و بعینِ رضا منظور و ملحوظ گردد •

چو گل شگفته در آید لبِ امل ز نشاط اگر ز گلشنِ لطفش وزد نسیمِ قبول

و من الله الفوز بکلّ مامول و الوصول الی کلّ مسؤل •

(مقدّمه ۲) بدان‌که قافیه درعرفِ شعراي عجم عبارت است از تمامِ آنچه تکرارِ آن در آخرِ جمیعِ ابیات واجب باشد یا مستحسن بشرطِ آنکه مستقل نباشد در تلفّظ بلکه جزوِ کلمه باشد یا بمنزلهٔ جزو • بعضے تمامِ کلمهٔ آخر را قافیه گفته اند و بعضے حرفِ روي را • و ردیف کلمهٔ را گویند یا بیشتر که بر سبیلِ استقلال در آخرِ همه ابیات بعینه مکرّر شود • و شعرِ مشتمل بر ردیف را مردّف خوانند و این خاصهٔ شعراي عجم است •

(فصل ۳) حروفِ قافیه نُه است چنانکه گفته اند • شعر •

روي و ردف و دگر قید و بعد ازان تاسیس دخیل و وصل و خروج و مزید و نائره دان

١ رَوِي آخرين حرفِ اصلي است از قافيه يا آنچه بمنزلهٔ آن باشد چون لام درين بيت

در ازل نقشِ تو بر تختهٔ گل ديدهٔ دل — ديد و پاي من بيچاره فرو رفت بگل

٢ رِدف الف و واو و يا را گويند بشرطِ آنکه پيش از روي واقع شده باشند بي واسطهٔ متحرکي و حرکتِ ماقبلِ ايشان از جنسِ ايشان باشد، و هر قافيهٔ که مشتمل بر ردف باشد آنرا مُردَف خوانند بسکونِ را و فتحِ دال • پس اگر درميانِ روي و ردف حرفِ ساکن در نيامده باشد آنرا مردف بردفِ مفرد گويند چنانکه درين بيت • شعر •

اي از بنفشه ساخته گلبرگ را نقاب — و ز شب طبانچها زده بر روي آفتاب

و اگر ساکني واسطه شده باشد آن ساکن را ردفِ زايد گويند و الف و واو و يا را ردفِ اصلي وآن قافيه را مردف بردفِ مرکب چنانکه • شعر •

از بسکه تنم ز آتشِ عشقِ تو گداخت — نتوان تنم از شمعِ سحر باز شناخت

و حروفِ ردفِ زايد شش است چنانکه گفته اند • شعر •

ردفِ زائد شش بود اي ذو فنون — خا و را و سين و شين و فا و نون

چون ساخت و سوخت و ريخت وکرد و مرد و کاست وپوست و زيست و داشت وگوشت و يافت وکوفت وفريفت وماند ودانگ • بدانکه ردف در قافيهٔ فارسي چون واو و يا باشد بر دو گونه است معروف و مجهول • معروف آنست که ضمّه و کسرهٔ ماقبلِ واو و يا را اشباعِ تمام کرده باشند چون نور وپير و مجهول آنکه اشباعِ تمام نکرده باشند چون شور و شير • پس احسن بلکه واجب آنست که معروف و مجهول را در يک شعر جمع نکنند چنانکه کمال اسمٰعيل جمع کرده است • رباعي •

با دل گفتم تو باري اي دل نيکي — کز من دوري بيار من نزديکي

دل گفت که با دهان و زلفش عمريست — تا ميسازم به تنگي و تاريکي

وگاه باشد که ياي مجهول را با کلماتِ عربي که اماله کرده باشند جمع کنند چنانکه انوري گويد

تا ماه رويت از من رخ در حجيب دارد — نه ديده خواب دارد نه دل شکيب دارد

٣ قید حرفِ ساکنی را گویند غیر ردف که پیش از روی باشد بی‌واسطه چون نون درین بیت

چو زهرهٔ وقتِ صبوح از اُفق بسازد چنگ   زمانه تیز کند نالهٔ مرا آهنگ

وحرفِ قید در لغتِ فارسی ده است چنانکه گفته اند   • شعر •

گر حروفِ قید را گیرند یاد   نیست در لفظِ عجم از ده زیاد

با وخا و را و زا وسین وشین   غین و فا و نون و ها باشد یقین

چون ابر وصبر وتخت وبخت و مرد ودرد وبزم ورزم و مست ودست وگشت و دشت و مغز و نغز و سفت و گفت و پند و بند و چهر و مهر • و اگر بنای قافیه بر عربی نهند رعایتِ قید در جمیعِ حروف لازم است چون وعد ورعد وبکر و فکر و جیب وغیب و امثالِ آن •

۴ تاسیس الفی را گویند که میانِ او و روی یک حرفِ متحرک واسطه باشد • وقافیهٔ مؤسسه آنست که این الف را در جمیعِ ابیات رعایت کنند چنانکه کمال اسمٰعیلِ اصفهانی کرده در قصیدهٔ که مطلعش اینست   • شعر •

ای آنکه اف میزنی از دل که عاشق ست   طوطی لک از زبانِ تو با دل موافق ست

وشعرای عجم برخلافِ فصحای عرب رعایتِ تاسیس را واجب نمیدانند بلکه مستحسن میشمارند •

۵ دخیل آن حرفِ متحرک را گویند که میانِ تاسیس و روی واقع شود چون شین وفا در بیتِ گذشته •

۶ وصل حرفی را گویند که بروی الحاق کنند چون میم درین بیت   • شعر •

من ببوی تو هواخواهِ نسیمِ سحرم   کو ز بوی تو خبر دارد و من بی‌خبرم

۷ خروج حرفی را گویند که بوصل پیوندد چون میم درین بیت   • شعر •

ما هیچکسانِ کوی یاریم   ما سوختگانِ خاکساریم

۸ مزید حرفی را گویند که بخروج پیوندد چون شین درین بیت   • شعر •

ای عیذیه عین الله چه چشمانِ سیاه‌تش   چه مژگانِ سنانِ آسا چه مردانکنِ نگاهستش

۶ نائرہ یك حرف یا بیشتر که بمزید ملحق شود چون میم و شین درین بیت

آن مه که بچشم مهر دیده‌ستیمش از جملهٔ نیکوان گزیده‌ستیمش

(اصل ۴) حرکات قافیه شش است چنانکه گفته اند . شعر

رَسّ و اشباع و حذو و توجیه ست بار مجری و بعد ازوست نفاذ

۱ رس حرکت ماقبل تاسیس است و پوشیده نیست که غیر از فتحه نتواند بود .

۲ اشباع حرکت دخیل را گویند و آن بیشتر کسره باشد چنانکه گذشت و فتحه

نیز می آید چنانکه ظهیر میفرماید درین بیت . شعر

بگذشت ماه روزه بخیر و مبارکی پرکن قدح ز بادهٔ گلرنگ رازکی

و ضمّه نیز میشاید چنانکه درین بیت . شعر

ای کشته مرا نرگس شوخت بتغافل زلف تو گرفته است ز سر رسم تطاول

۳ حذو حرکت ماقبل ردف و قید را گویند چون فتحهٔ کار و بار و تخت و بخت .

و هرگاه که قافیهٔ مشتمل بر حرف قید موصوله باشد اختلاف حذو را جائز داشته اند

چنانکه کمال اصفهانی گفته است . رباعی .

گر سوز دلم یک نفس آهسته شود از دود دلم راه نفس بسته شود

در دیده ازان آب همی گردانم تا هرچه نه نقش تست ازان شسته شود

۴ توجیه حرکت ماقبل روی ساکن است و نشاید که مختلف گردد مگر وقتی که

روی متحرک شود بسبب حرف وصل چنانکه انوری در قصیدهٔ که مطلعش این است

ای مسلمانان فغان از جور چرخ چنبری وز نفاق تیر و قصد ماه و سیر مشتری

سامری و عنصری را قافیه ساخته .

۵ مجری حرکت روی را گویند و اختلاف آن اصلا جائز نیست .

۶ نفاذ حرکت وصل است وقتی که خروج بدو پیوندد چون حرکت یا درین بیت

تا چند سنگ آه غم انکنیم وز سنگ ستم شیشهٔ دل بشکنیم

و در شعر فارسي لازم نيست كه حرف وصل متحرّك باشد چنانچه درين بيت

ما عاشق روی نيكوانيم　　ديوانهٔ شكل هر جوانيم

و حركت خروج و مزيد را نيز نفاذ گويند چون حركت ميم و شين درين بيت

تا كي بجفون ديده و دل پروريشان　　از ره برون روند و براه آوريمشان

(فصل ٥) ارباب اين صناعت هر قافيه را كه باعتبار تقطيع در آخر او دو ساكن بپايي واقع شود مترادف خوانند ۰ و آن قافيه كه در آخر او يك ساكن باشد اگر پيش ازان ساكن يك متحرّك است آنرا متواتر گويند ۰ و اگر دو متحرّك است آنرا متدارك خوانند ۰ اگر سه متحرّك است آنرا متراكب گويند ۰ و اگر چهار متحرّك است آنرا متكاوس خوانند ۰ و قافيهٔ متكاوس در اشعار عجم نيامده است و جميع اين القاب درين بيت مذكور است　　۰ شعر ۰

مترادف متواتر متدارك ميخوان　　متراكب متكاوس لقب قافيه دان

(فصل ٦) چون حرف روي ساكن باشد و حرف وصل بدو نه پيوسته باشد آنرا مقيّد خوانند و اگر حرف وصل بدو پيوسته باشد آنرا مطلق گويند و رويّ مقيّد اگر از حروف قافيه هيچ حرفي ديگر نداشته باشد آنرا مقيّد مجرّد گويند چون سرور و دلبره اگر داشته باشد بآن حرفش نسبت كنند مثل مقيّد بردف يا بحرف قيد گويند ۰ و رويّ مطلق اگر از حروف قافيه حرف وصل داشته باشد چون سروري و دلبري آنرا مطلق مجرّد گويند ۰ و اگر حرف ديگر از حروف قافيه داشته باشد بآن حرفش نسبت كنند چنانكه مطلق بقيد و ردف و خروج و مزيد و نائره گويند ۰

(فصل ٧) عيوب قافيه چهار است ع اقوا اكفا سناد ايطا ۰

اقوا اختلاف حذو و توجيه را گويند چنانكه دُور و دَور و جَست و جُست و بُر و بَر در يك شعر جمع كنند ۰

اكفا تبديل حرف روی است بحرونی كه در مخرج با او نزديك باشد مانند احتياط

واعتماد • و ازین قبیل است جمع کردن میانِ حرفهای عجمي وعربي چنانکه رگ و سگ را با شك و حك مثلا جمع کنند وچپ را با طرب و گزرا با گز و پاچه ا با خواجه وامثالِ آن • واین بغایت ناپسندیده است •

سناد اختلافِ ردف است چنانکه زمان وزمین را در یک قافیه جمع کنند • وشعرای عرب اختلافِ ردف را در واو ویا جائز میدارند چنانکه عود وعید را در یک شعر می‌آرند واین در اشعارِ ایشان بسیار است •

ایطا اعاده کردنِ قافیه است وآن بر دوگونه است جلی وخفی • جلی آنست که تکرارش ظاهر باشد چنانکه نیکوتر و زیباتر وفسونگر وستمگر • وازین قبیل است نونِ مصدر چون گفتن و شنیدن و حرفِ جمع چون الف ونون دریاران ودرستان والف وتا درصفات وکائنات والف وها در الها وغنچها والف ونونِ صفت چون خندان و گریان وگردان و یای تنکیر چون دستے و مردے و دالِ استقبال چون دهد وبرد ونونِ تخصیص چون زرّین وسیمین وبالجمله هرچه در آخرِ ابیات صریحا بیک معنی مکرّر شود خواه یك حرف باشد خواه بیشتر ازقبیلِ ایطای جلی است • نشاید که بنای قافیه بران نهند واگر ضرورت افتد درقصیدهٔ بیش از دو یا سه نتوان آورد • بقدرِ آن تکرارِ قافیه جائز داشته اند واین نوعِ قافیه را شایگان گویند • ایطای خفی چون آب وگلاب واین را جائز داشته اند چنانکه درین بیت • شعر •

ای گلِ رخسارِ تو برده زروی گل آب صحبتِ گلزارها کرده بیوست گلاب

(۸ خاتمه) قافیه بر دو قسم است معمول و غیرمعمول • غیرمعمول آنست که بے آنکه درو تصرّفے کنند شایستهٔ آنست که قافیه واقع شود • و معمول انست که بواسطهٔ تصرّفے شایستهٔ آن گردد که قافیه واقع شود • آن تصرّف گاه بترکیبِ دو لفظ باشد چنانکه لفظِ است مثلا بواسطهٔ ترکیب با لفظِ پیدا وامثالِ آن صلاحیّتِ آن پیدا کند که با لفظِ خواست و راست دریك قافیه جمع شود چنانکه درین بیت

در آینهٔ روی تو گر گویم راست   انوار تجلّیِ الٰهی پیداست

و گاه بتجزیهٔ یک لفظ باشد چنانکه کمال اسمٰعیل لفظِ کارد را در قصیدهٔ که مطلعش این است

بر تافتست بختِ مرا روزگار دست   زانم نمیرسد بسرِ زلفِ یار دست

قافیه ساخته است بروجهی‌که حرفِ دال را از جانبِ ردیف اعتبار کرده است چنانکه میگوید درین بیت • فرد •

خصمِ شترِ دولت را قربان کند همي   زان روي سعدِ ذابح آهخته کارد ست

تمّت رسالهٔ قافیه من تالیف افضل الفضلا
و اشعر الشّعرا حضرتِ مولانا
عبد الرّحمٰن جامی
قدّس اللّٰه سرّه
السّامی

www.ingramcontent.com/pod-product-compliance
Lightning Source LLC
Chambersburg PA
CBHW020934230426
43666CB00008B/1673